中國學術思想 研究輯刊

十二編

林慶彰 主編

第19冊

老子《道德經》與《論語》教育思想之比較（下）

張峻源 著

花木蘭文化出版社

國家圖書館出版品預行編目資料

老子《道德經》與《論語》教育思想之比較（下）／張峻源

著 — 初版 — 新北市：花木蘭文化出版社，2011〔民100〕

目 4+192 面；19×26 公分

（中國學術思想研究輯刊 十二編：第 19 冊）

ISBN：978-986-254-660-4（精裝）

1. 道德經　2. 論語　3. 教育哲學　4. 比較研究

030.8　　　　　　　　　　　　　　　　　100015774

ISBN-978-986-254-660-4

9 789862 546604

中國學術思想研究輯刊

十二編　第十九冊　　　　　　　ISBN：978-986-254-660-4

老子《道德經》與《論語》教育思想之比較（下）

作　　　者　張峻源
主　　　編　林慶彰
總 編 輯　杜潔祥
出　　　版　花木蘭文化出版社
發 行 所　花木蘭文化出版社
發 行 人　高小娟
聯 絡 地 址　新北市永和區中正路五九五號七樓
　　　　　　電話：02-2923-1455／傳真：02-2923-1452
網　　　址　http://www.huamulan.tw 信箱 sut81518@gmail.com
印　　　刷　普羅文化出版廣告事業
封 面 設 計　劉開工作室
初　　　版　2011 年 9 月
定　　　價　十二編 55 冊（精裝）新台幣 90,000 元　　　　版權所有·請勿翻印

老子《道德經》與《論語》教育思想之比較（下）

張峻源　著

目

次

第四章 《論語》教育思想之探討

　　由孔子所創立的「儒家學派」，在春秋戰國時代被稱作「顯學」，他是中國教育史上，首開私人辦學、私人講學風氣的重要人物。高明士先生云：

　　孔子一生大部分時間和主要精力從事聚徒講學和整理古代文獻的活動，對中國文化教育方面的貢獻可概分為兩個方面：第一、刪定《詩》、《書》、《禮》、《樂》、《易》、《春秋》等六經，整理和保存我國古代的文化典籍；第二、開創私學，累積並總結豐富的教育經驗，成為我國古代教育思想的奠基人。〔註1〕

如是評論當然其來有自，吾人亦可在《論語》一書中得到佐證。如〈述而第七・第一章〉孔子有云：「述而不作，信而好古，竊比於我老彭。」〔註2〕顯現其對古籍採取「述而不作」的刪定、整理態度。

　　又如〈述而第七・第七章〉孔子云：「自行束脩以上，吾未嘗無誨焉！」〔註3〕其表示只要有人願意行贄見老師之束脩之禮，且願在孔子門下受教育者，孔子是不會加以拒絕的；另外〈述而第七・第二十八章〉也提到：「互鄉難與言。童子見，門人惑。子曰：與其進也，不與其退也。唯何甚？人潔己以進，與其潔也，不保其往也！」〔註4〕指出當時有個名為互鄉之地，所住之人多不善良且難與人溝通，但此地一名童子求見孔子，孔子卻也接受了，此事令門人十分疑惑，孔子便解釋道：「只要人願意追求進步，我們就當接受他

〔註1〕參見高明士著《中國教育史》，頁36～37，臺北市：國立台灣大學出版中心，2004年9月初版。

〔註2〕參見（魏）何晏注、（宋）邢昺疏《論語・述而第七》（十三經注疏13論語　孝經），頁60，臺北市：藝文印書館，1968年2月初版。

〔註3〕同註2，（魏）何晏注、（宋）邢昺疏《論語・述而第七》，頁60～61。

〔註4〕同註2，（魏）何晏注、（宋）邢昺疏《論語・述而第七》，頁64。

而不管他過去曾經如何，如今他把自己收拾得整整齊齊，以求獲得接受教育的機會，那我們就更不應該放棄他。」這即是說，只要一心向學，不論貧富貴賤，孔子多不會拒絕接受其為門下弟子。諸如此類孔子廣納學生、有教無類〔註5〕的事例可謂不勝枚舉，因此言孔子首開私人辦學、私人講學風氣，確與事實相符相應。

　　由上所言，透由《論語》一書的辨析，吾人不僅可見到孔子之教育思想體系，亦可從中了解整個先期儒家教育思想體系而無所疑義。是以，繼前章探析老子《道德經》教育思想之後，本章即針對《論語》之教育思想體系，循教育意義、教育目的、教育方法、教育內容等四節次序探討之。〔註6〕

第一節　《論語》之教育意義

　　相較於老子《道德經》中諸多隱而未顯的教育思想體系，《論語》一書可謂顯明而易解。吾人皆知，中國數千年來，不論立身處世以及政治社會，一皆以儒家思想為中心，而《論語》便是其中最精粹最可靠的儒書；宋朝宰相趙普曾對宋太宗云：「臣有論語一部，以半部佐太祖定天下，以半部佐陛下致太平。」〔註7〕其所謂「半部論語治天下」即代表著《論語》在中國歷代政治教化之功勞，實非數語所能道盡。蓋因其文字淺顯、易懂且易行，是以方能主導與維繫中國數千年的政治文教體系而使之不墜。

　　對《論語》之教育意義探討進路，吾人嘗試先就《論語》書中對教育之態度先行探討，再行探討《論語》書中所賦予之教育理念。

一、《論語》之教育態度

　　相較於老子《道德經》長久以來被世人誤認為「反智」、「反教育」，《論

〔註5〕同註2，（魏）何晏注、（宋）邢昺疏《論語·衛靈公第十五》，頁141。

〔註6〕本章中對《論語》諸篇章之釋意，仍多採用譚家哲先生所著《論語與中國思想研究》（臺北市：唐山出版社）一書之觀點探討之，此中如有文字粗陋或文意不清者，則為筆者一己之意之妄言，蓋因筆者才疏學淺，仍祈諸先進不吝指教為荷。

　　另外，本書之章節序號內容，以通行版（如：王財貴編訂《學庸論語》，及謝冰瑩等人編譯《四書讀本》等）為主。

〔註7〕參見邱鎮京著《論語思想體系》，頁195，臺北市：文津出版社有限公司，2001年9月三版二刷。

語》一書則數千年來皆被尊爲文治教化之「顯學」，爲何如此？有否相關明證？
吾人亦嘗試自《論語》書中加以探尋。

（一）「智」之辨

吾人先就《論語》一書中對「智」之看法，來作一分析。《論語》全書中無任一「智」字，但有 118 個「知」字，其中有 26 個「知」字在音、義上與「智」相同，故吾人將此歸爲「智」來看，分析如次：

其一，《論語》之「智」字多以「智者」一詞出現。如下列篇章：

1、〈里仁第四·第二章〉：「仁者安仁；知者利仁。」〔註 8〕

釋意：有仁德之仁者，能安於仁道而行仁；而「智者」因爲明白仁的好
　　　處，故亦能行仁。

2、〈雍也第六·第二十一章〉：「知者樂水，仁者樂山。知者動，仁者靜。知者樂，仁者壽。」〔註 9〕

釋意：「智者」通達事理有若水般，故樂水；「仁者」安於事理而不遷，
　　　故樂山。「智者」好動，務取實；「仁者」沉靜，而寡欲。「智者」
　　　功成常樂動；「仁者」恬淡長壽。

3、〈子罕第九·第二十八章〉：「知者不惑，仁者不憂，勇者不懼。」〔註 10〕

釋意：「智者」不會迷惑於世道，「仁者」不會憂愁於現實，「勇者」無懼
　　　於生活。

4、〈憲問第十四·第三十章〉：「君子道者三，我無能焉：仁者不憂，知者不惑，勇者不懼。」〔註 11〕

釋意：「君子」有三種美德，我都無法達到；「仁者」不會憂慮，「智者」
　　　不會疑惑，「勇者」無有所懼。

5、〈衛靈公第十五·第七章〉：「知者不失人，亦不失言。」〔註 12〕

釋意：「智者」不會錯失與人交往之機，也不會說錯話。

6、〈陽貨第十七·第二十四章〉：「惡徼以爲知者」〔註 13〕

〔註 8〕同註 2，（魏）何晏注、（宋）邢昺疏《論語·里仁第四》，頁 36。
〔註 9〕同註 2，（魏）何晏注、（宋）邢昺疏《論語·雍也第六》，頁 54。
〔註 10〕同註 2，（魏）何晏注、（宋）邢昺疏《論語·子罕第九》，頁 81。
〔註 11〕同註 2，（魏）何晏注、（宋）邢昺疏《論語·憲問第十四》，頁 128。
〔註 12〕同註 2，（魏）何晏注、（宋）邢昺疏《論語·衛靈公第十五》，頁 138。
〔註 13〕同註 2，（魏）何晏注、（宋）邢昺疏《論語·陽貨第十七》，頁 159。

釋意：厭惡抄襲別人的學問、成就而視為己有的「智者」。

此六篇顯示「智」、「仁」、「勇」皆是孔子心中的「君子之道」，但因孔子有云：「仁者安仁；知者利仁。」〔註14〕是以其中以「仁」為最高之德行，而「智」因知曉「仁」之利於行「仁」，故當居其次，至於「勇」則應在最後位置。〔註15〕又依此六章中，吾人亦可知曉，孔子對「智者」的要求依序為，而此亦形成孔子心中「智者」之特點：

1、能知仁之利而行仁。

2、通達事理、喜好水、常務進取、功成長樂。

3、明白事理、不惑亂。

4、懂得擅用時機與人交往，談話亦不失言。

5、厭惡抄襲別人學問、成就。

其二，就其他單一「智」來看，吾人大致可分析為下列五種，如次：

1、作「明智」解，如：

（1）〈里仁第四·第一章〉：「里仁為美。擇不處仁，焉得知？」〔註16〕

釋意：居住的鄉里要有仁德之風才好。如果選擇住處，不在風俗仁厚的地方，怎麼算是明智呢？

（2）〈雍也第六·第二十章〉：「樊遲問知。子曰：『務民之義，敬鬼神而遠之，可謂知矣。』」〔註17〕

釋意：樊遲問「智」是什麼？孔子說：專心數力在人所當做的事，尊敬鬼神而不被鬼神迷惑，這可說是「明智」了。

（3）〈陽貨第十七·第一章〉：「好從事而亟失時，可謂知乎？」〔註18〕

釋意：喜歡出來為做事，卻常錯失良機，這可以算是「明智」嗎？

2、作「聰明才智」解，如：

（1）〈公冶長第五·第十八章〉：「臧文仲居蔡，山節藻梲，何如其知也！」

〔註14〕同註2，（魏）何晏注、（宋）邢昺疏《論語·里仁第四》，頁36。
〔註15〕〈憲問第十四·第五章〉孔子有言：「有德者必有言，有言者不必有德。仁者必有勇，勇者不必有仁。」其借有德、無德以反諷勇者不一定有「仁心」，是以「勇者」當非孔子心中之上德矣。同註2，（魏）何晏注、（宋）邢昺疏《論語·憲問第十四》，頁123。
〔註16〕同註2，（魏）何晏注、（宋）邢昺疏《論語·里仁第四》，頁36。
〔註17〕同註2，（魏）何晏注、（宋）邢昺疏《論語·雍也第六》，頁54。
〔註18〕同註2，（魏）何晏注、（宋）邢昺疏《論語·陽貨第十七》，頁154。

〔註19〕

　　釋意：魯大夫臧文仲建築一間國君才能藏大龜的房子，防子柱頭上抖拱
刻有山形，樑上短柱畫有水藻，他的「聰明才智」怎會是如此？

（2）〈衛靈公第十五・第三十二章〉子曰：「知及之，仁不能守之，雖得
之，必失之。知及之，仁能守之，不莊以涖之，則民不敬。知及之，仁能守
之，莊以涖之，動之不以禮，未善也。」〔註20〕

　　釋意：一個在位者「聰明才智」雖足夠治理國家，但如果不能保持他的
仁德，雖然得到職位，必然會喪失掉；雖然「聰明才智」足以治
國，仁德也能保持，但不能以莊重態度治理百姓，民眾仍不會對
他尊敬；假使「聰明才智」足以治國，仁德也能保持，也能以莊
重態度治理百姓，但是如果行為舉止上不合乎禮，也不能算是完
善。

（3）〈陽貨第十七・第八章〉：「好知不好學，其蔽也蕩。」〔註21〕

釋意：只喜歡「聰明才智」而不求真實明白與實踐的學習，所受到的蒙
蔽便是無定向般的放蕩不拘。

3、作「智慧」解，如：

（1）〈公冶長第五・第二十一章〉：「甯武子，邦有道，則知；邦無道，
則愚。其知可及也，其愚不可及也。」〔註22〕

　　釋意：甯武子，在國家太平之時，就顯露聰明才智；在國家動亂時，就
裝傻。所以，他的聰明才智別人還可以學，但他的裝傻別人就趕
不上、學不了了（此處表示真正的「智慧」反而是「大智若愚」）。

（2）〈憲問第十四・第十三章〉：「若臧武仲之知」〔註23〕

　　釋意：要有如魯國大夫臧武仲那般的「智慧」。（此處係弟子問如何具備
完美格。）

4、作「智者」解，如：

（1）〈述而第七・第二十七章〉：「多見而識之，知之次也。」〔註24〕

〔註19〕同註2，（魏）何晏注、（宋）邢昺疏《論語・公冶長第五》，頁44。
〔註20〕同註2，（魏）何晏注、（宋）邢昺疏《論語・衛靈公第十五》，頁141。
〔註21〕同註2，（魏）何晏注、（宋）邢昺疏《論語・陽貨第十七》，頁155～156。
〔註22〕同註2，（魏）何晏注、（宋）邢昺疏《論語・公冶長第五》，頁45。
〔註23〕同註2，（魏）何晏注、（宋）邢昺疏《論語・憲問第十四》，頁125。

釋意：藉由多觀察而能明白事理者，也可算是次於「智者」了。

（2）〈陽貨第十七・第三章〉子曰：「唯上知與下愚不移。」〔註25〕

釋意：只有最上的「智者」和下劣的「愚者」是不會改變人的本性的。

5、作專有名詞，如：

（1）〈顏淵第十二・第二十二章〉：「樊遲……問知。子曰：『知人。』樊遲未達。子曰：『舉直錯諸枉，能使枉者直。』」〔註26〕

　　釋意：樊遲……問什麼是「智」？孔子說「能明察人的好壞。」樊遲無法了解其意。孔子又說：「提拔正直的人安置在不正直的人上面，能夠使不正直的人也正直。」

此中可發覺到，「智」字作為「明智」解時，要能居住選擇仁厚處、務民而境鬼神、好從事且知時機；作為「聰明才智」解時，要能不虛偽作做、守住仁德且態度莊重；作為「智者」解時，要能多聞且擇善從之、且不為世俗改變氣息；作為專有名詞解時要能知人善用。此諸皆顯現此諸孔子心中的「智」是需要有所抉擇且抉擇的結果必須仍是依於且守住孔子之「仁道」，方是真智。

較奇特之處，在於「智」作「智慧」解時，除了仍要永遠不斷地「學」外，由「其知可及也，其愚不可及也。」〔註27〕一句可發現所謂之最高深「智慧」竟然在「大智若愚！」，此觀點不就是《道德經・第二十章》：「我愚人之心也哉！」〔註28〕老子之主張耶？

是以，吾人就《論語》中「智」之意義探悉可得，《論語》對「智」亦並非全盤肯定的、係有條件性的，「智」之德在於幫助、了解且實踐「仁」，「智」在於對一切人、事、物甚而時間的處理上都要經過審慎抉擇其正確得宜的，「智」要求不造假、不虛飾且要長期不斷練習、下苦功夫的。那麼對照於《道德經》強調「要去除"多智巧詐"之智」及「愚人之心」，兩者並未有所悖離。

（二）「知」之辨

吾人了解到《論語》中對「智」之看法後，次將就《論語》書中其他 92

〔註24〕同註2，（魏）何晏注、（宋）邢昺疏《論語・述而第七》，頁64。

〔註25〕同註2，（魏）何晏注、（宋）邢昺疏《論語・陽貨第十七》，頁154。

〔註26〕同註2，（魏）何晏注、（宋）邢昺疏《論語・顏淵第十二》，頁110。

〔註27〕同註2，（魏）何晏注、（宋）邢昺疏《論語・公冶長第五》，頁45。

〔註28〕參見（晉）王弼著、（唐）陸德明釋文《老子道德經注・第二十章》，頁10～11，臺北：世界書　局，2001年8月初版十一刷。

個「知」字之字義摘要分析如次：

1、當基本的「知道」、「知曉」解，如下：

（1）〈學而第一・第十二章〉：「知和而和，不以禮節之，亦不可行也。」〔註29〕

　　釋意：假若只「知道」人與人間要和合相待、和睦共存，卻不以禮來規
　　　　　範節制，那就會有行不通之時了。

（2）〈為政第二・第十七章〉：「知之為知之，不知為不知」〔註30〕

釋意：「知道」的就說「知道」，不「知道」的就說不「知道」。

（3）〈為政第二・第二十二章〉：「人而無信，不知其可也。」〔註31〕

釋意：一個人如果說話不守信用，那就不「知道」他怎樣才能立身處世了。

（4）〈八佾第三・第十一章〉：或問「禘」之說。子曰：「不知也。知其
說者之於天下也，其如示諸斯乎？」指其掌。〔註32〕

　　釋意：有人問了關於禘祭（祭祀先祖）的禮制。孔子回答道：「我不『知
　　　　　道（曉得）』，若有人『知道（曉得）』以禘祭的意義來治理天下，
　　　　　那麼就比看這個還容易多了。」說著，孔子指著自己的手掌。

（5）〈里仁第四・第二十一章〉：「父母之年，不可不知也：一則以喜，
一則以懼。」〔註33〕此中「知」字尚有記憶之意。

　　釋意：父母親的年齡，不可不「知道」：一方面欣喜父母的高壽，一方面
　　　　　也憂懼父母的衰老。

（6）〈公冶長第五・第五章〉：「不知其仁，焉用佞？」〔註34〕

　　釋意：我不「知道」（雍也）算不算一個有仁德的人，但又何必要有巧辯
　　　　　的口才。

（7）〈述而第七・第十三章〉：子在齊聞韶，三月不知肉味。〔註35〕

釋意：孔子在齊國聽到了美妙的韶樂，好幾個月下來，連吃肉都不「知

〔註29〕同註2，（魏）何晏注、（宋）邢昺疏《論語・學而第一》，頁8。
〔註30〕同註2，（魏）何晏注、（宋）邢昺疏《論語・為政第二》，頁18。
〔註31〕同註2，（魏）何晏注、（宋）邢昺疏《論語・為政第二》，頁19。
〔註32〕同註2，（魏）何晏注、（宋）邢昺疏《論語・八佾第三》，頁27～28。
〔註33〕同註2，（魏）何晏注、（宋）邢昺疏《論語・里仁第四》，頁38。
〔註34〕同註2，（魏）何晏注、（宋）邢昺疏《論語・公冶長第五》，頁41。
〔註35〕同註2，（魏）何晏注、（宋）邢昺疏《論語・述而第七》，頁61。

道」味道。

（8）〈泰伯第八・第三章〉：「而今而後，吾知免夫！」〔註36〕

釋意：從今天以後，我「知道」（死了以後）身體可免於被毀傷了！

（9）〈子罕第九・第二十二章〉：「後生可畏，焉知來者之不如今也？」
〔註37〕

釋意：年輕的一代是可使人敬畏的，我們怎能「知道」他們將來的成就
　　　比不上我們現在這一代呢？

（10）〈微子第十八・第六章〉：「是知津矣。」〔註38〕

釋意：他應該「知道（曉得）」過河的渡口在哪裡的！

就上述文句來看，《論語》書中「知」字當「知道」解釋時，其始終堅持
著「知之為知之，不知為不知」〔註39〕的立場，不作假、虛飾且真實的表達。

2、作進一步的「了解（欣賞）」、「懂得」、「知曉」、「明白」或「認識」
解，如下：

（1）〈學而第一・第一章〉：「人不知而不慍，不亦君子乎？」〔註40〕

釋意：雖然別人不能「了解（欣賞）」我的才學，我也不生氣，那不是一
　　　位仁德的君子嗎？

（2）〈為政第二・第十七章〉：「由，誨女知之乎！」〔註41〕

釋意：子路呀，我所教導你的，你都能「了解」嗎？

（3）〈八佾第三・第十五章〉或曰：「孰謂鄹人之子知禮乎？」〔註42〕

釋意：是誰說這個來自鄹邑的年輕人「懂得」禮呢？

（4）〈里仁第四・第七章〉：「觀過，斯知仁矣。」〔註43〕

釋意：只要細心觀察他所犯的過失，就可以「了解」他的內心是仁或是
　　　不仁的。

<hr>

〔註36〕同註2，（魏）何晏注、（宋）邢昺疏《論語・泰伯第八》，頁70。
〔註37〕同註2，（魏）何晏注、（宋）邢昺疏《論語・子罕第九》，頁80。
〔註38〕同註2，（魏）何晏注、（宋）邢昺疏《論語・微子第十八》，頁165。
〔註39〕同註2，（魏）何晏注、（宋）邢昺疏《論語・為政第二》，頁18。
〔註40〕同註2，（魏）何晏注、（宋）邢昺疏《論語・學而第一》，頁5。
〔註41〕同註2，（魏）何晏注、（宋）邢昺疏《論語・為政第二》，頁18。
〔註42〕同註2，（魏）何晏注、（宋）邢昺疏《論語・八佾第三》，頁28。
〔註43〕同註2，（魏）何晏注、（宋）邢昺疏《論語・里仁第四》，頁37。

（5）〈雍也第六・第十八章〉：「知之者不如好之者。」〔註44〕

釋意：只是膚淺「了解」學問的人，是比不上喜愛研究學問的人。

（6）〈述而第七・第十九章〉：「我非生而知之者」〔註45〕

釋意：我並非一生下來就能「知曉（明白）」許多道理的。

（7）〈泰伯第八・第九章〉子曰：「民可使由之，不可使知之。」〔註46〕

釋意：一般的百姓只要告訴他們如何去做、照著去做就好，不可能也不
　　　需要讓他們「了解（明白）」到為何如此做的道理。

（8）〈子罕第九・第六章〉：「太宰知我乎！吾少也賤，故多能鄙事。」
〔註47〕

　　釋意：太宰真是「了解」我呀！我小時候貧賤，因此能夠做很多粗俗的
　　　　　事情。

（9）〈先進第十一・第二十五章〉：「居則曰：『不吾知也！』如或知爾，
則何以哉？」〔註48〕

　　釋意：平時老是在說：「沒有人能『了解（欣賞）』（重用）！」假設現在
　　　　　有人「了解」你且要重用你，那麼你該如何來治理國事呢？

（10）〈子路第十三・第二章〉：「舉爾所知，爾所不知，人其舍諸？」〔註49〕

　　釋意：舉用你所「了解」（知道）的人，你所不「了解」（知道）的人，
　　　　　別人會輕易的捨棄而不推薦給你嗎？

（11）〈憲問第十四・第三十二章〉：「不患人之不己知，患其不能也。」
〔註50〕

　　釋意：不須憂愁別人不能「了解（欣賞）」我，反而該憂愁自己沒有真實
　　　　　的才學。

（12）〈衛靈公第十五・第十三章〉：「知柳下惠之賢，而不與立也。」〔註51〕

〔註44〕同註2，（魏）何晏注、（宋）邢昺疏《論語・雍也第六》，頁54。
〔註45〕同註2，（魏）何晏注、（宋）邢昺疏《論語・述而第七》，頁63。
〔註46〕同註2，（魏）何晏注、（宋）邢昺疏《論語・泰伯第八》，頁71。
〔註47〕同註2，（魏）何晏注、（宋）邢昺疏《論語・子罕第九》，頁78。
〔註48〕同註2，（魏）何晏注、（宋）邢昺疏《論語・先進第十一》，頁100。
〔註49〕同註2，（魏）何晏注、（宋）邢昺疏《論語・子路第十三》，頁115。
〔註50〕同註2，（魏）何晏注、（宋）邢昺疏《論語・憲問第十四》，頁128～129。
〔註51〕同註2，（魏）何晏注、（宋）邢昺疏《論語・衛靈公第十五》，頁139。

釋意：明明「了解」（知道）柳下惠的賢才，卻不將他推薦給朝廷來和他共事。

（13）〈季氏第十六・第八章〉：「小人不知天命而不畏也。」〔註52〕

釋意：小人不「明白（了解）」上天所賦予的理命而不去敬畏它。

（14）〈微子第十八・第七章〉：「道之不行，已知之矣！」〔註53〕

釋意：仁道無法實現出來，那是我早已「知曉（明白）」的！

（15）〈子張第十九・第五章〉：「日知其所亡，月無忘其所能，可謂好學也已矣！」〔註54〕

釋意：每天都學習些自己所不「了解（知道）」的知識，每個月再複習自己所學會的知識，而不讓它忘失掉，那麼這樣子就能稱得上是好學的了！

（16）〈堯曰第二十・第三章〉：「不知命，無以爲君子也；不知禮，無以立也；不知言，無以知人也。」〔註55〕

釋意：不「明白（了解）」天命，便不能成爲一個君子；不「知道」禮節，便無法立足於社會上；不「明白（了解）」別人言語的內涵，就無法去「了解（分別）」是非好壞了。

就上述文句來看，《論語》書中「知」字進一步當「了解」、「懂得」、「知曉」、「明白」或「認識」等解釋時，其重點並不僅是對於學問的認知要求「不知不言」（如：「不知而作之者，我無是也」〔註56〕）而已，而係進一步要求學問上是否能「眞實明白」（如：「患其不能也」），〔註57〕甚而更注重德行上自己的內省功夫（如：「求爲可知也」）。〔註58〕

3、作更深一步的「領悟（會）」、「體悟」、「推知（悟）」、「通曉」解，如下：

（1）〈學而第一・第十五章〉：「告諸往而知來者。」〔註59〕

釋意：告訴你一些，你就能「領悟（會）」出其他的道理來。

〔註52〕同註2，（魏）何晏注、（宋）邢昺疏《論語・季氏第十六》，頁149。
〔註53〕同註2，（魏）何晏注、（宋）邢昺疏《論語・微子第十八》，頁166。
〔註54〕同註2，（魏）何晏注、（宋）邢昺疏《論語・子張第十九》，頁171。
〔註55〕同註2，（魏）何晏注、（宋）邢昺疏《論語・堯曰第二十》，頁180。
〔註56〕同註2，（魏）何晏注、（宋）邢昺疏《論語・述而第七》，頁64。
〔註57〕同註2，（魏）何晏注、（宋）邢昺疏《論語・憲問第十四》，頁129。
〔註58〕同註2，（魏）何晏注、（宋）邢昺疏《論語・里仁第四》，頁37。
〔註59〕同註2，（魏）何晏注、（宋）邢昺疏《論語・學而第一》，頁8。

（2）〈爲政第二・第四章〉：「五十而知天命。」〔註60〕

釋意：到了五十歲的時候，我能「領悟（會）」到天命的道理。

（3）〈爲政第二・第十一章〉：「溫故而知新，可以爲師矣。」〔註61〕

釋意：不斷溫習以前所學得的知識而「體悟」出新的見解、道理來，那
　　　麼就足以成爲別人的師長了。

（4）〈公冶長第五・第九章〉：「回也聞一以知十，賜也聞一以知二。」
〔註62〕

　　釋意：顏回聽到一個道理，便能「推知（悟）」出十個類似的道理；我（子
　　　　　貢）聽到一個道理，卻只能「推知（悟）」出兩個類似的道理。

（5）〈子罕第九・第二十七章〉子曰：「歲寒，然後知松柏之後彫也。」
〔註63〕

　　釋意：因爲天氣寒冷，才能「體悟」出松柏能在所有草木中最後凋落，
　　　　　是蘊含著如此堅貞的氣節。

（6）〈先進第十一・第十一章〉：「未知生，焉知死？」〔註64〕

釋意：人生前所有的事情尚且無法「推知（悟）」，又如何去「推知（悟）」
死後的事情呢？

（7）〈衛靈公第十五・第三章〉子曰：「由，知德者鮮矣！」〔註65〕

釋意：仲由呀，能夠「通曉」德行的人實在太少了。

依上述文句來看，《論語》書中將「知」字深一層進一步當「領悟（會）」、
「體悟」、「推知（悟）」、「通曉」等解釋時，其重點在於對學問、德行的學習，
不僅要求紮實地、不斷地去實踐（若：「溫故而知新」〔註66〕），且要能透由
實踐中反芻、且超越現實時、空環境限制（若：「告諸往而知來者」〔註67〕），
而進入到無礙、圓融之境地（若：「五十而知天命」〔註68〕）。

〔註60〕同註2，（魏）何晏注、（宋）邢昺疏《論語・爲政第二》，頁16。
〔註61〕同註2，（魏）何晏注、（宋）邢昺疏《論語・爲政第二》，頁17。
〔註62〕同註2，（魏）何晏注、（宋）邢昺疏《論語・公冶長第五》，頁42。
〔註63〕同註2，（魏）何晏注、（宋）邢昺疏《論語・子罕第九》，頁81。
〔註64〕同註2，（魏）何晏注、（宋）邢昺疏《論語・先進第十一》，頁97。
〔註65〕同註2，（魏）何晏注、（宋）邢昺疏《論語・衛靈公第十五》，頁137。
〔註66〕同註2，（魏）何晏注、（宋）邢昺疏《論語・爲政第二》，頁17。
〔註67〕同註2，（魏）何晏注、（宋）邢昺疏《論語・學而第一》，頁8。
〔註68〕同註2，（魏）何晏注、（宋）邢昺疏《論語・爲政第二》，頁16。

4、作「知識」、「真知」、「明察」解，如下：

（1）〈子罕第九‧第七章〉：「吾有知乎哉？無知也。」〔註69〕

釋意：我有「知識」嗎？我的「知識」（所知）實在是極有限。

（2）〈為政第二‧第十七章〉：「由，誨女知之乎！知之為知之，不知為不知，是知也。」〔註70〕

釋意：子路呀，我所教導你的，你都能「了解」嗎？「知道」的就說「知道」，不「知道」的就說不「知道」，這才是「真知」啊！

（3）〈顏淵第十二‧第二十二章〉：「樊遲……問知。子曰：『知人。』」〔註71〕

釋意：樊遲……問什麼是「智」？孔子說「能『明察』人的好壞。」

依上述三句來看，將「知」作為「知識」、「真知」來解時，其重點仍在乎於對學問、德行做真正踏實的學習、實踐與不斷自省；當自我能夠充分覺察自己的所知、所學時，自然而然便能夠明辨是非善惡（此即「明察」），進而處事圓融而無礙了。

總就《論語》書中其他92個有關「知」之句子與句意分析來看《論語》書中「知」字，自基本而深入計有「知道」、「知曉」、「了解（欣賞）」、「懂得」、「明白」、「認識」、「領悟（會）」、「體悟」、「推知（悟）」、「通曉」、「知識」、「真知」、「明察」……等等諸意，是諸句意中不僅透露出對於「知」之積極肯定，且更期望以不作假、虛飾且真實的學習態度，不斷地求知、實踐與反省，以求達到真正能明辨、甚而超越、且更能進入到無礙、圓融之境地。而試問，此與老子《道德經》不反「知」而只是反對「多智巧詐」之「巧智」又有何別？

（三）「學」之辨

了解《論語》書中對「教育」之「智」與「知」看法後，在此接續討論書中對於關乎「教育」主要手段、方法——「學」的態度與看法。《論語》全書中出現「學」字者計43章、65個字，從表面上來看，似乎不怎麼注重「學習」，實則不然！

〔註69〕同註2，（魏）何晏注、（宋）邢昺疏《論語‧子罕第九》，頁78。
〔註70〕同註2，（魏）何晏注、（宋）邢昺疏《論語‧為政第二》，頁18。
〔註71〕同註2，（魏）何晏注、（宋）邢昺疏《論語‧顏淵第十二》，頁110。

　　首先，就《論語》的編排次第上來看，以「學而」二字為起始，即已表明本書重點在於「學」。那麼為何如此強調學習？就本文第二章探討《論語》思想概要中所引述譚家哲先生研究之篇章結構來看，〔註72〕《論語》編者之所以極其用心、且有目的的力求建構此一完整系統體系，其真正主旨就在於教導一「個人」透過「學習」而成為一個真正踏實而頂天立地的「君子」；任何一個平凡的人，沒有透過認真且踏實的「學習」，是不會一下子就成就為一個「君子」的。

　　其次，吾人就《論語》中含有「學」字的篇章文句，分析其字義如下：

1、單一「學」字，當名詞「學問」、「學識」解，如下：

　　（1）〈學而第一・第七章〉：「賢賢易色，事父母能竭其力，事君能致其身，與朋友交，言而有信，雖曰未學，吾必謂之學矣。」〔註73〕

　　釋意：能夠真實地做到：尊敬賢者且善待下屬、奉侍父母竭盡心力、奉事君主忠心盡職、對待朋友信實無欺的話，那麼此人雖然自謙未有「學問」，但我必然說他的「學問」已有真實地成就。

　　（2）〈子路第十三・第四章〉樊遲請學稼。子曰：「吾不如老農。」請學為圃。曰：「吾不如老圃。」〔註74〕

　　釋意：樊遲請教關於種植五穀雜糧的「學問」，孔子回答：我比不上老農夫。又請教關於種植蔬菜瓜果的「學問」，孔子回答：我比不上老菜農。

　　（3）〈衛靈公第十五・第二章〉：「賜也，女以予為多學而識之者與？」〔註75〕

　　釋意：子貢啊，你以為我是「學（問）」淵博且強於記誦的人嗎？

　　（4）〈子張第十九・第十三章〉子夏曰：「仕而優則學，學而優則仕。」〔註76〕

〔註72〕第二章中筆者摘錄譚家哲先生之看法，認為《論語》二十篇可分為上、下兩部分：上部自〈學而第一〉而至〈鄉黨第十〉以每兩篇為一組，講述一般之道理，自人倫基本之道而至個人生活之道；下部則自〈先進第十一〉而至〈堯曰第二十〉，由師徒教學之道，而進入為仕、為政、君王之道，並而回歸君子之道。同註6，譚家哲先生著《論語與中國思想研究》，頁19～23、頁37～69。

〔註73〕同註2，（魏）何晏注、（宋）邢昺疏《論語・學而第一》，頁7。

〔註74〕同註2，（魏）何晏注、（宋）邢昺疏《論語・子路第十三》，頁116。

〔註75〕同註2，（魏）何晏注、（宋）邢昺疏《論語・衛靈公第十五》，頁137。

〔註76〕同註2，（魏）何晏注、（宋）邢昺疏《論語・子張第十九》，頁172。

釋意：子夏說道：治理地方能夠深獲民心而表現非凡的人，在「學問」
　　　的研究與實踐上當能夠認眞踏實而努力的；同樣地，如能在「學
　　　問」上認眞踏實而努力研究與實踐的，也必能夠在治理地方時深
　　　獲民心而表現非凡。

（5）〈子張第十九‧第二十二章〉衛公孫朝問於子貢曰：「仲尼焉學？」
子貢曰：「文武之道，未墜於地，在人。賢者識其大者，不賢者識其小者，莫
不有文武之道焉。夫子焉不學，而亦何常師之有？」〔註77〕

釋意：衛國大夫公孫朝問子貢道：「仲尼（孔子）的『學問』是從何而來？」
　　　子貢回答：「文王、武王等所遺留下來的禮樂典章制度，之所以不
　　　因年代久遠而失傳，主要在於有人不斷將之保留傳述著。雖然賢
　　　能者因心志寬廣而學會了爲人處世的根本大道，不賢者因心志狹
　　　小只學會膚淺表面的微小道理，而則這兩者都同樣在保留傳述著
　　　文王、武王等所遺留下來的禮制仁道。孔夫子心志如此寬廣哪有
　　　不去『學習』的道理，只不過他不會只固定向一位老師來學習。」

（6）〈子罕第九‧第二章〉達巷黨人曰：「大哉孔子！博學而無所成名。」
〔註78〕

釋意：有達巷鄉的人如是說：「多麼偉大的孔子呀！他的『學識』如此淵
　　　博，卻不願以專精才藝來成就他的功名利祿。」

依上述文句來看，將「學」作爲「學識」、「學問」來解時，吾人發覺到書
中對於學問的認定，不在所謂專業技藝、專精才藝的學習（如：耕田、種菜），
而在對於待人處世方面是否眞誠、踏實且努力，不管是對上、對下、對百姓、
對朋友、對父母……等，若能篤行實踐，那麼就是個「學有所成」的人。

2、「學」字前+「好」字，當動詞「好學」一義解，如下：

（1）〈學而第一‧第十四章〉子曰：「君子食無求飽，居無求安，敏於事
而愼於言，就有道而正焉：可謂好學也已。」〔註79〕

釋意：君子對於飲食不求飽足，對於居住求安逸，敏捷地處理事情、謹
　　　愼地與人言談，時時親近有道之人且眞切改正自己的所爲：那麼
　　　這就是「好學」的眞正表現了。

〔註77〕同註2，（魏）何晏注、（宋）邢昺疏《論語‧子張第十九》，頁173。
〔註78〕同註2，（魏）何晏注、（宋）邢昺疏《論語‧子罕第九》，頁77。
〔註79〕同註2，（魏）何晏注、（宋）邢昺疏《論語‧學而第一》，頁8。

（2）〈子張第十九・第五章〉子夏曰：「日知其所亡，月無忘其所能，可謂好學也已矣！」〔註80〕

　　釋意：子夏說道：每天都學習些自己所不知道的知識，每個月再複習自己所學會的知識，而不讓它忘失掉，那麼這樣子就能稱得上是「好學」的了！。

（3）〈雍也第六・第二章〉哀公問：「弟子孰爲好學？」孔子對曰：「有顏回者好學，不遷怒，不貳過，不幸短命死矣！今也則亡，未聞好學者也。」〔註81〕

　　釋意：魯哀公問孔子：「學生中哪一位是眞正愛好『學習』的？」孔子回答：「曾經有位叫顏回的學生是眞正地愛好與努力實踐所『學習』的，他待人寬和而不會將憤怒發洩給別人，對己嚴謹而從來不會再犯同樣過錯，但卻不幸短命逝去了！如今沒有這樣的人，我再也沒有見聞到眞正『好學』的人了」。

（4）〈先進第十一・第六章〉季康子問：「弟子孰爲好學？」孔子對曰：「有顏回者好學，不幸短命死矣！今也則亡。」〔註82〕

　　釋意：季康子問道：「你的學生中哪一位是眞正『愛好學習』的？」孔子回答：「有位叫顏回的學生是眞正地愛好與努力實踐所『學習』的，但卻不幸短命逝去了！如今再也沒有這樣的人了」。（本章意義同前〈雍也第六・第二章〉）

　　就上述「好學」的文句來看，不論是愛好學習抑或愛好學問之意，其對於眞正作學問所要求的，係不僅僅要能夠超越眼前時、空所造成的限制（食無飽、居無安、日知亡、月無忘），且更要能將所學的實踐於自己待人接物上（不遷怒、不貳過）尤其是多次強調顏回的德行修養，更能證明對「學」的要求重點仍在篤行實踐上面。

　　3、仍爲單一「學」字，當「學習」一義解，此義爲本書中所最多的，茲摘錄分析如下：

　　（1）〈學而第一・第一章〉：「學而時習之，不亦說乎？」〔註83〕

〔註80〕同註2，（魏）何晏注、（宋）邢昺疏《論語・子張第十九》，頁171。
〔註81〕同註2，（魏）何晏注、（宋）邢昺疏《論語・雍也第六》，頁51。
〔註82〕同註2，（魏）何晏注、（宋）邢昺疏《論語・先進第十一》，頁96。
〔註83〕同註2，（魏）何晏注、（宋）邢昺疏《論語・學而第一》，頁5。

釋意：「作學問」的眞正樂趣，在於「學習」了以後能夠立即有所用、有所實踐，這是最令人喜悅的。

（2）〈學而第一・第六章〉：「行有餘力，則以學文。」〔註84〕

釋意：如在一切平日工作行事之外仍有餘力的話，就該在做事之餘努力用來「學習」詩書等六藝。

（3）〈爲政第二・第四章〉子曰：「吾十有五而志於學」〔註85〕

釋意：我在十五歲即將成人之際，立志發奮要認眞「學習」。

（4）〈爲政第二・第十五章〉子曰：「學而不思則罔，思而不學則殆。」〔註86〕

釋意：「學習」爲人處世之道，只知道盲目地接納與跟隨，卻不願眞實地去了解，那只徒惘然而一無所得；然而只靠膚淺而漫無目地的思考，卻不去跟隨前人做眞實、深入的「學習」，那也只是不切實際而無法安穩。

（5）〈公冶長第五・第十五章〉子貢問曰：「孔文子何以謂之文也？」子曰：「敏而好學，不恥下問，是以謂之文也。」〔註87〕

釋意：子貢問：「孔文子爲什麼諡號爲“文”？」孔子回答：「他敏捷地處理事情且認眞踏實地去『學習』，且虛心學習而不以向部屬、晚輩請益爲恥，所以死了以後才能以“文”作爲諡號」。

（6）〈公冶長第五・第二十八章〉：「十室之邑，必有忠信如丘者焉，不如丘之好學也。」〔註88〕

釋意：就算是只有十戶人口的地區，也必然會有如我（孔子）般待人忠信的人，但恐怕卻不能像我般眞確地愛好且努力去實踐所「學習」的。

（7）〈雍也第六・第二十五章〉：「君子博學於文，約之以禮，亦可以弗畔矣夫！」〔註89〕

〔註84〕同註2，（魏）何晏注、（宋）邢昺疏《論語・學而第一》，頁7。
〔註85〕同註2，（魏）何晏注、（宋）邢昺疏《論語・爲政第二》，頁16。
〔註86〕同註2，（魏）何晏注、（宋）邢昺疏《論語・爲政第二》，頁18。
〔註87〕同註2，（魏）何晏注、（宋）邢昺疏《論語・公冶長第五》，頁44。
〔註88〕同註2，（魏）何晏注、（宋）邢昺疏《論語・公冶長第五》，頁46。
〔註89〕同註2，（魏）何晏注、（宋）邢昺疏《論語・雍也第六》，頁55。

釋意：君子眞確深入地去廣泛「學習」禮樂六藝經典，再眞確地將之實踐到對一切事物的禮制上，這樣就可以不至於背離爲人處世的正道了。

（8）〈述而第七・第二章〉子曰：「默而識之，學而不厭，誨人不倦，何有於我哉？」〔註90〕

釋意：將每日所見所聞牢記在心中，努力於實踐所「學習」的而不會有所厭惡，教導別人也不會有所倦怠，對我而言這並非很困難的。

（9）〈述而第七・第三章〉：「德之不修，學之不講，聞義不能徙，不善不能改，是吾憂也。」〔註91〕

釋意：個人德行不願踏實去修持，「學習」到的經典也不與人積極討論，其所聽到正確的道理不能眞實地實踐，就連自己的缺點過失亦不肯去改正，這是我所最引以爲憂的。

（10）〈述而第七・第十六章〉子曰：「加我數年，五十以學易，可以無大過矣。」〔註92〕

釋意：讓我能夠多活數年，到了五十歲還能夠愛好且實踐所要「學習」到的各種學問，那麼我就不會有大的過失了。

（11）〈述而第七・第三十三章〉子曰：「若聖與仁，則吾豈敢？抑爲之不厭，誨人不倦，則可謂云爾已矣！」公西華曰：「正唯弟子不能學也！」〔註93〕

釋意：孔子說：「如將我當成具足仁德的聖者，我怎麼敢當呢？只不過是認眞努力的去實踐我所學到的知識，且不厭倦於將這些所知加以傳述、指導他人，這才是我所眞正堪以承當的吧！」。公西華說：「這種踏實的『學習』與實踐功夫，是弟子們所無法眞正做到的。」

（12）〈泰伯第八・第十二章〉：「三年學，不至於穀，不易得也。」〔註94〕

釋意：經過三年持久的「學習」，而仍不會貪圖於爲官求祿，這種德行修養的人是極難能可貴的了。

（13）〈泰伯第八・第十三章〉子曰：「篤信好學，守死善道。」〔註95〕

〔註90〕同註2，（魏）何晏注、（宋）邢昺疏《論語・述而第七》，頁60。
〔註91〕同註2，（魏）何晏注、（宋）邢昺疏《論語・述而第七》，頁60。
〔註92〕同註2，（魏）何晏注、（宋）邢昺疏《論語・述而第七》，頁62。
〔註93〕同註2，（魏）何晏注、（宋）邢昺疏《論語・述而第七》，頁65。
〔註94〕同註2，（魏）何晏注、（宋）邢昺疏《論語・泰伯第八》，頁72。

釋意：對於為仁處世的根本大道，不僅要能夠誠實認真的努力「學習」
與真切實踐，且終其一生都當要依循這根本正道而行才是。

（14）〈泰伯第八·第十七章〉子曰：「學如不及，猶恐失之！」〔註96〕

釋意：如果無法廣泛且充分的「學習」到各種知識的話，就當把已經學
到的認真踏實地去實踐而不要有所疏漏遺忘。

（15）〈憲問第十四·第二十五章〉：「古之學者為己，今之學者為人。」
〔註97〕

釋意：以前的古人「學習（為學）」的目的在於充實自己的品德修養，如
今的人「學習（為學）」的目的卻在於讓別人知道自己多有學問。

（16）〈憲問第十四·第三十七章〉：「不怨天，不尤人，下學而上達，知
我者，其天乎！」〔註98〕

釋意：我不埋怨天，也不責怪他人，只知道認真努力的去「學習」，且順
乎天理的去實踐、去達成為人處世的根本大道，能夠了解我的，
大概只有天吧！

（17）〈衛靈公第十五·第一章〉衛靈公問陳於孔子。孔子對曰：「俎豆
之事，則嘗聞之矣；軍旅之事，未之學也。」〔註99〕

釋意：衛靈公問孔子有關軍事布陣作戰的方法，孔子答稱：「關於禮儀的
事情，那我曾經聽聞過；而關於軍隊作戰的事情，我並不曾『學
習』過。」

（18）〈衛靈公第十五·第三十章〉：「吾嘗終日不食，終夜不寢，以思；
無益，不如學也。」〔註100〕

釋意：我曾經整天不吃飯，整晚不睡覺，來做膚淺而漫無目地的思考；
可是卻發覺這根本毫無益處，這還不如真實地、認真地去「學習」
為人處世之道。

（19）〈衛靈公第十五·第三十一章〉：「君子謀道不謀食。耕也，餒在其

〔註95〕同註2，（魏）何晏注、（宋）邢昺疏《論語·泰伯第八》，頁72。
〔註96〕同註2，（魏）何晏注、（宋）邢昺疏《論語·泰伯第八》，頁72。
〔註97〕同註2，（魏）何晏注、（宋）邢昺疏《論語·憲問第十四》，頁128。
〔註98〕同註2，（魏）何晏注、（宋）邢昺疏《論語·憲問第十四》，頁129。
〔註99〕同註2，（魏）何晏注、（宋）邢昺疏《論語·衛靈公第十五》，頁137。
〔註100〕同註2，（魏）何晏注、（宋）邢昺疏《論語·衛靈公第十五》，頁140。

中矣；學也，祿在其中矣。君子憂道不憂貧。」〔註101〕

　　釋意：君子日日夜夜想要謀求的是根本的正道，並非謀求個人的衣食俸
　　　　　祿。爲謀求食物而耕田，有時遇到災荒仍會難免挨餓之苦；而眞
　　　　　實認眞地去「學習」與實踐爲人處世之大道，衣食俸祿便自然而
　　　　　然可以獲得。所以君子只會憂愁無法眞切地去實踐爲人處世之
　　　　　道，而不會憂愁貧困不得衣食。

　　（20）〈季氏第十六・第九章〉：「生而知之者，上也；學而知之者，次也；
困而學之，又其次也；困而不學，民斯爲下矣！」〔註102〕

　　釋意：生下來就能通曉事理的，是上等資質的人；經過「學習」然後能
　　　　　通曉事理的，是次一等資質的人；遇到困難以後才曉得要「學習」
　　　　　的，又是次一等資質的人；遇到困難以後仍然不願意「學習」的，
　　　　　這就是最下等的人了。

　　（21）〈季氏第十六・第十三章〉陳亢問於伯魚曰：「子亦有異聞乎？」
對曰：「未也。嘗獨立，鯉趨而過庭。曰：『學詩乎？』對曰：『未也。』『不
學詩，無以言！』鯉退而學詩。他日，又獨立，鯉趨而過庭。曰：『學禮乎？』
對曰：『未也。』對曰：『不學禮，無以立！』鯉退而學禮。聞斯二者。」陳
亢退而喜曰：「問一得三：聞詩、聞禮，又聞君子之遠其子也。」〔註103〕

　　釋意：陳子禽問孔鯉說：「孔子有沒有另外教導你什麼？」。孔鯉回答：「並
　　　　　沒有呀。有一次父親（孔子）獨自站立，我很快穿過庭院而行時，
　　　　　父親說：『你"學習"過〈詩〉了嗎？』我回答：『沒有！』父親
　　　　　說：『沒有"學習"過〈詩〉，就不懂得如何與人對應的語言！』
　　　　　於是我退下後便認眞去學習〈詩〉；過些時日，父親（孔子）又獨
　　　　　自站立，我很快穿過庭院而行之際，父親又說：『你"學習"過〈禮〉
　　　　　了嗎？』我回答：『沒有！』父親說：『沒有"學習"過〈禮〉，就
　　　　　不懂得如何在社會上安身立命！』於是我退下後便認眞去學習
　　　　　〈禮〉。我只私下由父親口中聽聞這兩件事而已。」陳子禽退下後
　　　　　高興地說：「我問一件事情，而學到了三件事情：知道爲什麼要學
　　　　　〈詩〉，知道爲什麼要學〈禮〉，更知道一個君子就算對自己的孩

〔註101〕同註2，（魏）何晏注、（宋）邢昺疏《論語・衛靈公第十五》，頁140～141。
〔註102〕同註2，（魏）何晏注、（宋）邢昺疏《論語・季氏第十六》，頁149。
〔註103〕同註2，（魏）何晏注、（宋）邢昺疏《論語・季氏第十六》，頁150。

子也不會有所偏私厚愛。」

（22）〈陽貨第十七・第四章〉：「君子學道則愛人，小人學道則易使也。」〔註104〕

　　釋意：士君子之所以「學習」為人處世之根本正道，是因為愛護人民百姓，想要以道遍行天下，而小人之所以「學習」為人處世之根本正道，則是因為百姓受到禮樂教化後，能夠易於使喚。

（23）〈陽貨第十七・第八章〉子曰：「由也，女聞六言六蔽矣乎？」對曰：「未也。」「居，吾語女：好仁不好學，其蔽也愚；好知不好學，其蔽也蕩；好信不好學，其蔽也賊；好直不好學，其蔽也絞；好勇不好學，其蔽也亂；好剛不好學，其蔽也狂。」〔註105〕

　　釋意：孔子問：「仲由呀！你聽聞過對仁、智、信、直、勇、剛等六種美德不去真實體會明白所造成的矇蔽嗎？」仲由回答：「未曾聽說。」孔子說道：「坐下來，我告訴你：只喜歡仁德而不求真實明白與實踐其意涵，那麼『學習』所受到的蒙蔽便是愚昧；只喜歡才智而不求真實明白與實踐其意涵，那麼『學習』所受到的蒙蔽便是無定向般的放蕩；只喜歡誠信而不求真實明白與實踐其意涵，那麼『學習』所受到的蒙蔽便是賊害；只喜歡正直而不求真實明白與實踐其意涵，那麼『學習』所受到的蒙蔽便是刺諷；只喜歡勇敢而不求真實明白與實踐其意涵，那麼『學習』所受到的蒙蔽便是作亂；只喜歡剛毅而不求真實明白與實踐其意涵，那麼『學習』所受到的蒙蔽便是狂妄」。

（24）〈子張第十九・第六章〉子夏曰：「博學而篤志，切問而近思，仁在其中矣。」〔註106〕

　　釋意：子夏說道：透由廣博地「學習」詩書禮樂等典籍以使自己因實踐仁德而志向越來越堅定，凡有所疑惑的地方一定切實的詢問清楚且不斷地從生活的周遭一切中思索與驗證答案，那麼所謂的仁德便在這裡面了。

〔註104〕同註2，（魏）何晏注、（宋）邢昺疏《論語・陽貨第十七》，頁154。
〔註105〕同註2，（魏）何晏注、（宋）邢昺疏《論語・陽貨第十七》，頁155。
〔註106〕同註2，（魏）何晏注、（宋）邢昺疏《論語・子張第十九》，頁171。

（25）〈子張第十九・第七章〉子夏曰：「百工居肆以成其事，君子學以致其道。」〔註107〕

　　釋意：子夏說道：各行業的人藉由其工作場所來製造完成其所要完成的工作，而君子只有透過眞實認眞努力地去「學習」與實踐才能成就這爲人處世的根本正道。

　　依上述將「學」作爲「學習」一義來解時之文句來看，吾人整理可得到如是重點：（1）學習貴於實踐，經由實踐的結果，能使人對學習有所快樂、喜好，那麼便能志於學，且能篤信、篤行之；（2）學習在過程上，要先博學於文，再求約之以禮，所謂博學不在廣泛，在能實踐所學，是以篤行仍重於學文；（3）學、思二者都重要，學貴實踐、思貴眞實明白（要與人討論、要不恥下問），但學的重要性比思大；（4）學習的目的不在財祿（憂道不憂貧），不在爲別人而學，在於自己的安身立命，在於學以致道、下學而上達；（5）學習是終身的志趣，自「十有五志於學」到「加我數年，五十以學易」都在學習；（6）學習的內容，在詩書禮樂而非用兵習武，在爲人處世、安身立命。（7）眞實的德行沒有透過學習來實踐，則一切都是空談（六言六蔽），所以學習是修德、行道之基礎。（8）人的資質分爲生而知、學而知、困而學、困而不學四等，唯有學習，方能使自己有所成就。

　　總就吾人所探析以上《論語》書中關係及「學」字之章句而言，可發覺到無論將「學」作爲「學識」、「學問」、「好學」、或「學習」等義來解時，都永遠要求爲學的首要在於「篤行實踐」，誠實而認眞的對待自己的學習才是一切學習的基礎。而此中值得注意者，在於君子「謀道不謀食」、「憂道不憂貧」〔註108〕的學習目的與態度，豈不正與老子《道德經・第二十章》：「絕學無憂。唯之與阿，相去幾何？」〔註109〕所言反對爲「功名利祿」而做的「學習」無異乎！

　　吾人透由本小節中對於《論語》教育意義之探析可以了解到：相對於老子以「正言若反」之辯證方式於《道德經》中隱含其教育理念，《論語》一書則因其淺顯、易懂、易行而成爲數千年來文治教化之「顯學」書籍。而透由

〔註107〕同註2，（魏）何晏注、（宋）邢昺疏《論語・子張第十九》，頁171。
〔註108〕同註2，（魏）何晏注、（宋）邢昺疏《論語・衛靈公第十五》，頁140～141。
〔註109〕同註28，（晉）王弼著、（唐）陸德明釋文《老子道德經注・第二十章》，頁10～11。

分析中，可得到下列看法：

1、就「智」而言：《論語》提示「智」係在於幫助、了解且實踐「仁」，要求「惡徼以爲知者」〔註 110〕不造假、不虛飾且要長期不斷練習，此表明其對「智」非全盤肯定而係有條件性的。對照於《道德經》所強調「要去除"多智巧詐"之智」，兩者並未有所悖離。

2、就「知」而言：《論語》對於「知道」、「了解（欣賞）」、「體悟」、「知識」、……等不僅積極肯定，且更期望以不作假、虛飾且眞實的學習態度，不斷地求知、實踐與反省。此與老子《道德經》之不全面反對「知」亦無所異。

3、就「學」而言：《論語》爲學首要在於「篤行實踐」，誠實而認眞的對待自己的學習才是一切學習的基礎。其「謀道不謀食」、「憂道不憂貧」〔註 111〕的學習態度與老子《道德經》所反對爲「功名利祿」而做的「學習」無異乎！

4、就整個《論語》篇章來看，孔子有條件性的求「智」、求「知」、求「學」，其所「積極肯定」與主張之教育思想，與老子《道德經》係相輔相成無異！

二、《論語》之教育主張

由《論語》書中對「智」、「知」、「學」等字義探討之後，得證《論語》所持之教育態度係明顯積極且正面之后，緊接著亦將接續探討《論語》書中對教育之主張。

《論語》全書中含有「教」字之內容章句共有七章，吾人依其內涵大致分述如下：

（一）爲何要教育？

就《論語》書中來看，教育的價值爲何？抑或爲何需要教育？吾人探析如下：

首先，在〈子路第十三‧第九章〉中，有如是對話：

> 子適衛，冉有僕。子曰：「庶矣哉！」冉有曰：「既庶矣，又何加焉？」

〔註110〕同註2，（魏）何晏注、（宋）邢昺疏《論語‧陽貨第十七》，頁 159。
〔註111〕同註2，（魏）何晏注、（宋）邢昺疏《論語‧衛靈公第十五》，頁 140～141。

曰：「富之。」曰：「既富矣，又何加焉？」曰：「教之。」〔註112〕
其意當是：孔子前往衛國，冉有爲他駕車。孔子說道：「衛國人口好多呀！」
冉有便問：「既然人口多了，那麼進一步該努力些什麼？」孔子答道：「讓人
民都能富足！」冉有再接著問：「人民如果也富足了，那進一步又該再努力些
什麼？」孔子回答「就該從事於『教化』人民的工作了。」

此中透露，在孔子眼中，一個好的國家應該要兼具眾多人口、經濟富強
及重視教育三要件。之所以重視人口，蓋因人民是國家定義中所最首要的，
沒有人民就沒有國家，而人口增加眾多，不正代表著這個國家正邁向大國之
列。其次，在人口增加以後，該如何留住人民呢？所以第二階段，當然是想
辦法增加百姓的財富，讓他們衣食無缺後，便願意留下來安居。那麼既然百
姓衣食無缺，國家就富強了，那爲何又要辦教育呢？有必要接著探討！

其二，在〈子路第十三‧第三十章〉孔子說道：「以不教民戰，是謂棄之。」
〔註113〕其意是：「讓沒有受過教導的百姓上場作戰，這無異於背棄自己的子
民。」就吾人所知，春秋戰國時代戰爭頻繁，動用百姓民兵上戰場作戰當無
疑義，而平時軍事基本訓練當然是必要的，所以辦「教育」的作用只在單純
爲軍事國防戰備演練用的嗎？似乎頗有道理！

其三，〈子路第十三‧第二十九章〉中，孔子說道：「善人教民七年，亦
可以即戎矣。」〔註114〕其意爲：「上善者主政教導民眾七年以後，人民百姓自
能立即上戰場作戰。」就吾人所知，一般人上戰場作戰的軍事訓練，只要二、
三個月便能完成基礎訓練，並不需要到七年才能立即作戰。是以，此中顯示，
所謂之「教」，絕不是簡單的「教導人民如何作戰」而已，當作「教化」百姓
而言，既然重點不在於軍事訓練上，那麼又該「教化」什麼呢？值得再繼續
討論。

其四，在〈堯曰第二十‧第二章〉中，子張與孔子就君子「從政」議題
問答中，孔子提出「尊五美，屏四惡」〔註115〕（尊行五種美德、摒棄四種惡
行）的主張，其中一種惡行是「不教而殺謂之虐」〔註116〕（意謂：平日不去
「教化」百姓，等他們犯錯便加以殺戮，這叫做虐行。）如是，顯示出「教

〔註112〕同註2，（魏）何晏注、（宋）邢昺疏《論語‧子路第十三》，頁116～117。
〔註113〕同註2，（魏）何晏注、（宋）邢昺疏《論語‧子路第十三》，頁120。
〔註114〕同註2，（魏）何晏注、（宋）邢昺疏《論語‧子路第十三》，頁119～120。
〔註115〕同註2，（魏）何晏注、（宋）邢昺疏《論語‧堯曰第二十》，頁179。
〔註116〕同註2，（魏）何晏注、（宋）邢昺疏《論語‧堯曰第二十》，頁179。

化」不僅在軍事訓練，似乎也包含著教導百姓好的德行、行為，來讓百姓減少犯罪的積極意義。那麼，還有其他意義嗎？

其五，在〈為政第二・第二十章〉中，季康子與孔子對國家治理百姓，有如是對話：

> 季康子問：「使民敬忠以勸，如之何？」子曰：「臨之以莊，則敬。
> 孝慈，則忠。舉善而教不能，則勸。」〔註117〕

其意當是：季康子問道：「如何能讓人民能對君主尊敬、忠實、並隨時改過遷善？」孔子回答：「若君主面對人民以莊重的態度，則人民自然尊敬君主；若君主自身致力於孝慈上，人民亦自然能自行孝慈且忠實待人；若君主真實向善而舉善者以教化不能者，則人民百姓亦因而受到感動而自身改過。」

一般在位者總希望著能夠永遠順利統治著國家，希望人民百姓都能擁戴他且效忠於他，國內沒有叛亂者也沒有罪犯，那麼政權便有希望長久存在，而這也是季康子的想法。而則，在孔子的大智慧中，實非如此，他認為所謂「君君、臣臣、父父、子子」重點不在你擔任什麼角色就該「得到」什麼？而在「當做」什麼？君王的角色固然是統治者，但也是個人，也有父母、師長、朋友，也有除了統治者角色外與平民百姓無異的其他角色要擔當。所以要百姓對你尊敬、忠實，自己便要先做到君主當有的莊重、孝慈；要希望百姓能夠改過遷善、減少犯罪，那麼就要舉用善人來做教化工作。如此看來，《論語》的教育意義，便是在教化所有的人，不只是平民百姓、也包含君主、官長，透由心靈的真實體悟、與行為的踏實實踐，來變化氣質、改變行為，真正表現出人之所以為人、而在天地間的真實善性、德行出來，那麼人人都能平等對待，國家便能夠長治久安了。

是以，回到〈子路第十三・第二十九章〉中所謂：「善人教民七年，亦可以即戎矣。」〔註118〕其意當改為：「上善者主政來『教化』民眾，七年以後則人民百姓受到感化，自能立即為國家而上戰場作戰。」而〈子路第十三・第三十章〉中所謂：「以不教民戰，是謂棄之。」〔註119〕其意亦當改為：「君主平日不注重『教化』百姓、施行仁政，那麼戰爭來臨才要百姓上場作戰，這無異讓子民背棄自己。」

〔註117〕同註2，（魏）何晏注、（宋）邢昺疏《論語・為政第二》，頁18～19。
〔註118〕同註2，（魏）何晏注、（宋）邢昺疏《論語・子路第十三》，頁119。
〔註119〕同註2，（魏）何晏注、（宋）邢昺疏《論語・子路第十三》，頁120。

那麼回頭再看〈子路第十三・第九章〉所言，一個國家有了眾多人口，而且人民富足了以後，只代表物質生活上無虞匱乏，並不代表心靈生活的真實滿足，那麼除了引誘國、內外的犯罪層出不窮外，自然也不可能讓百姓願意長住此處，所以當然要辦教育、要教化子民，這樣國家才能邁向真正安康且長治久安的大道呀！

那麼，由《論語》中來看，教育的意義與價值，在於由實際生活體驗中，去改變個人品德、行為，去變化個人氣質，由個人自己，而影響及個人與他人，更影響及個人與社會團體（國家），讓大家真實的去對待自己、也真誠的對待非屬自己之他人、他物，這不就是實現孔子所言的「仁道」嗎？

（二）要教育什麼？

在前面由《論語》書中析取五個含有「教」字之篇章來探討其教育的意義之後，接著吾人利用其餘二篇章來大略探討其教育之內涵。

首先，在〈述而第七・第二十四章〉提道：「子以四教：文，行，忠，信。」〔註120〕其意謂：「孔子從四個方向來『教育』子弟：詩書禮樂等典籍、個人道德品行、對待事物的忠誠態度、對待他人的信實行為。」此中顯示，《論語》書中所揭露的教育內容，係極為普通而且平實的，就只是平常所強調的正道而已。而如果有所要特別補充之處，那也只有如〈學而第一・第一章〉開宗明義所言：「學而時習之，不亦說乎？」〔註121〕除了對學問、德行做真正踏實、認真而不斷地的學習與實踐外，教育要能成功，恐怕也別無他法了。

其次，在〈衛靈公第十五・第三十八章〉孔子有曰：「有教無類。」〔註122〕其意謂：「我們所要『教育』的對象，是沒有貧富、賢愚、階級等分別的。」對照西方工業革命後才實施的平民教育，以及後續各國才陸續納入憲法保障的國民受教育一律平等權利，遠在二千餘年的春秋時代，孔子即已實現。

透由本小節中對《論語》書中含有「教」字之七章內容分析後，吾人得知其教育主張約略如下看法：

1、《論語》中透露教育的意義與價值，在於能由實際生活體驗中，去改變個人品德、行為與變化氣質；且由個人自己，而影響及他人、國家，讓大家真實的去對待自己、也真誠的對待他人、他物，此即實現孔子

〔註120〕同註2，（魏）何晏注、（宋）邢昺疏《論語・述而第七》，頁63。
〔註121〕同註2，（魏）何晏注、（宋）邢昺疏《論語・學而第一》，頁5。
〔註122〕同註2，（魏）何晏注、（宋）邢昺疏《論語・衛靈公第十五》，頁141。

所言之「仁道」。

2、《論語》透露孔子以「文，行，忠，信。」〔註123〕四個方向教育子弟，揭露其普通而且平實的教育內容；又以「有教無類。」〔註124〕來宣揚其平民化、普遍化之教育理念。是以孔子所開之學派當然成爲春秋戰國時代之「顯學」，也當然成就了《論語》之所以在中國歷代政治教化扮演重要角色之功勞。

第二節　《論語》之教育目的

前章中對於老子《道德經》教育目的之探討，係以先了解《道德經》整個思想體系中心所在之「老子之『道』中之教育哲理」、再進入以「人」爲教育主體中心所探討之「《老子》中理想之人格」；最後才以「《老子》中理想之國家」之治國理念爲教育目的之最後探討主題。此處吾人對於《論語》之教育目的的探析，亦採用相對性探討之方式，亦由「孔子之『道』中之教育哲理」起、而進入「《論語》中理想之人格」，最後始探討「《論語》中理想之國家」。

一、孔子之「道」中之教育哲理

吾人就第二章中對《論語》思想體系之探析，可發覺孔子整個教育思想中心亦同老子一般的在其「道」中。而相較於《道德經》中的「道」字只有四種基本用法和意義，《論語》中的「道」字則具有：(1)「說」；(2)「道路」；(3)「領導、治理」；(4)「勸導、引導」；(5)「方式、方法」；(6)「技藝、技術」；(7)「準則」；以及 (8) 孔子之道的「道」等八種意義，此較諸老子的應用來得廣泛些。而專就孔子之道的「道」此一專名來看，其所說展開之性格，顯然亦與老子之道的「道」諸性格完全不同，在孔子心中所展現「道」的諸性格大致有：(1)「道」非自然而成的；(2)「道」的內涵爲「忠恕」、根本在於「孝悌」，此道即是「仁道」；(3) 任何人皆可學「道」；(4)「道」是「君子」的終極目標；(5) 學「道」的過程在時時刻刻、隨時隨地「無終食之間違仁」；(6) 最重要的是，人之生命與意義價值就在於實踐這一個「道」（「仁道」）。爲了要探尋《論語》之教育哲理重點何在，研究者亦當藉由《論語》中孔子之道的「道」諸性

〔註123〕同註2，（魏）何晏注、（宋）邢昺疏《論語・述而第七》，頁63。
〔註124〕同註2，（魏）何晏注、（宋）邢昺疏《論語・衛靈公第十五》，頁141。

格中，來探詢其論「道」與「人」相關之教育意涵。

（一）「道」非自然存在，「道」即「仁道」

在〈公冶長第五・第十三章〉中子貢有云：「夫子之文章，可得而聞也。夫子之言『性』與『天道』，不可得而聞也。」〔註125〕就孔子門人來說，孔子所傳授的詩書禮樂典籍以及其內涵，皆可以由孔子本人或弟子之間，藉由聽聞、閱讀等而得到了解；但惟獨對於「性」、「天道」兩者，則皆無法聽聞、了解到。此中既已透露，「天道」與孔子所強調的「道」兩者並未相干，那麼在《論語》中孔子所強調的「道」當非「天道」。

次在〈衛靈公第十五・第二十八章〉中孔子說道：「人能弘道，非道弘人。」〔註126〕此則顯示「道」與「人」之關係，在於「人」係實踐、發皇「道」，而「道」則無法實踐、張皇「人」，那麼此中所呈現的孔子之道，則顯係人為之「道」，而非自然義性質之「天道」矣！

其三，在〈里仁第四・第十五章〉曾子有云：「夫子之道，忠恕而已矣！」〔註127〕此顯示「忠恕」二字所代表「以真實、無愧而至誠之善之作為，相對應於他人之作為。」〔註128〕即為孔子之「道」所實踐之作為。

其四，又據〈學而第一・第二章〉有子所云：

> 其為人也孝弟，而好犯上者鮮矣。不好犯上，而好作亂者，未之有
>
> 也。君子務本，本立而道生。孝弟也者，其為仁之本與？〔註129〕

顯現人之所以為人與君子之所當務之本皆在「孝悌」，〔註130〕而「孝悌」不僅為「仁」的根本、亦為「道」所真實存在之本，是以藉由「孝悌」而「行仁」而「行道」，故孔子的「道」即是「仁道」。而「仁道」實踐之行為即在「孝

〔註125〕同註2，（魏）何晏注、（宋）邢昺疏《論語・公冶長第五》，頁43。

〔註126〕同註2，（魏）何晏注、（宋）邢昺疏《論語・衛靈公第十五》，頁140。

〔註127〕同註2，（魏）何晏注、（宋）邢昺疏《論語・里仁第四》，頁37。

〔註128〕譚家哲先生解釋「忠恕」為：「忠即盡為他人真實之善而為他，恕即於他人之不善與過失中自己仍憑良心地、如心真實地、無愧於心地為。」，因本文第二章中已提及與討論，故不再探析。同註6，譚家哲先生著《論語與中國思想研究》，頁322。

〔註129〕同註2，（魏）何晏注、（宋）邢昺疏《論語・學而第一》，頁5。

〔註130〕此章中「孝悌」能對應於「不好犯上、不好作亂」之作為，其意當不僅僅只限於家庭人倫中對長上之行孝、對晚輩之為悌，當亦如「忠恕」一樣，意指「以真實、無愧而至誠之善之作為，相對應於他人、社會、家國乃至天下一切所有之作為。」

悌」、在「忠恕」、在人類對於自己、他人乃至遍及天下之所有他物所行「真實、至誠、無愧之一切善行、作為」。

（二）「道」是人人所求之至極，而人人皆可因「學」而達「道」

就個人生命意義與價值而言，〈里仁第四・第八章〉中孔子說道：

> 朝聞道，夕死可矣！〔註131〕

對應於朝至夕之「時光」短促，惟有「道」始能「超越」此一時空，而成就人類生命中的至真、至善與至美。修「道」之過程當由「聞道」→「學道」→而「致道」，而此一朝聞夕死的急促短暫，顯露重點在於提示吾人：如何真實地面對「道」，並將到含攝於真實生命中、在行住坐臥中、隨時隨地的實踐，哪怕只是此短暫的一日！當人人皆真實地由「聞道」、「學道」而「致道」，那麼便足以無愧天地、父母之所生矣！

「道」是所有的人皆可學的，而非只有「君子」才能學；在〈陽貨第十七・第四章〉孔子曾言：「君子學道則愛人，小人學道則易使也。」〔註132〕無論「君子」抑或「小人」，只要願意「學道」至少都會對整個社會發生移風易俗的良善效益，君子更懂得愛人、百姓更樂意行善，那麼整個社會國家自然太平安康。

當然，對應於其他各行各業之專業技術，君子所學、所求甚至所行所當致者，就在「道」上，是以在〈子張第十九・第七章〉中子夏便強調著：「百工居肆以成其事，君子學以致其道。」〔註133〕其他行業居於市集中，能因應百姓之各項生活需求而製造、流通物資；君子無能力生產生活物資，所以惟由行住坐臥中隨時隨地真誠地實踐「道」，藉由不斷「聞道」、「學道」而「致道」，方能成為一個真正為大家所尊崇的「君子」。

（三）修道之實踐工夫在「無終食之間違仁」

「學道」的過程，總要經過不斷地反覆練習，一如〈學而第一・第一章〉中孔子開宗明義即云：「學而時習之，不亦說乎？」〔註134〕意謂：「學習」後要能立即有所應用與實踐，才是「作學問」最令人喜悅與真正樂趣之所在。

事實上，在此一「學道」過程是備極艱辛，如：〈衛靈公第十五・第三十

〔註131〕同註2，（魏）何晏注、（宋）邢昺疏《論語・里仁第四》，頁37。
〔註132〕同註2，（魏）何晏注、（宋）邢昺疏《論語・陽貨第十七》，頁154。
〔註133〕同註2，（魏）何晏注、（宋）邢昺疏《論語・子張第十九》，頁171。
〔註134〕同註2，（魏）何晏注、（宋）邢昺疏《論語・學而第一》，頁5。

一章〉孔子所云：「君子謀道不謀食。……君子憂道不憂貧。」〔註135〕以及〈學而第一・第十四章〉孔子所云之：「君子食無求飽，居無求安，敏於事而慎於言，就有道而正焉：可謂好學也已。」〔註136〕此皆顯示在「學道」之過程中，吾人可能所必須面對物質生活的壓力、甚而引誘，然而仍必須堅持「學道」比起外在物質生活還來得重要，才能眞正有所成就的。一如孔子在〈里仁第四・第五章〉所云：「富與貴，是人之所欲也，不以其道得之，不處也。貧與賤，是人之所惡也，不以其道得之，不去也。君子去仁，惡乎成名？君子無終食之間違仁，造次必於是，顛沛必於是。」〔註137〕以及在〈里仁第四・第九章〉所云之：「士志於道，而恥惡衣惡食者，未足與議也！」〔註138〕不管是「君子」或「士人」，在「學道」的過程中，面對於「富貴」之所欲及「貧賤」之所惡的眞實生活，始終都保持著客觀且能超然的態度，堅持著「學道」的最低底限──「無終食之間違仁」，〔註139〕而終日念茲在茲的，惟有「行道（行仁）」，這才是「學道」者所要追尋的「至眞」。

是以，就《論語》中「道」之教育哲理綜論之：首先，吾人了解到《論語》中的「道」非自然存在之「天道」，而係注重人爲實踐之「仁道」；其次，就個人生命意義與價值上，「道」才是人人所務求之眞實至極，且人人皆可因「學」而漸次於達「道」；最後「修道」之實踐工夫在「無終食之間違仁」，面對眞實物質生活之引誘或壓力始終保持著客觀且超然的態度，堅持惟有「行道（行仁）」才是「學道」者所要之「至眞」。相對於老子《道德經》注重「自然之道」且爲人、萬物所當遵循之楷式者，此是兩者相異所在處；同樣注重著「人」需藉由「實踐」而「回歸於道」或「達道」的這種重人爲修持要求者，則是兩者相同之所在。

二、《論語》中理想之人格

吾人就《論語》全書中搜尋，書中「人」字出現凡 219 次：其中用以專指某地域或時代之人（如：鄹人、殷人……等）凡 11 次；泛指數量者（如二三人……等）凡 8 次；專指稱孔子弟子之「門人」者凡 8 次；而專指學問、

〔註135〕同註2，（魏）何晏注、（宋）邢昺疏《論語・衛靈公第十五》，頁140～141。
〔註136〕同註2，（魏）何晏注、（宋）邢昺疏《論語・學而第一》，頁8。
〔註137〕同註2，（魏）何晏注、（宋）邢昺疏《論語・里仁第四》，頁36。
〔註138〕同註2，（魏）何晏注、（宋）邢昺疏《論語・里仁第四》，頁37。
〔註139〕同註2，（魏）何晏注、（宋）邢昺疏《論語・里仁第四》，頁36。

修養類型者如：「小人」24 次，「善人」5 次，「聖人」4 字，「中人」、「佞人」、「仁人」、「大人」等 2 次，「賢人」、「野人」、「正人」、「下人」、「辟人」「知人（智者）」、「斗筲之人」、「辟人」……等皆 1 次，其餘則係以單一「人」字出現作爲泛稱一般之人之用。就此中來看，「善人」、「聖人」等在《論語》並未有相對大比例之使用與出現，透露出彼等「善人」、「聖人」當非其內心所積極追求理想之人格；〔註 140〕而一般人對「小人」一詞的看法，又以負面評價爲多，顯然《論語》作者有意透過與「小人」相反評價之正面人格與之比較，以對應於當時諸多紛亂之社會現實。

而則，究竟《論語》書中眞正理想人格爲何？事實上，自〈學而第一·第一章〉子曰：「學而時習之，不亦說乎？有朋自遠方來，不亦樂乎？『人』不知而不慍，不亦『君子』乎？」〔註 141〕起，而至〈堯曰第二十·第三章〉子曰：「不知命，無以爲『君子』也；不知禮，無以立也；不知言，無以知『人』也。」〔註 142〕止，書中早已告知理想人格非在「人（他人、一般人）」，而在「君子」！而吾人就《論語》全書中，亦搜尋到「君子」一詞字出現凡 107 次；是以，當可確定「君子」爲《論語》書中眞正之理想人格矣。

那麼，「君子」之道德修養標準爲何？當分就其所重之個人修爲與治國理念分別討論之：

（一）「君子」所重之個人修為

《論語》書中相關「君子」個人修爲之篇章甚多，此顯現出孔子亟爲重視「君子」之個人修爲，爲求能深入了解，故此處又將之分爲對個人、對他人、對其他事物等三方面之要求，今吾人分述如下：

1、「君子」之個人之要求

（1）不斷「自我學習」、「反省實踐」與「自我要求」、「篤行實踐」，諸

〔註 140〕〈述而第七·第二十五章〉中孔子有云：「聖人，吾不得而見之矣！得見君子者，斯可矣。……」善人，吾不得而見之矣！得見有恆者，斯可矣。」此中已顯現孔子心中理想之企盼人物本當爲「聖人」、「至善者」，而則在人之所處的眞實生活中，孔子必然明白「聖人」、「至善者」這種天命、天成者是不可能會出現的，所以他由現實中採取退而求其次的方式，從現實中以人爲可成就之「君子」、「有恆者」來承繼其理想人格。當然此與其教育哲理中注重人爲實踐「仁道」以求「達道」之思想是相互吻合的。同註 2，（魏）何晏注、（宋）邢昺疏《論語·述而第七》，頁 63。

〔註 141〕同註 2，（魏）何晏注、（宋）邢昺疏《論語·學而第一》，頁 5。

〔註 142〕同註 2，（魏）何晏注、（宋）邢昺疏《論語·堯曰第二十》，頁 180。

如：

Ⅰ、〈學而第一·第一章〉：「子曰：學而時習之，不亦說乎？有朋自遠方來，不亦樂乎？人不知而不慍，不亦君子乎？」〔註143〕

釋譯：「作學問」的眞正樂趣，在於「學習」了以後能夠立即有所用、有所實踐，這是最令人喜悅的。遠方的朋友千里迢迢來一起共同於學，這不也是一件快樂的事。雖然別人不能「了解（欣賞）」我的才學，我也不生氣，那不是一位仁德的君子嗎？君子並不急於追求爲人所知、所用，而係將重點置於不斷自我學習、實踐與反省中，去眞實地先面對自我的完善。

Ⅱ、〈衛靈公第十五·第十八章〉：「子曰：君子病無能焉，不病人之不己知也。」〔註144〕

釋譯：君子憂愁自己無德無能於恭行實踐，而不愁別人不知曉自己（亦不急求於功名利祿）。

Ⅲ、〈顏淵第十二·第四章〉：「子曰：內省不疚，夫何憂何懼！」〔註145〕

釋意：君子不憂患、不懼怕，眞實存在而如是內省修持、不以現實功名利祿爲其念頭，故無憂無懼。

Ⅳ、〈衛靈公第十五·第十九章〉：「子曰：君子疾沒世而名不稱焉。」〔註146〕

釋意：君子只憂愁自己的才能德行，無法讓人所認同。

Ⅴ、〈衛靈公第十五·第二十章〉：「子曰：君子求諸己，小人求諸人。」〔註147〕

釋意：君子要求自己，小人只會要求別人。

Ⅵ、〈述而第七·第三十二章〉：「子曰：文，莫吾猶人也。躬行君子，則吾未之有得！」〔註148〕

釋意：孔子自認其文，非其個人特殊異於人之創造；雖全心致力於成爲

〔註143〕同註2，（魏）何晏注、（宋）邢昺疏《論語·學而第一》，頁5。
〔註144〕同註2，（魏）何晏注、（宋）邢昺疏《論語·衛靈公第十五》，頁139。
〔註145〕同註2，（魏）何晏注、（宋）邢昺疏《論語·顏淵第十二》，頁106。
〔註146〕同註2，（魏）何晏注、（宋）邢昺疏《論語·衛靈公第十五》，頁140。
〔註147〕同註2，（魏）何晏注、（宋）邢昺疏《論語·衛靈公第十五》，頁140。
〔註148〕同註2，（魏）何晏注、（宋）邢昺疏《論語·述而第七》，頁65。

君子，而仍自覺不足，仍未作為一真實而有所得。（雖謙下未承認自己如是，而實則仍有所戮力）

VII、〈子罕第九・第六章〉：「君子多乎哉？不多也！」〔註149〕

釋意：君子不在多有能力，而在努力不懈於對真實的人事上篤行實踐。

（2）在求道上，要「學以致道」、「不為小道」、「不拘小節」、「惡居下流」，諸如：

I、〈子張第十九・第七章〉：「子夏曰：百工居肆以成其事，君子學以致其道。」〔註150〕

釋意：子夏說道：各行業的人藉由其工作場所來製造完成其所要完成的工作，而君子只有透過真實認真努力地去「學習」與實踐才能成就這為人處世的根本正道。

II、〈子張第十九・第四章〉：「子夏曰：雖小道，必有可觀者焉，致遠恐泥，是以君子不為也。」〔註151〕

釋意：子夏說道：小技藝有其可觀處，但無法據以推求為仁處世之真實正道，故君子不求為之。

III、〈衛靈公第十五・第三十六章〉子曰：「君子貞而不諒。」〔註152〕

釋意：君子固守於正道而不輕於小節。

IV、〈子張第十九・第二十章〉：「子貢曰：紂之不善，不如是之甚也。是以君子惡居下流，天下之惡皆歸焉。」〔註153〕

釋意：子貢說：紂的惡行，並非真正的如傳說般多。所以君子厭惡居於下流，因為一有不善，則天下之惡名聲皆集中於此。

（3）在學問上講求「文質彬彬」、「博文約禮」，諸如：

I、〈雍也第六・第十六章〉：「子曰：質勝文則野，文勝質則史。文質彬彬，然後君子。」〔註154〕

釋意：當質樸勝過文采只是個粗鄙野人；當文采勝過質樸又成個只知為

〔註149〕同註2，（魏）何晏注、（宋）邢昺疏《論語・子罕第九》，頁78。
〔註150〕同註2，（魏）何晏注、（宋）邢昺疏《論語・子張第十九》，頁171。
〔註151〕同註2，（魏）何晏注、（宋）邢昺疏《論語・子張第十九》，頁171。
〔註152〕同註2，（魏）何晏注、（宋）邢昺疏《論語・衛靈公第十五》，頁141。
〔註153〕同註2，（魏）何晏注、（宋）邢昺疏《論語・子張第十九》，頁173。
〔註154〕同註2，（魏）何晏注、（宋）邢昺疏《論語・雍也第六》，頁54。

文書之小吏。惟有質樸、文采兩相適當調和，才是君子。

II、〈顏淵第十二・第八章〉：「夫子之說君子也，駟不及舌！文猶質也，質猶文也。」〔註155〕

　　釋意：人之一言已出則難追回：君子在文（文采）質（本質）兩方面皆要兩相權衡，而非只求其一。

III、〈先進第十一・第一章〉：「子曰：先進於禮樂，野人也。後進於禮樂，君子也。如用之，則吾從先進。」〔註156〕

　　釋意：先進弟子之禮樂質樸而似鄉下野人，後進者之禮樂文采非凡而似城市君子。但如用於國家、宗廟、祭祀之大事，則要採先進者之禮樂。（此中重點在於先進者注重內涵價值，而後進者往往著重虛飾外表，是以仍以內涵為先）

IV、〈雍也第六・第二十五章〉子曰：「君子博學於文，約之以禮，亦可以弗畔矣夫！」〔註157〕

　　釋意：習文、習禮均日常生活中正常而非特殊之事。

（4）在言行舉止上貴乎「動容貌」、「正顏色」、「出辭氣」，如：

I、〈泰伯第八・第四章〉：「曾子言曰：……君子所貴乎道者三：動容貌，斯遠暴慢矣；正顏色，斯近信矣；出辭氣，斯遠鄙倍矣；籩豆之事，則有司存。」〔註158〕

　　釋意：曾子說：君子所貴之道有三者：行為舉止依禮而行，可避免粗暴與放肆；容貌臉色端莊，可使人信服；說話言詞語氣得宜，可避免別人鄙陋不合理；瑣碎禮儀器物之事，自有專人看管，不需多勞。

由上篇章可了解成為一個「君子」所重之個人修為，在個人方面：要求不斷「自我學習」、「反省實踐」與「自我要求」、「篤行實踐」；學道上，要「學以致道」、「不為小道」、「不拘小節」、「惡居下流」；學問上，講求「文質彬彬」、「博文約禮」；在言行舉止則上貴乎「動容貌」、「正顏色」、「出辭氣」……等。

〔註155〕同註2，（魏）何晏注、（宋）邢昺疏《論語・顏淵第十二》，頁107。
〔註156〕同註2，（魏）何晏注、（宋）邢昺疏《論語・先進第十一》，頁96。
〔註157〕同註2，（魏）何晏注、（宋）邢昺疏《論語・雍也第六》，頁55。
〔註158〕同註2，（魏）何晏注、（宋）邢昺疏《論語・泰伯第八》，頁70。

2、「君子」之對待他人

（1）首重「孝悌之本」、「忠信之實」與「禮義之眞」，如下：

Ⅰ、〈學而第一‧第二章〉：「有子曰：其爲人也孝弟，而好犯上者鮮矣。不好犯上，而好作亂者，未之有也。君子務本，本立而道生。孝弟也者，其爲仁之本與？」〔註159〕

　　意謂：上位之君子本乎其仁，眞實地實踐對長上之孝、對晚輩、他人之悌，那麼絕對不可能會有犯上、作亂等惡行發生；孝悌是行仁德的根本，亦是君子之所當務之根本。

Ⅱ、〈顏淵第十二‧第五章〉：「子夏曰：商聞之矣：『死生有命，富貴在天。』君子敬而無失，與人恭而有禮，四海之內，皆兄弟也。君子何患乎無兄弟也？」〔註160〕

　　意謂：君子憂患不在有無兄弟，亦不在生命之久遠、富貴之多寡，而在是否眞實實踐對諸人所當有之孝悌、忠信、恭敬、好禮，能如是則放諸四海皆安然自在。

Ⅲ、〈學而第一‧第八章〉：「子曰：君子不重則不威，學則不固。主忠信，無友不如己者，過則勿憚改。」〔註161〕

　　意謂：一個君子假若不重視自己的職務且不願眞實的承擔責任，那麼對別人是不會有什麼威望的，而這也表示他並未眞實地、認眞地去「學習」爲人處世之道。

（2）對言行重在「先行後言」、「敏行納言」、「言行篤實」與「適時適當」、「不以言而取人」，如下：

Ⅰ、〈爲政第二‧第十三章〉：「子貢問君子。子曰：先行其言，而後從之。」〔註162〕

　　意謂：眞實的君子，先做到他所說的，才表露於言。（自覺→行→言）

Ⅱ、〈里仁第四‧第二十四章〉：「子曰：君子欲訥於言，而敏於行。」〔註163〕

　　意謂：君子眞實的敏於事、敏於行，故而鈍言、愼言、寡言。

〔註159〕同註2，（魏）何晏注、（宋）邢昺疏《論語‧學而第一》，頁5。
〔註160〕同註2，（魏）何晏注、（宋）邢昺疏《論語‧顏淵第十二》，頁106。
〔註161〕同註2，（魏）何晏注、（宋）邢昺疏《論語‧學而第一》，頁7。
〔註162〕同註2，（魏）何晏注、（宋）邢昺疏《論語‧爲政第二》，頁18。
〔註163〕同註2，（魏）何晏注、（宋）邢昺疏《論語‧里仁第四》，頁38。

Ⅲ、〈先進第十一・第二十章〉:「子曰:論篤是與,君子者乎?色莊者乎?」〔註164〕

意謂:言論篤實之人,仍需深察是外表的莊嚴假飾,抑或真實行持的君子。

Ⅳ、〈憲問第十四・第二十九章〉:「子曰:君子恥其言而過其行。」〔註165〕

意謂:君子羞愧於所說的言詞超過自己所作所行。

Ⅴ、〈子張第十九・第二十五章〉:「子貢曰:君子一言以為知,一言以為不知,言不可不慎也!」〔註166〕

意謂:君子由一句話來表現其是否聰明!(需謹慎於其所言)

Ⅵ、〈季氏第十六・第六章〉:「孔子曰:侍於君子有三愆:言未及之而言,謂之躁;言及之而不言,謂之隱;未見顏色而言,謂之瞽。」〔註167〕

意謂:侍奉君子需注意容易犯的三過:不該說而說,是急躁;該說又不說,是隱瞞事實;不看對方顏色而輕率發言,是瞎了眼。(言語仍需適時、適當)

Ⅶ、〈子張第十九・第九章〉:「子夏曰:君子有三變:望之儼然,即之也溫,聽其言也厲。」〔註168〕

意謂:君子之容貌有三變:遠觀、莊嚴威武;近談、和顏悅色;言語、嚴守正道。

Ⅷ、〈衛靈公第十五・第二十二章〉子曰:「君子不以言舉人,不以人廢言。」〔註169〕

意謂:不因言語之好而提拔別人,不因行為之無禮而輕忽其言語。

（3）待人「和睦謙讓」、「矜而不爭、群而不黨」、「尊賢而容眾」,如下:

Ⅰ、〈八佾第三・第七章〉:「子曰:君子無所爭,必也射乎!揖讓而升,下而飲,其爭也君子。」〔註170〕

意謂:君子沒有什麼可與人處處爭鬥,就算在求取統領人、事之職位而

〔註164〕同註2,(魏)何晏注、(宋)邢昺疏《論語・先進第十一》,頁99。
〔註165〕同註2,(魏)何晏注、(宋)邢昺疏《論語・憲問第十四》,頁128。
〔註166〕同註2,(魏)何晏注、(宋)邢昺疏《論語・子張第十九》,頁174。
〔註167〕同註2,(魏)何晏注、(宋)邢昺疏《論語・季氏第十六》,頁148~149。
〔註168〕同註2,(魏)何晏注、(宋)邢昺疏《論語・子張第十九》,頁171~172。
〔註169〕同註2,(魏)何晏注、(宋)邢昺疏《論語・衛靈公第十五》,頁140。
〔註170〕同註2,(魏)何晏注、(宋)邢昺疏《論語・八佾第三》,頁26。

不得不有所比試時，也仍然做到禮之謙讓與和睦態度，是以君子雖有比試之事及所欲，仍是和睦而相讓的。

II、〈衛靈公第十五・第二十一章〉：「子曰：君子矜而不爭，群而不黨。」〔註171〕

意謂：「君子」莊重而自守，不與人相爭；和人和諧相處，而不結黨營私。

III、〈子張第十九・第三章〉：「子張曰：異乎吾所聞：『君子尊賢而容眾，嘉善而矜不能。』」〔註172〕

意謂：君子尊重賢能者且容納所有的人，嘉勉行善者而憐矜無能行之人。

（4）作爲上「依義而不依人」、「不偏袒徇私」、「依道而行」，如下：

I、〈爲政第二・第十四章〉：「子曰：君子周而不比，小人比而不周。」〔註173〕

意謂：君子在面對周遭人事時，整體周詳的從眞實需要而作爲，而非先利益自己所親近或偏愛者；小人則只利自己身邊或有關係者，而從不爲眞正有需要但與自己無關之事。

II、〈里仁第四・第十六章〉：「子曰：君子喻於義，小人喻於利。」〔註174〕

意謂：君子、勸喻開導他人、長上以義行；小人、勸喻開導他人、長上以利益。

III、〈述而第七・第三十章〉：「吾聞君子不黨，君子亦黨乎？」〔註175〕

意謂：君子不偏袒別人的過失。

IV、〈季氏第十六・第十三章〉：「君子之遠其子也。」〔註176〕

意謂：君子不自私、不自利於親人、所愛者。君子就算對自己的孩子也不會有所偏私厚愛。

V、〈子路第十三・第二十五章〉：「子曰：君子易事而難說也；說之不以道，不說也；及其使人也，器之。」〔註177〕

〔註171〕同註2，（魏）何晏注、（宋）邢昺疏《論語・衛靈公第十五》，頁140。
〔註172〕同註2，（魏）何晏注、（宋）邢昺疏《論語・子張第十九》，頁171。
〔註173〕同註2，（魏）何晏注、（宋）邢昺疏《論語・爲政第二》，頁18。
〔註174〕同註2，（魏）何晏注、（宋）邢昺疏《論語・里仁第四》，頁37。
〔註175〕同註2，（魏）何晏注、（宋）邢昺疏《論語・述而第七》，頁64。
〔註176〕同註2，（魏）何晏注、（宋）邢昺疏《論語・季氏第十六》，頁150。
〔註177〕同註2，（魏）何晏注、（宋）邢昺疏《論語・子路第十三》，頁119。

意謂：君子易於事奉而難求其歡喜，不依正道而行則難得其歡喜，等到
　　　其任用人才時，能因個人才器而用人。

（5）其他方面：若「周急不繼富」、「下學上達」、「愛人以學道」、「以友
輔仁」、「成人之美」、「不親不善人」、「惡不眞實相待（稱人之惡、居下流而
訕上、勇而無禮、果敢而窒）」、如下：

Ⅰ、〈雍也第六・第三章〉：「君子周急不繼富。」〔註178〕
意謂：君子周濟窮困之人，不使富有者更富。

Ⅱ、〈憲問第十四・第二十四章〉：「子曰：君子上達，小人下達。」〔註179〕
意謂：君子爲他人而上進以通達（非自私自利）

Ⅲ、〈陽貨第十七・第四章〉：「君子學道則愛人，小人學道則易使也。」
〔註180〕
意謂：君子之所以要「學習」爲人處世之根本正道，是因爲愛護人民百
　　　姓，想要以道遍行天下，而小人之所以要「學習」爲人處世之根
　　　本正道，則是因爲百姓受到禮樂教化後，能夠易於使喚。

Ⅳ、〈顏淵第十二・第二十四章〉：「曾子曰：君子以文會友；以友輔仁。」
〔註181〕
意謂：君子修文以習禮，交友以實踐仁之德行。

Ⅴ、〈公冶長第五・第三章〉：「子謂子賤，君子哉若人！魯無君子者，斯
焉取斯？」〔註182〕
意謂：君子非眞由自己能力而成就者，必有他人之扶助才能成就之。

Ⅵ、〈陽貨第十七・第七章〉：「佛肸召，子欲往。子路曰：昔者由也聞諸
夫子曰：『親於其身爲不善者，君子不入也。』佛肸以中牟畔，子之往也如之
何？子曰：然，有是言也。不曰堅乎？磨而不磷。不曰白乎？涅而不緇。吾
豈匏瓜也哉？焉能繫而不食！」〔註183〕
意謂：與惡行者之眞實相應道理：1. 自我之眞實──「不接近會使自己

〔註178〕同註2，（魏）何晏注、（宋）邢昺疏《論語・雍也第六》，頁51。
〔註179〕同註2，（魏）何晏注、（宋）邢昺疏《論語・憲問第十四》，頁128。
〔註180〕同註2，（魏）何晏注、（宋）邢昺疏《論語・陽貨第十七》，頁154。
〔註181〕同註2，（魏）何晏注、（宋）邢昺疏《論語・顏淵第十二》，頁111。
〔註182〕同註2，（魏）何晏注、（宋）邢昺疏《論語・公冶長第五》，頁41。
〔註183〕同註2，（魏）何晏注、（宋）邢昺疏《論語・陽貨第十七》，頁155。

不善之人」；2. 與他人接觸之眞實──「磨而不磷、涅而不緇（不隨波逐流）」；3. 在環境中最終實現──「焉能繫而不食（不同流合污）」

Ⅶ、〈陽貨第十七·第二十四章〉：「子貢曰：君子亦有惡乎？子曰：有惡，惡稱人之惡者，惡居下流而訕上者，惡勇而無禮者，惡果敢而窒者。」〔註184〕

　　意謂：孔子之君子之惡，在於人與人應對之惡、對別人應對之不眞實，惡對人有所惡而稱其惡、惡忌妒他人較自己優越而對人誹謗、惡無視於他人存在而無禮、惡敢於無所不爲而直與人衝突。

Ⅷ、〈顏淵第十二·第十六章〉：「子曰：君子成人之美，不成人之惡；小人反是。」〔註185〕

　　意謂：君子盡人之美，成就人之美德、善行，而非成就他人之惡行。

Ⅸ、〈憲問第十四·第七章〉子曰：「君子而不仁者有矣夫！未有小人而仁者也！」〔註186〕

　　意謂：君子時刻在成全他人，而非爲己之私利。

　　由上各篇章可知，就「君子」之對待他人上：首重「孝悌之本」、「忠信之實」與「禮義之眞」；言行則注重「先行後言」、「敏行納言」、「言行篤實」與「適時適當」、「不以言而取人」；對人則當「和睦謙讓」、「矜而不爭、群而不黨」、「尊賢而容眾」；作爲上要求「依義而不依人」、「不偏袒徇私」、「依道而行」；其他方面：若「周急不繼富」、「下學上達」、「愛人以學道」、「以友輔仁」、「成人之美」、「不親不善人」、「惡不眞實相待（稱人之惡、居下流而訕上、勇而無禮、果敢而窒）」……等。

3、「君子」之處世作為

　　（1）不重物質生活、不爲生活所限，若「食無求飽、居無求安」、「君子不器」、「無終食之間違仁」、「坦蕩蕩」、「泰而不驕」、「懷德、懷刑」、「義之與比」、「君子亦窮」、「謀道不謀食」……等，如下：

　　Ⅰ、〈學而第一·第十四章〉：「子曰：君子食無求飽，居無求安，敏於事而愼於言，就有道而正焉：可謂好學也已。」〔註187〕

〔註184〕同註2，（魏）何晏注、（宋）邢昺疏《論語·陽貨第十七》，頁159。
〔註185〕同註2，（魏）何晏注、（宋）邢昺疏《論語·顏淵第十二》，頁109。
〔註186〕同註2，（魏）何晏注、（宋）邢昺疏《論語·憲問第十四》，頁124。
〔註187〕同註2，（魏）何晏注、（宋）邢昺疏《論語·學而第一》，頁8。

意謂：君子對於飲食不求飽足，對於居住不求安逸，敏捷地處理事情、
謹愼地與人言談，時時親近有道之人且眞切改正自己的所爲：那
麼這就是「好學」的眞正表現了。

II、〈爲政第二・第十二章〉子曰：「君子不器。」〔註188〕

意謂：君子作爲一眞實存在之人，不會受物質事物之價值所限，而只庸
於追求功名利祿。

III、〈里仁第四・第五章〉子曰：「富與貴，是人之所欲也，不以其道得
之，不處也。貧與賤，是人之所惡也，不以其道得之，不去也。君子去仁，
惡乎成名？君子無終食之間違仁，造次必於是，顚沛必於是。」〔註189〕

意謂：富、貴是人的所欲，但若不依仁道而行，得到了也不應長處；貧、
賤是人的所惡，但若不依仁道而行，得到了也不應捨離。仁道是
君子之所以存在之眞理，失去了仁，便再不是君子。是以君子在
任何時間都不捨離「仁道」，不管倉卒急遽之時、或顚波困頓之際，
都爲實踐仁道而存在。

IV、〈述而第七・第三十六章〉：「子曰：君子坦蕩蕩，小人長戚戚。」〔註190〕

意謂：一眞實之人，心境無論何時都寬曠而無所憂慮，而非憂患得失成
敗於對世間之求得與自己之存在此世間與價值。

V、〈子路第十三・第二十六章〉：「子曰：君子泰而不驕，小人驕而不泰。」
〔註191〕

意謂：君子安祥舒泰而無所驕傲（坦蕩蕩而無所得失）。

VI、〈里仁第四・第十一章〉：「子曰：君子懷德，小人懷土。君子懷刑，
小人懷惠。」〔註192〕

意謂：君子貴於能實踐德行，小人貴於獲得財富名利；君子不去爲觸法
而傷害之事，小人會爲貪小惠而不顧法紀。

VII、〈里仁第四・第十章〉：「子曰：君子之於天下也，無適也，無莫也，

〔註188〕同註2，（魏）何晏注、（宋）邢昺疏《論語・爲政第二》，頁18。
〔註189〕同註2，（魏）何晏注、（宋）邢昺疏《論語・里仁第四》，頁36。
〔註190〕同註2，（魏）何晏注、（宋）邢昺疏《論語・述而第七》，頁65。
〔註191〕同註2，（魏）何晏注、（宋）邢昺疏《論語・子路第十三》，頁119。
〔註192〕同註2，（魏）何晏注、（宋）邢昺疏《論語・里仁第四》，頁37。

義之與比。」〔註193〕

　　　　意謂：君子對於自己去向或居處之選擇，只從自己所能為人所需要而能付出努力與實踐之因素來做抉擇，而非依於自己所偏愛或有所得利益而決定，故無必須之要求、也無必須之拒絕，之所以遷移至鄰近之處，只由於「義」與「需要」而已。

　　Ⅷ、〈衛靈公第十五・第一章〉：「在陳絕糧。從者病，莫能興。子路慍見曰：君子亦有窮乎？子曰：君子固窮，小人窮斯濫矣。」〔註194〕

　　　　意謂：君子雖於窮途末路中，而仍安仁、守仁。

　　Ⅸ、〈衛靈公第十五・第三十一章〉：「子曰：君子謀道不謀食。耕也，餒在其中矣；學也，祿在其中矣。君子憂道不憂貧。」〔註195〕

　　　　意謂：君子日日夜夜想要謀求的是根本的正道，並非謀求個人的衣食俸祿。為謀求食物而耕田，有時遇到災荒仍會難免挨餓之苦；而真實認真地去「學習」與實踐為人處世之大道，衣食俸祿便自然而然可以獲得。所以君子只會憂愁無法真切地去實踐為人處世之道，而不會憂愁貧困不得衣食。

　　（2）注重平日善行、德行之修養，若：「仁者不憂，知者不惑，勇者不懼」、「可逝不可陷、可欺不可罔（有智慧）」、「聖人不得而見」、「義以為質，禮以行之，孫以出之，信以成之」、「君子有九思」⋯⋯等，如下：

　　Ⅰ、〈憲問第十四・第三十章〉：「子曰：君子道者三，我無能焉：仁者不憂，知者不惑，勇者不懼。」子貢曰：「夫子自道也！」〔註196〕

　　　　意謂：孔子自謙尚未達成君子所通達之道：有仁，無憂於貴賤；有智，不惑於世事；有勇，無懼於生死。

　　Ⅱ、〈雍也第六・第二十四章〉：「宰我問曰：仁者，雖告之曰：『井有仁焉。』其從之也？子曰：何為其然也？君子可逝也，不可陷也。可欺也，不可罔也。」〔註197〕

　　　　意謂：君子如一般正常人之智慧，往前走、但不一定受騙，可能一時受

〔註193〕同註2，（魏）何晏注、（宋）邢昺疏《論語・里仁第四》，頁37。
〔註194〕同註2，（魏）何晏注、（宋）邢昺疏《論語・衛靈公第十五》，頁137。
〔註195〕同註2，（魏）何晏注、（宋）邢昺疏《論語・衛靈公第十五》，頁140～141。
〔註196〕同註2，（魏）何晏注、（宋）邢昺疏《論語・憲問第十四》，頁128。
〔註197〕同註2，（魏）何晏注、（宋）邢昺疏《論語・雍也第六》，頁55。

騙，不可能受不合理所矇蔽。

III、〈述而第七・第二十五章〉：「子曰：聖人，吾不得而見之矣！得見君子者，斯可矣。」〔註 198〕

　　意謂：孔子心中理想之企盼──聖人已不可見！從現實中退而求次之理想或企盼──君子。

IV、〈衛靈公第十五・第十七章〉：「子曰：君子義以為質，禮以行之，孫以出之，信以成之，君子哉！」〔註 199〕

　　意謂：君子所當行之德：處世基準以義；行為實踐以禮；言行以謙恭；信實以成事

V、〈季氏第十六・第十章〉：「孔子曰：君子有九思：視思明，聽思聰，色思溫，貌思恭，言思忠，事思敬，疑思問，忿思難，見得思義。」〔註 200〕

　　意謂：君子行事注重九種當用心思者：看務求明白，聽務求清楚，臉色求表現溫和，容貌要謙恭有禮，言語務求忠實誠信，行事務求認真，疑惑當需問明白，憤怒當慮其後果、禍害，所見一切當想是否合義。

（3）明白自己之所限，而行所當行、止所當止，若「不以紺緅飾……」、「和而不同」、「君子三戒：色、鬥、得」、「君子三畏：天命、大人、聖人之言」、「君子有九思」……等，如下：

I、〈鄉黨第十・第六章〉：「君子不以紺緅飾，紅紫不以為褻服。當暑，袗絺綌，必表而出之。緇衣羔裘，素衣麑裘，黃衣狐裘。褻裘長，短右袂。必有寢衣，長一身有半。狐貉之厚以居。去喪，無所不佩。非帷裳，必殺之。羔裘玄冠，不以弔。吉月，必朝服而朝。」〔註 201〕

　　意謂：君子不取深青、綠色為領口、袖口，不取紅色、紫色為居家之便服。暑熱夏天，穿葛布單衣，裡必穿內衣；冬天，外穿黑上衣必配黑羊皮之袍，穿白上一而配白鹿皮之袍，穿黃上衣而配黃狐皮之袍。家居皮袍要長，右邊袖子短以便做事；蓋的被子，要比身體長一倍半；皮毛後之狐貉皮用來當坐墊。喪期已過，則皆可配

〔註 198〕同註 2，（魏）何晏注、（宋）邢昺疏《論語・述而第七》，頁 63。
〔註 199〕同註 2，（魏）何晏注、（宋）邢昺疏《論語・衛靈公第十五》，頁 139。
〔註 200〕同註 2，（魏）何晏注、（宋）邢昺疏《論語・季氏第十六》，頁 149。
〔註 201〕同註 2，（魏）何晏注、（宋）邢昺疏《論語・鄉黨第十》，頁 88。

任何飾物。除祭祀需用整幅布作裙子外，其餘必裁減而斜幅縫製。不穿戴黑皮袍、黑禮帽去弔喪。每月初一，必穿朝服而上朝。（衣服不花俏而顯得莊重，單一色系搭配得宜而不外露肩腹身軀以求莊重，布料當省則省、當用則用，服裝樣式顏色務求合宜、適當）

II、〈子路第十三·第二十三章〉：「子曰：君子和而不同，小人同而不和。」〔註202〕

意謂：君子處理事情：調和眾異但非苟且徇私的贊同，小人則反之。

III、〈憲問第十四·第二十八章〉：「曾子曰：君子思不出其位。」〔註203〕

意謂：君子務求自反、實踐，不求逾越自己當有本分。

IV、〈季氏第十六·第七章〉：「孔子曰：君子有三戒：少之時，血氣未定，戒之在色；及其壯也，血氣方剛，戒之在鬥；及其老也，血氣既衰，戒之在得。」〔註204〕

意謂：君子三件警惕戒備事：年少血氣未固定，戒在放縱女色；壯年血氣方剛，戒在動怒鬥毆；老年血氣衰退，戒在貪得不厭。

V、〈季氏第十六·第八章〉：「孔子曰：君子有三畏：畏天命，畏大人，畏聖人之言。」〔註205〕

意謂：君子有三敬畏之事：敬畏天之正理、敬畏權位高者、敬畏聖人言語。

由上就「君子」之處世作為可知：君子不專重於物質生活、故亦不為生活所限，而有「食無求飽、居無求安」、「君子不器」、「無終食之間違仁」、「坦蕩蕩」、「泰而不驕」、「懷德、懷刑」、「義之與比」、「君子亦窮」、「謀道不謀食」……等諸行；而君子當注重平日善行、德行之修養，是以當有「仁者不憂，知者不惑，勇者不懼」、「可逝不可陷、可欺不可罔（有智慧）」、「聖人不得而見」、「義以為質，禮以行之，孫以出之，信以成之」、「君子有九思」……等作為；而於真實之生活中，亦當明白自己之所限，而行所當行、止所當止，是以當行「不以紺緅飾……」、「和而不同」、「君子三戒：色、鬥、得」、「君子三畏：天命、大人、聖人之言」、「君子有九思」……等諸作為。

〔註202〕同註2，（魏）何晏注、（宋）邢昺疏《論語·子路第十三》，頁119。
〔註203〕同註2，（魏）何晏注、（宋）邢昺疏《論語·憲問第十四》，頁128。
〔註204〕同註2，（魏）何晏注、（宋）邢昺疏《論語·季氏第十六》，頁149。
〔註205〕同註2，（魏）何晏注、（宋）邢昺疏《論語·季氏第十六》，頁149。

此處總就孔子對「君子」所面對自我個人、他人、以及他事物之三方面個人修為探析，可得如下結論：

1、君子之個人要求上，要求「躬行實踐」、「反求諸己」、「學以致道」、「博文約禮」、「文質彬彬」、言行舉止則貴乎「動容貌、正顏色、出辭氣」……等。

2、君子之對待他人，重視孝悌、忠信與禮義之真知真行；言行舉止則當「言行篤實」、「敏行納言」、「和睦謙讓」、「尊賢容眾」、「依道而行」「不偏袒徇私」、「以友輔仁」、「成人之美」、……等。

3、君子之處世作為，要能真實生活卻不為物質生活之所惑、所限，注重平日仁、義、禮、諸善行德行之修養，明白自己之所限，而行所當行、止所當止。

由上可知，此諸標準，皆在要求一個「真實的君子」（此亦即「仁者」），要成為在此一世界真實之本體（此亦即「仁者」），惟有由自己之真誠出發（「自覺、知仁」），真實對自我、亦真實對他人、對他物所有一切德行、言語甚而作為（「行仁」），才有真實存在於此世界之價值性（「達仁」），亦才能顯現生命之所以在此時空中為一生命之尊貴真實性（「仁道的世界」）。

（二）「君子」所重之治國理念

吾人再依據《論語》篇章內文，將相關「君子所重之治國理念」條列分述如下：

1、首先，孔子認為人為政之首要在於「名正」，「名正」而後方能「言順」，方能治理國事，意即要做什麼事前，先當思考自己的份位是否合宜？是否合於禮？此如「必也正名乎」、「不知命無以為君子」、「邦有道則仕」等：

（1）〈子路第十三·第三章〉：：「子路曰：衛君待子而為政，子將奚先？子曰：必也正名乎！子路曰：有是哉，子之迂也。奚其正？子曰：野哉，由也！君子於其所不知，蓋闕如也。名不正，則言不順；言不順，則事不成；事不成，則禮樂不興；禮樂不興，則刑罰不中；刑罰不中，則民無所措手足。故君子名之必可言也，言之必可行也。君子於其言，無所苟而已矣！」〔註206〕

其意：透過孔子與子路之對話，孔子指出禮樂制度之重點所在：「"名正"方能"言順"」，何種權位者方能、也必須能要做相當權位之事

〔註206〕同註2，（魏）何晏注、（宋）邢昺疏《論語·子路第十三》，頁115。

務，這才是「君君、臣臣、父父、子子」眞正的意義所在，如是才能不踰矩、且不致犯上作亂。孔子藉由一連串的推演（名份不正→言語無法合理→做事無法成功→禮樂無法推動→刑罰無法得當→老百姓不知何所適從），表面是說無名、則無實、則無以爲政，實際也在告知所有爲政者「不在其位，不謀其政」的禮制道理。

（2）〈堯曰第二十・第三章〉：「子曰：不知命，無以爲君子也；不知禮，無以立也；不知言，無以知人也。」〔註207〕

　　意謂：不明白天命之所在，便不足以成爲一個君子；不了解禮節之進退，便無法安身立命於社會上；不明瞭別人言語之內涵，就無法去分辨是非善惡了。此意在提示吾人，要知其本分之所在，而眞實地去履行所當爲之作爲。

（3）〈衛靈公第十五・第六章〉：「直哉史魚！邦有道，如矢；邦無道，如矢。君子哉蘧伯玉！邦有道，則仕；邦無道，則可卷而懷之。」〔註208〕

　　意謂：史魚有正直之德，不管政治是否清明，言行都如箭般依正道而行，；蘧伯玉則守著「君子」之道，政治清明則出而爲官，政治敗壞則引退而收藏才能。

2、其次，成爲一個在位者需要大的擔當與認知，此如「臨大節而不可奪」、「君子儒」、「不可小知、可大受」、「過如日月之食」等：

（1）〈泰伯第八・第六章〉：「曾子曰：可以托六尺之孤，可以寄百里之命，臨大節而不可奪也。君子人與？君子人也！」〔註209〕

　　意謂：君子可以承擔輔佐幼主之重責大任，可以承擔治理國家大事之責，面臨國家生死關頭而不改變其節操（人格修養）。

（2）〈雍也第六・第十一章〉：「子謂子夏曰：女爲君子儒，無爲小人儒。」〔註210〕

　　意謂：要成爲識大而可大受之君子型大儒，不爲只作瑣碎微小事務之小人型陋儒。

（3）〈衛靈公第十五・第三十三章〉子曰：「君子不可小知，而可大受也。

〔註207〕同註2，（魏）何晏注、（宋）邢昺疏《論語・堯曰第二十》，頁180。
〔註208〕同註2，（魏）何晏注、（宋）邢昺疏《論語・衛靈公第十五》，頁138。
〔註209〕同註2，（魏）何晏注、（宋）邢昺疏《論語・泰伯第八》，頁71。
〔註210〕同註2，（魏）何晏注、（宋）邢昺疏《論語・雍也第六》，頁53。

小人不可大受，而可小知也。」〔註211〕

　　意謂：君子不求小事得見知、賞識於長官，而只求能擔當行道之重責大
　　　　　任於天下；小人則反之。

　　（4）〈子張第十九・第二十一章〉：「子貢曰：君子之過也，如日月之食
焉。過也，人皆見之；更也，人皆仰之。」〔註212〕

　　意謂：君子的過失如同日月之食，眾人皆可見之；改過之後，人人才會
　　　　　仰望之。（君子係眾人之所仰賴、表率者）

　　3、成為在位者後，在德行修養上仍當注意修己、修德、行義、合禮、忠
信、無私、恭敬等，如：「脩己以敬」、「君子德風」、「君子尚德」、「仕行其義」、
「義以為上」、「合於禮篤於親」、「信而後勞」、「不施其親」、「君子之四道」、
「尊五美、屏四惡」等即是：

　　（1）〈憲問第十四・第四十五章〉：「子路問君子。子曰：脩己以敬。曰：
如斯而已乎？曰：脩己以安人。曰：如斯而已乎？曰：脩己以安百姓。脩己
以安百姓，堯舜其猶病諸！」〔註213〕

　　意謂：君子以「恭敬」態度修養自己。能修己方能安人、安百姓、安天
　　　　　下。

　　（2）〈顏淵第十二・第十九章〉季康子問政於孔子曰：「如殺無道，以就
有道，何如？」孔子對曰：「子為政，焉用殺？子欲善，而民善矣！君子之德
風，小人之德草；草上之風，必偃。」〔註214〕

　　意謂：君子以德服人，非以刑戮逼人就範；君子之德如風，百姓之德如
　　　　　草，君子重德則如風吹拂眾草，百姓必偃而望之。

　　（3）〈憲問第十四・第六章〉：「南宮适問於孔子曰：羿善射，奡盪舟，
俱不得其死然。禹稷躬稼而有天下。夫子不答。南宮适出，子曰：君子哉若
人！尚德哉若人！」〔註215〕

　　意謂：有勇力而貴乎自己權位，則不得其死，有勇力而為利天下百姓，
　　　　　則德服天下，此君子也。（君子尚仁德，而非好勇鬥爭之徒）

〔註211〕同註2，（魏）何晏注、（宋）邢昺疏《論語・衛靈公第十五》，頁141。
〔註212〕同註2，（魏）何晏注、（宋）邢昺疏《論語・子張第十九》，頁173。
〔註213〕同註2，（魏）何晏注、（宋）邢昺疏《論語・憲問第十四》，頁131。
〔註214〕同註2，（魏）何晏注、（宋）邢昺疏《論語・顏淵第十二》，頁109。
〔註215〕同註2，（魏）何晏注、（宋）邢昺疏《論語・憲問第十四》，頁123。

（4）〈微子第十八・第七章〉：「子路曰：不仕無義。長幼之節，不可廢也；君臣之義，如之何其廢之？欲潔其身，而亂大倫。君子之仕也，行其義也。道之不行，已知之矣！」〔註216〕

意謂：子路個人認爲君子之所以爲官，在於行君臣之義；實則，君子爲官重在實踐眞實性之義。

（5）〈陽貨第十七・第二十三章〉子路曰：「君子尚勇乎？」子曰：「君子義以爲上。君子有勇而無義爲亂，小人有勇而無義爲盜。」〔註217〕

意謂：君子行事以合義（眞實所需）爲至上標準。在位者有勇無義則只會做出犯上作亂之事，無位者（平民）有勇無義則只徒增盜賊遍行之事實。

（6）〈泰伯第八・第二章〉子曰：「恭而無禮則勞，愼而無禮則葸，勇而無禮則亂，直而無禮則絞，君子篤於親，則民興於仁。故舊不遺，則民不偷。」〔註218〕

意謂：恭敬而不合禮，則徒勞煩擾；謹愼而不合禮，則畏懼怯弱；好勇而不合禮，則作亂犯上；正直而不合禮，則責人過急；君子篤行實踐孝悌，則人民自然興起仁愛之風；不任意遺棄故交舊友（篤行忠信），百姓自然敦厚而不悖薄。

（7）〈子張第十九・第十章〉：「子夏曰：君子信而後勞其民；未信，則以爲厲己也。信而後諫；未信，則以爲謗己也。」〔註219〕

意謂：先得到人民信任才能勞役人，否則人以爲虐待；先得到長官信任而後進諫，否則人以爲毀謗。

（8）〈微子第十八・第十章〉：「周公謂魯公曰：君子不施其親，不使大臣怨乎不以，故舊無大故，則不棄也。無求備於一人。」〔註220〕

意謂：周公心中之君子：對親人不棄、對臣民不使其怨、對他人不苟求其完美。（在乎自己是否眞實實踐、反恭自省！）

（9）〈公冶長第五・第十六章〉：「子謂子產，有君子之道四焉：其行己

〔註216〕同註2，（魏）何晏注、（宋）邢昺疏《論語・微子第十八》，頁166。
〔註217〕同註2，（魏）何晏注、（宋）邢昺疏《論語・陽貨第十七》，頁158。
〔註218〕同註2，（魏）何晏注、（宋）邢昺疏《論語・泰伯第八》，頁70。
〔註219〕同註2，（魏）何晏注、（宋）邢昺疏《論語・子張第十九》，頁172。
〔註220〕同註2，（魏）何晏注、（宋）邢昺疏《論語・微子第十八》，頁167。

也恭，其事上也敬，其養民也惠，其使民也義。」〔註221〕

　　意謂：子產具有四種合於君子之德行：待人態度謙虛、事奉長上誠敬、
　　　　　管理百姓施惠、役使人民合宜。

　　（10）〈堯曰第二十・第二章〉：「子張問於孔子曰：何如斯可以從政矣？
子曰：尊五美，屏四惡，斯可以從政矣。子張曰：何謂五美？子曰：君子惠
而不費，勞而不怨，欲而不貪，泰而不驕，威而不猛。子張曰：何謂惠而不
費？子曰：因民之所利而利之，斯不亦惠而不費乎？擇可勞而勞之，又誰怨？
欲仁而得仁，又焉貪？君子無眾寡，無小大，無敢慢，斯不亦泰而不驕乎？
君子正其衣冠，尊其瞻視，儼然人望而畏之，斯不亦威而不猛乎？子張曰：
何謂四惡？子曰：不教而殺謂之虐；不戒視成謂之暴；慢令致期謂之賊；猶
之與人也，出納之吝，謂之有司。」〔註222〕

　　釋意：子張問孔子說：「要具備了哪些條件才能夠從事國家政治事務呢？」
　　　　　孔子說：「要能尊崇五種美德、摒棄四種惡行，才可以從事國家政
　　　　　治事務。」

　　子張問：「什麼是五種美德？」孔子說：「在上位者能嘉惠於民卻不致耗
費，能使人民願意服勞役卻無怨言，心中有所欲求卻非貪心，心胸舒泰卻不
致驕傲怠慢，儀容威嚴卻不令人感到猛苛。」

　　子張問：「何謂能嘉惠於民卻不致耗費？」孔子說：「讓民眾能獲得他們
所當獲的利益，這不就是嘉惠於民卻不致耗費？選擇農閒可服勞役的時機與
適合的勞役工作，人民不就願意服勞役卻無怨言？君子所求所欲在仁道的普
行天下，有了施展之時機那又有何需要去貪求？無論人數多寡、權位高低，
對所有的人都一律平等而無怠慢，那不就是心胸舒泰卻不致驕傲？能隨時端
正衣冠、整肅儀容，自然能使人由衷的敬畏，這不就是威嚴卻不令人感到猛
苛？」

　　子張問：「什麼又是四種惡行呢？」孔子說：「平日不去教化百姓，等他
們犯錯便加以殺戮，這叫做虐行；平日不去訓練百姓，等到後面卻要看他們
的成果表現，這叫做暴行；明明命令遲緩發布，卻又即期而不予寬待，這叫
做賊行；明明要發放財物施給百姓，但發放時卻又刁難吝嗇，這就叫做小官
員氣度（小氣）。」

────────────

〔註221〕同註2，（魏）何晏注、（宋）邢昺疏《論語・公冶長第五》，頁44。
〔註222〕同註2，（魏）何晏注、（宋）邢昺疏《論語・堯曰第二十》，頁179。

4、君子在位者後，當注意施行教化之工作，才是國家治理百姓長治久安之道。如：「君子居九夷」、「禮樂，以俟君子」、「天將以夫子爲木鐸」等即是：

（1）〈子罕第九・第十三章〉：「子欲居九夷。或曰：陋，如之何？子曰：君子居之，何陋之有？」〔註223〕

意謂：孔子想要九夷之地居住，有人說：太落後閉塞，怎能居住？只要君子所居，普及教化，又何會落後閉。

（2）〈先進第十一・第二十五章〉：「……求，爾何如？對曰：方六七十，如五六十，求也爲之，比及三年，可使足民；如其禮樂，以俟君子。」〔註224〕

意謂：冉求志在國家三年內人民富足，而則對於禮樂教化仍待君子而施行。

（3）〈八佾第三・第二十四章〉儀封人請見，曰：「君子之至於斯也，吾未嘗不得見也。」從者見之。出曰：「二三子，何患於喪乎？天下之無道也久矣，天將以夫子爲木鐸。」〔註225〕

意謂：衛國儀邑（儀地）的封疆官請求孔子接見：「只要有君子到我們這個地方，我從來沒有和不和他會見的。」孔子門人安排孔子接見他，出來以後，他告訴門人：「諸位，何必擔憂夫子無官可爲？天下無道混亂了很久，上天將把孔子當作警世的木鐸，以人文的教化來讓世人覺醒。」

就孔子對「君子所重之治國理念」探析，可得知：1、人爲政之首要在於「名正」，爲政者需遵守「名不正，則言不順」〔註226〕的禮制要求，此即「邦有道，則仕；邦無道，則可卷而懷之」〔註227〕之禮；2、在位者需要大的擔當與認知，要有「臨大節而不可奪」〔註228〕的志氣，也要有「過如日月之食」〔註229〕之體認；3、在位者在德行修養上仍當注意修己、修德、行義、合禮、忠信、無私、恭敬、「尊五美、屏四惡」……等諸修養，此亦與其平時之內在修爲要求極爲一致；4、君子教化之功能，可助國家長治久安，不過孔子有「君

〔註223〕同註2，（魏）何晏注、（宋）邢昺疏《論語・子罕第九》，頁79。
〔註224〕同註2，（魏）何晏注、（宋）邢昺疏《論語・先進第十一》，頁100。
〔註225〕同註2，（魏）何晏注、（宋）邢昺疏《論語・八佾第三》，頁31。
〔註226〕同註2，（魏）何晏注、（宋）邢昺疏《論語・子路第十三》，頁115。
〔註227〕同註2，（魏）何晏注、（宋）邢昺疏《論語・衛靈公第十五》，頁138。
〔註228〕同註2，（魏）何晏注、（宋）邢昺疏《論語・泰伯第八》，頁71。
〔註229〕同註2，（魏）何晏注、（宋）邢昺疏《論語・子張第十九》，頁173。

子居之，何陋之有？」﹝註230﹞的氣度，而其弟子卻只能做到「如其禮樂，以俟君子」﹝註231﹞的體認，此無怪乎儀封人要說「天將以夫子爲木鐸！」﹝註232﹞

是以，總就《論語》書中對理想人格——「君子」的個人修爲與治國之道來看，其所要求之「眞實的君子」，不管是對自己、對他人、對處世、對治國等方面，都要求以「眞實」爲最基本要件，強調以眞誠的自我來面對此世界中的他人、他物，而所有一切德行、言語與作爲，才會有眞實存在之價值性。此種與前文所論孔子「仁道」所展開之諸性格，以及「仁道」之教育意義與價值……等，皆仍一致而無悖離，仍在透由「聞（仁）道」→「學（仁）道（也在行道）」→「致道」→「達（仁）道」而成世界大同之理想。

除了「君子」以外，《論語》中對於「士」的人格，也出現了 14 個篇章 18 個「士」字，顯示其對於這種隸屬政治體系中下階級的行政官員人格亦有所要求期盼，今在此討論如下：

1、一個士人，當有以推行「仁道」爲己任的大志，甚至有爲仁而犧牲的道德勇氣，而非一個怯弱的辟士，如下：

（1）〈泰伯第八・第七章〉：「曾子曰：士不可以不弘毅，任重而道遠。仁以爲己任，不亦重乎！死而後已，不亦遠乎！」﹝註233﹞

意謂：士人的志氣，不可以不寬闊弘大而堅忍剛毅，因爲他擔當的責任重大而且要行走路程又是如此的遙遠。他把弘揚仁道當做自己的責任，這不是責任重大嗎？而一直要到死了以後才能把責任卸下，那不是路程極其遙遠嗎？

（2）〈衛靈公第十五・第八章〉：「子曰：志士仁人，無求生以害仁，有殺身以成仁。」﹝註234﹞

意謂：有志於仁道的士人與具有仁德的仁者，都不會爲了保全自己的生命而傷害仁德，只會因眞實地完成與實踐仁德而犧牲個人生命。

（3）〈微子第十八・第六章〉：「長沮、桀溺耦而耕，孔子過之，使子路問津焉。……問於桀溺。桀溺曰：子爲誰？曰：爲仲由。曰：是魯孔丘之徒

﹝註230﹞同註 2，（魏）何晏注、（宋）邢昺疏《論語・子罕第九》，頁 79。
﹝註231﹞同註 2，（魏）何晏注、（宋）邢昺疏《論語・先進第十一》，頁 100。
﹝註232﹞同註 2，（魏）何晏注、（宋）邢昺疏《論語・八佾第三》，頁 31。
﹝註233﹞同註 2，（魏）何晏注、（宋）邢昺疏《論語・泰伯第八》，頁 71。
﹝註234﹞同註 2，（魏）何晏注、（宋）邢昺疏《論語・衛靈公第十五》，頁 138。

與？對曰：然。曰：滔滔者，天下皆是也，而誰以易之？且而與其從辟人之
士也，豈若從辟世之士哉！耰而不輟。」〔註235〕

　　意謂：桀溺認為：天下各個邦國都是滔滔大亂、民不聊生的局面，有誰
　　　　　有能力去改變這種局面呢？與其跟隨著因逃避壞人而周遊天下力
　　　　　圖改變的士人，倒不如跟從我們隱居世間以逃避亂世的人。（孔子
　　　　　喟然而嘆曰：人不可能長期跟著山林中的鳥獸同群而居！士人若
　　　　　不真實的與他人生活在一起，又當跟誰一起生存呢？如有天下太
　　　　　平而普行仁道的話，那我孔丘也不需如此奔波意圖改變這個局面
　　　　　了。此意即：人之所以真實存在於此世間之價值與意義，就在於
　　　　　真實的實踐仁道於此一人的世界中。）

　　2、「士人」在面對他人時，仍要展現孝悌、忠信、行義、有恥、行仁以
及見賢思齊、互相切磋學習的基本道德作為，如下：

　　（1）〈子路第十三・第二十章〉：「子貢問曰：何如斯可謂之士矣？子曰：
行己有恥，使於四方，不辱君命，可謂士矣。曰：敢問其次？曰：宗族稱孝焉，
鄉黨稱弟焉。曰：敢問其次？曰：言必信，行必果；硜硜然，小人哉！抑亦可
以為次矣。曰：今之從政者何如？子曰：「噫！斗筲之人，何足算也！」〔註236〕

　　意謂：此中孔子將士人分為三等：最上等的士人，能真實的面對外在的客
　　　　　觀環境，行事能自知慚愧於虛假錯誤之處，出使外國能隨機應變、
　　　　　不辱君命而能達成使命（行己且盡忠）。中等的士人，能真實的對
　　　　　待自己的父母宗族、對待他人，能讓宗族裡的人都稱讚他能孝順父
　　　　　母盡其孝，鄉里的人都稱讚他能恭敬尊長而盡其悌（孝悌於鄉黨）。
　　　　　第三等士人，能真實的對待自己，說話一定堅守著信實，作事情一
　　　　　定果敢而確實；如堅石般堅持面對自己的真實且採取作為，雖然是
　　　　　個氣度、識量較狹小的人，仍可算是次一等的士人（盡己而忠信）。
　　　　　就其眼中，當時似乎沒有幾個可稱得上「士人」，而只有一群見識
　　　　　極淺薄的官僚（連真實的面對自己與作為也不曾有過）罷了。

　　（2）〈衛靈公第十五・第九章〉：「子貢問為仁。子曰：工欲善其事，必
先利其器。居是邦也，事其大夫之賢者，友其士之仁者。」〔註237〕

〔註235〕同註2，（魏）何晏注、（宋）邢昺疏《論語・微子第十八》，頁165。
〔註236〕同註2，（魏）何晏注、（宋）邢昺疏《論語・子路第十三》，頁118。
〔註237〕同註2，（魏）何晏注、（宋）邢昺疏《論語・衛靈公第十五》，頁138。

其意：子貢問如何面對外在的環境而能如理真實的篤行仁道。孔子回答：
「就如有技藝之工人一旦要想做好其工作，便必須要讓他所使用
的工具、所處的環境等外在條件都能夠真正的幫助他來完成。居
住在這個邦國的環境中，便當要如實真誠的去事奉邦國中賢能的
大夫，與如實真誠地去結交邦國中具有仁德的士人。」

（3）〈子路第十三・第二十八章〉：「子路問曰：何如斯可謂之士矣？子
曰：切切偲偲、怡怡如也，可謂士矣。朋友切切偲偲，兄弟怡怡。」〔註238〕

其意：子路問：「要怎樣做才算是一個士人？」孔子說：「要能真實的面
對他人而有所為，在學問上與人不斷相互切磋琢磨，在言行態度
上總是和顏悅色與人相處融洽，就算一個士人了。尤其是與朋友
間要不斷相互切磋琢磨，與兄弟手足間要和顏悅色而相處融洽。」。

（4）〈顏淵第十二・第二十章〉：「子張問：士何如斯可謂之達矣？子曰：
何哉，爾所謂達者？子張對曰：在邦必聞，在家必聞。子曰：是聞也，非達
也。夫達也者：質直而好義，察言而觀色，慮以下人，在邦必達，在家必達。
夫聞也者：色取仁而行違，居之不疑，在邦必聞，在家必聞。」〔註239〕

其意：子張問：「一個士人要如何為之才算是通達？」孔子說：「你所說
的通達是何種意思？」子張說：「在諸侯的邦國，有著威赫的名望；
在卿、大夫之家，也同樣有著威赫的名望！」孔子說：「這是名望，
而非通達。所謂通達的人：個性正直而講求禮義，能分析別人語
言與觀察別人的容色，考慮周詳而謙居人下，如此之人，在邦國、
卿大夫之家，都是通達的。致於所謂有名望之人：表面上愛好仁
道而未曾真實地去實踐過，自己卻仍敢以仁者自居而毫無遲疑，
這樣的人，不管在邦國、卿大夫之家，都一樣會騙取到名望的。」

3、「士人」在面對外在環境時，仍要依仁而行仁，誠實面對自己，而不
受外界富貴、名祿或美食、華廈等迷惑其心志。如下：

（1）〈里仁第四・第九章〉：「子曰：士志於道，而恥惡衣惡食者，未足
與議也！」〔註240〕

意謂：士人若以道為其志向，而仍對惡衣惡食者有所輕視與貶低，那麼

〔註238〕同註2，（魏）何晏注、（宋）邢昺疏《論語・子路第十三》，頁119。

〔註239〕同註2，（魏）何晏注、（宋）邢昺疏《論語・顏淵第十二》，頁110。

〔註240〕同註2，（魏）何晏注、（宋）邢昺疏《論語・里仁第四》，頁37。

就算他自認在做真實地為學，所得到的仍是世俗虛假的價值與成就。

（2）〈述而第七・第十一章〉：「子曰：富而可求也，雖執鞭之士，吾亦為之；如不可求，從吾所好。」〔註241〕

意謂：富貴如果是真實而且值得去追求的，那麼就算我只是個小小的車夫，也會拼命的去追求；如果富貴本來就不值得我們去追求，那麼我只會去追求我真正喜愛並具有真實價值與意義的事物（仁道）。

（3）〈憲問第十四・第三章〉：「子曰：士而懷居，不足以為士矣！」〔註242〕

意謂：一個士人，若是不能真實地面對外界虛假的富貴榮辱，而貪圖自我的安居享樂，那就不足以被稱為一個士人了。

4、為官之道，不管對上司、下屬或是平民百姓，仍在誠實的面對自己的職務、角色，而忠實的呈現自己當有之作為。如下：

（1）〈子張第十九・第一章〉：「子張曰：士見危致命，見得思義，祭思敬，喪思哀，其可已矣。」〔註243〕

意謂：子張說：「一個士人，遇到國家危難時願意犧牲自己性命，遇到富貴名祿之可得而思考是否合於道義，當祭祀儀典時想到恭敬謹慎，在家居喪時想到失去回報父母劬勞養育之恩的哀痛，能夠做到如是便可以了」。（此亦真實的面對自己、親友、他人、外在所有人事物環境且付諸真實實踐之作為）

（2）〈微子第十八・第二章〉：「柳下惠為士師，三黜。人曰：子未可以去乎？曰：直道而事人，焉往而不三黜？枉道而事人，何必去父母之邦？」〔註244〕

其意：柳下惠擔任魯國典獄官，多次被免職。有人告訴他：「你為何不離開魯國去外國呢？」柳下惠回答：「我都以忠實正直的態度去事奉邦國的君主，到哪個國家難道都不會多次被免職嗎？而如果我怕被免職而都以不忠實正直的態度去事奉邦國的君主，那麼又何必離開祖國遠去其他國家任職？」

〔註241〕同註2，（魏）何晏注、（宋）邢昺疏《論語・述而第七》，頁61。
〔註242〕同註2，（魏）何晏注、（宋）邢昺疏《論語・憲問第十四》，頁123。
〔註243〕同註2，（魏）何晏注、（宋）邢昺疏《論語・子張第十九》，頁171。
〔註244〕同註2，（魏）何晏注、（宋）邢昺疏《論語・微子第十八》，頁164。

（3）〈子張第十九・第十九章〉：「孟氏使陽膚爲士師，問於曾子。曾子曰：上失其道，民散久矣！如得其情，則哀矜而勿喜。」〔註245〕

　　意謂：孟式任命陽膚擔任典獄官，陽膚前來請益於曾子。曾子說：「居上
　　　　　位者不以眞正善道來治理，造成百姓民不聊生、人心悖離的事實
　　　　　已經很久了！你在審判民眾案件的時候，如果有幸能了解他們之
　　　　　所以犯罪的實情原因，要知道該同情他們之所以如此、而非以能
　　　　　查出眞相而沾沾自喜！」（心中有仁而行仁之時，當能感同身受平
　　　　　民百姓痛苦、不安、貧困之生活。）

　　就上述《論語》書中對「士人」理想人格的篇章評析，不論是對「士人」
個人、待人、處世、爲官等方面之人格要求，都與對「君子」的要求一般，
仍然強調立足於「眞實的人」這基本要件上，且以眞誠的自我來面對此世界
中的他人、他物，如此所有一切德行、言語與作爲，才會有眞實存在之價值
性。

　　是以，吾人可以確定，《論語》書中的理想人格，不論是「君子」、抑或
「士人」，此二種人之所有理想德行，皆與孔子「仁道」所展開之諸性格、及
其教育意義價值等，一致相應而無有悖離。對孔子而言，教育之理想人格培
養之目的，當在使人眞實的面對自己、面對他人、面對世界並誠實的行其當
有之作爲（善），透由「聞（仁）道」→「學（仁）道（也在行道）」→「致
道」→「達（仁）道」的過程，達到了「至善（至仁）」、也成就了眞正的太
平世界之理想（至眞、至美）。

三、《論語》中理想之國家

　　《論語》全書中，與吾人現在所常見「國家」一詞概念上同義之字，多
以「邦」、「國」等二字出現，其中「邦」一字者出現凡 50 次，「國」一字者
出現凡 10 次，雖然出處極多，但其中多以「國（邦）已經如何，所以人（或
君子、或士）當對國（邦）如何？」之句型出現。（如：〈憲問第十四・第四
章〉：「邦有道，危言危行；邦無道，危行言孫。」〔註246〕〈衛靈公第十五・
第六章〉子曰：「直哉史魚！邦有道，如矢；邦無道，如矢。君子哉蘧伯玉！

〔註245〕同註2，（魏）何晏注、（宋）邢昺疏《論語・子張第十九》，頁173。
〔註246〕同註2，（魏）何晏注、（宋）邢昺疏《論語・憲問第十四》，頁123。

邦有道，則仕；邦無道，則可卷而懷之。」〔註247〕……等），此諸句意皆不符
吾人在此所欲探討「理想之國家」之宗旨；是以本處之討論，當以「國（邦）
當對人民如何行之？」或「國（邦）與國（邦）之間當如何行之？」等加以
探討之。

（一）為國之道

就《論語》書中對於「國」一字之探討，僅出現一次「大國」之詞，〔註248〕
但並未如老子《道德經》般特分為「大國」、「小國」，而又特別強調「大國者下
流」（謙虛禮讓）〔註249〕等之文句。此中或可能與孔子本人所謂「吾道一以貫
之！」〔註250〕之思想有關，對他而言，政事管理的範圍無論是最大的天下，或
其他如：邦、國、家、鄉、黨、里等的區域範圍，無分於大小，均當是以道來
治理的。那麼我們當探討，國家與國家間，或國家對於人民百姓，是否亦復如
此？

1、「國」與「國」之相處

在〈里仁第四‧第十三章〉中，孔子如是說道：

子曰：能以禮讓為國乎，何有？不能以禮讓為國，如禮何？〔註251〕

〔註247〕同註2，（魏）何晏注、（宋）邢昺疏《論語‧衛靈公第十五》，頁138。

〔註248〕《論語》全書僅在〈先進第十一‧第二十五章〉：「……子路率爾而對曰：千
乘之國，攝乎『大國』之間，加之以師旅，因之以饑饉，由也為之，比及三
年，可使有勇，且知方也。……」此中出現一次「大國」，依此篇章文意所指
當為「軍事力量強大且具侵略性之國家」。同註2，（魏）何晏注、（宋）邢昺
疏《論語‧先進第十一》，頁100。

〔註249〕此中當特別強調：
其一，《道德經‧第六十一章》：「大國者下流，天下之交。天下之牝，牝常以
靜勝牡，以靜為下。故大國以下小國，則取小國；小國以下大國，則取大國。
故或下以取，或下而取。大國不過欲兼畜人，小國不過欲入事人。夫兩者各
得其所欲，大者宜為下。」此中依整個篇章文意可知，所謂之「下流」乃指
「居謙下靜柔之位」、即「謙虛禮讓」之意。同註28，（晉）王弼著、（唐）
陸德明釋文《老子道德經注‧第六十一章》，頁37。
其二，《論語‧子張第十九‧第二十章》「子貢曰：紂之不善，不如是之甚也。
是以君子惡居下流，天下之惡皆歸焉。」此中「下流」一詞依此篇整個文意
來看，則當另指為「身居低（劣）下的處境」且含「罪惡而卑賤」之意。同
註2，（魏）何晏注、（宋）邢昺疏《論語‧子張第十九》，頁173。
是以，雖同為「下流」一詞，而其所指稱之意在儒、道兩家是絕對不同、且
不可混淆的。

〔註250〕同註2，（魏）何晏注、（宋）邢昺疏《論語‧里仁第四》，頁37。

〔註251〕同註2，（魏）何晏注、（宋）邢昺疏《論語‧里仁第四》，頁37。

此意謂：「爲國之事如果能以禮讓行之，那麼還有什麼是不可能實現的事？而假設爲國之事不能以禮讓來行之，那麼這大事相對於人類生存所面臨最重要的禮儀，又有何意義與價值？」那麼，國家大事以禮讓爲先，而此是否爲國與國間相處之道？

且再看〈先進第十一・第二十五章〉中孔子與門人之對話：

> 子路、曾皙、冉有、公西華侍坐。子曰：「以吾一日長乎爾，毋吾以也。居則曰：『不吾知也！』如或知爾，則何以哉？」
>
> 子路率爾而對曰：「千乘之國，攝乎大國之間，加之以師旅，因之以饑饉，由也爲之，比及三年，可使有勇，且知方也。」夫子哂之。………
>
> ……三子者出，曾皙後。曾皙曰：「夫三子者之言何如？」子曰：「亦各言其志也已矣！」曰：「夫子何哂由也？」曰：「爲國以禮，其言不讓，是故哂之。」……〔註252〕

其意略謂：「子路、曾皙、冉有、公西華等人陪坐於孔子身旁。孔子要弟子們說說各人將來想要發展的政治理想與抱負。子路率先不假思索地答道：擁有一千輛兵車的國家，被大國所脅迫，國外受到軍事威脅侵伐，而國內又發生饑荒。讓我來治理它，只要三年，可以使老百姓勇敢，而且懂得一些大道理。孔子聽了以後微微一笑。……在子路、冉有、公西華三人離開後，曾皙繼續請教孔子對其他三位門人之看法，其中曾皙問道：夫子爲何要笑仲由？孔子則回答說：治理國家以禮讓爲最根本，可是他的談吐卻一點兒也不相讓，所以才會笑他。……」

此中可以發現到，當國家發生內憂外患之際，子路似乎仍依著他那貫有「好勇」〔註253〕的思維，一心只想要藉武力來平復內憂外患，所謂之「百姓勇敢」與「懂得道理」只是他的虛掩之詞；相反的，孔子看得很明白，他認爲治理國家的根本在「禮讓」，這才是國家長久生存之大計。

是以由此可以明瞭，國家與國家之間的相處之道，貴乎於「禮讓」一詞，以實際的行動、眞誠而謙虛的面對，才是彼此間能共存共榮的根本，如果你不讓我、我不讓你，那大家一定會走向你爭我奪、互相殘殺的局面，如此不僅國家衰敗，更讓百姓無以平安維生。

〔註252〕同註2，（魏）何晏注、（宋）邢昺疏《論語・先進第十一》，頁100～101。

〔註253〕〈公冶長第五・第七章〉中孔子也批評子路：「由也，好勇過我，無所取材。」同註2，（魏）何晏注、（宋）邢昺疏《論語・公冶長第五》，頁42。

　　惟此中饒富意味的是，孔子「禮讓爲國」的主張，竟與老子「大國者下流（謙下靜柔）」之主張不謀而合，孔子意在國與國間平等對待，而老子則在大、小國互相謙讓外，更進一步要求大國一定要謙讓。〔註254〕

　　2、「國」之於「民」之諸要

　　就「國家」之爲一主體，如何領導、治理人民？《論語》中提供如下方法：

　　（1）積極上：「敬事而信」、「節用而愛人」、「使民以時」：

　　〈學而第一・第五章〉中孔子說道：「道千乘之國，敬事而信，節用而愛人，使民以時。」〔註255〕其意謂：「居上位者領導國家政事，必須眞實地敬重其事，非只爲利益而爲，由敬重而獲得百姓之信任，對無所需用之處有所節制而不浪費，愛護百姓且隨時了解人民百姓之心，若有需要人民百姓之幫忙，則優先考慮在百姓農閒方便之時。」

　　《論語》於〈學而篇〉第一～四章講述個人修德方法後，即於第五章闡述此一爲國之道，顯見其所揭櫫要點當是治國最根本、最要之所在。是以，領導國政必要在「敬事」、「誠信」、「節用」、「愛民」、「使民以時」等諸事下篤實工夫，否則將無法爲萬民所擁戴而必走入衰敗滅亡之途。

　　（2）消極上：「均無貧」、「和無寡」而後「脩文德」

　　〈季氏第十六・第一章〉中孔子如是說：「……丘也，聞有國有家者，不患寡而患不均，不患貧而患不安。蓋均無貧，和無寡，安無傾。夫如是，故遠人不服，則脩文德以來之。既來之，則安之。……遠人不服而不能來也；邦分崩離析，而不能守也；而謀動干戈於邦內。吾恐季氏之憂，不在顓臾，而在蕭牆之內也！」〔註256〕其釋意：「我聽聞別人說過，無論是諸侯之國、還是卿大夫之家，不愁財富少而貧窮，只愁財富不能平均，不愁人民少，只愁上下動亂不安。因爲財富平均就無所謂之貧窮，人民團結和睦相處便不會覺得人少，國境內安定便不會傾覆。能夠做到這樣，如果遠方的人不願意歸服，

〔註254〕「禮讓」一詞對之於孔子而言，當然不僅僅只是國與國間之禮讓，此中當更牽涉及整個孔子「仁道」系統下所建構極爲綿密而弘大的「禮樂之治」，乃是作爲一人之所以爲眞實之人的根本道理。而「謙讓」一詞對之於老子而言，同樣亦非僅是國與國間之禮讓，而更涉及由老子「自然之道」系統下所建構由人之「致虛守敬」而體現、而達「道」的根本依循規則，此乃是作爲人之所以堪足位居此宇宙四大之一的根本價值所在。而則，吾人若僅僅就同樣實踐於「國家之道」之具體作爲與意義上來看，二者仍有「異曲同工」之妙。

〔註255〕同註2，（魏）何晏注、（宋）邢昺疏《論語・學而第一》，頁6。

〔註256〕同註2，（魏）何晏注、（宋）邢昺疏《論語・季氏第十六》，頁146。

就整頓禮樂教化、修養仁德來招引他們。他們既然來了，更要好好安頓他們才是。……遠方的人不願意歸服却不願意去想辦法來招引他們，國家分崩離析了更不想守護著國家，反而只想在國境內發動戰爭。我恐怕季孫的憂患，並不在顓臾，而是在國君屏風內的朝政之中哩！」

〈季氏第十六〉以亂臣「季氏」為名，本就在警惕治國者當以此中諸惡行為戒，方能保國家民心之長遠。此篇章以季氏將伐顓臾、孔子厲聲譴責當時為季氏臣屬之門人冉有、子路二人為背景，探討為國之道並非以討伐亂臣賊子為太平之計，而在隨時注意百姓經濟是否「貧富不均」、社會秩序是否「動盪不安」，能夠維持一定的「均富」國內便不會有貧窮者，維持一定的「安定」則國內便不會紛紛擾擾，那麼也就不會有暴民、盜賊等等的問題發生；如果再加上「重視文教」，恐怕遠方外國百姓，都將視此地為快樂天堂而蜂湧到來矣！

是以，就以「國家」之為一主體來領導、治理人民的方法上，可分為二方面：消極方面，要重視「均無貧」、「和無寡」，讓人民均富、社會安定，那麼便不會有亂臣賊子的叛變；積極方面，要在「敬事」、「誠信」、「節用」、「愛民」、「使民以時」等諸事下篤實工夫，而這也就是「脩文德」，更也是以孔子所主張的「仁道」來實行仁政了。

總就此中「為國之道」探討，吾人可知：1、國與國相處之道：貴在「禮讓」二字。2、國家治理人民之要：消極處需重視「均無貧」、「和無寡」以求人民均富、社會安定；積極處則當「脩文德」，即以本乎「仁道」之「敬事」、「誠信」、「節用」、「愛民」、「使民以時」等篤實工夫，來實行仁政。

（二）為邦之道

在《論語》中，「邦」、「國」二字有時各自分別單獨使用、有時則於同一篇章中二字同用（如：〈季氏第十六‧第一章〉），就其篇章內容大意來看，多等同於「國家」一詞，是以表示「邦」、「國」二字之意義無多大差異，而本處另文「為邦之道」用意，除了因為《論語》中使用「邦」字較「國」字為多外，也希望補充一些「為國之道」之不足。

（1）「善人為邦」

在〈子路第十三‧第十一章〉中孔子認為：

　　『善人為邦百年，亦可以勝殘去殺矣。』誠哉是言也！〔註257〕

〔註257〕同註2，（魏）何晏注、（宋）邢昺疏《論語‧子路第十三》，頁117。

其釋意：「古人所說：『善人治理國家連續百年之久，就可以使殘暴的人不再為惡，政府亦可廢除殺戮的刑罰了。』之言十分有理！」

　　而本章節之下一章（〈子路第十三・第十二章〉）內容為：「子曰：如有王者，必世而後仁。」〔註258〕（意謂：聖明的君主治理天下，必須三十年後，方能使仁道大行於天下）兩相比較下，則可以了解孔子對於邦國之治，也十分期待著「聖王」來治理，但現實環境似乎難以出現「聖王」，所以只有退而求其次，祈求有「善人」（賢臣）的輔政。

　　（2）「一言興邦」

　　在〈子路第十三・第十五章〉中，魯定公與孔子就言語對於國家成敗之影響，有如是對話：

> 定公問：「一言而可以興邦，有諸？」孔子對曰：「言不可以若是其幾也！人之言曰：『為君難，為臣不易。』如知為君之難也，不幾乎一言而興邦乎？」曰：「一言而喪邦，有諸？」孔子對曰：「言不可以若是其幾也！人之言曰：『予無樂乎為君，唯其言而莫予違也。』如其善而莫之違也，不亦善乎？如不善而莫之違也，不幾乎一言而喪邦乎？」〔註259〕

其釋意：「魯定公問：一句話就可以使國家興旺，有這樣的話語嗎？孔子回答說：說話不可以期望它必然會如此！有人這麼說：『要做好一位國君十分艱難，要做好一個臣民也是不易。』如果真能瞭解到做國君的艱難，這不就近於一句話可以使國家興旺了嗎？魯定公又問：一句話就可以使國家滅亡，有這樣的話語嗎？孔子回答說：說話仍不可以期望它必然會如此！假設有人這麼說：『我做國君沒有什麼可以快樂的，唯一可快樂的事，只是我的話都沒有人敢違抗我。』如果國君說的話正確而沒有人敢去違抗，那不也很好嗎？如果國君說的話不正確而沒有人違抗，那不就近於一句話可以使國家滅亡了嗎？」

　　對孔子來說，除了主政的大臣要謹言慎行外，一國之君更要注意不僅可以「一言而興邦」，更可能因為「一言而喪邦」，人人都有說錯、做錯之可能性，而如果國君只期望國家人民不管對錯都要遵照他的個人意志來做，那麼這與暴君又有何異？

〔註258〕同註2，（魏）何晏注、（宋）邢昺疏《論語・子路第十三》，頁117。
〔註259〕同註2，（魏）何晏注、（宋）邢昺疏《論語・子路第十三》，頁117。

（3）「行夏時」、「乘殷輅」、「服周冕」、「樂韶舞」、「放鄭聲」、「遠佞人」

在〈衛靈公第十五・第十章〉中顏淵向孔子請益邦國之道，孔子回答以：

> 行夏之時，乘殷之輅，服周之冕，樂則韶舞。放鄭聲，遠佞人。鄭
> 聲淫，佞人殆。〔註260〕

意謂：「依循著夏朝的曆法行事，使用商朝樸素渾堅的大車爲交通，戴著周代
的禮帽以行禮制，採用舜帝時的樂舞來怡情。要禁絕鄭國的音樂，並遠離諂
媚的小人；因爲鄭國的音樂糜爛淫穢，小人的諂媚會使人走向毀滅之途。」

孔子並未要人完完全全遵照前人所行之施政因循苟且而爲之，面對前面
各朝代與現代各國施政的優缺點，適時加以「因、革、損、益」擇其優異點
而加以運用、推動才是最要的。是以所列之「行夏時」、「乘殷輅」、「服周冕」、
「樂韶舞」、「放鄭聲」、「遠佞人」等事項，就是孔子觀古鑒今所看到的優異
點，而這些除了符合治國道理外，也符合生活之食、衣、住、行、育、樂等
方面之需求，是以其用意也在提示執政者在生活之食、衣、住、行、育、樂
等方面，都要誠實的去篤行此諸「禮樂之治」。

（4）「聖王之治」

孔子一直盛讚自堯、舜、禹、湯而至文、武、周公諸聖王、聖臣之教化
功德，也一直期望能將「聖王之治」實現於當時紛紛擾擾、動盪不安的社會
中，而「聖王之治」究竟如何實施？在〈堯曰第二十・第一章〉中寫道：

> 堯曰：「咨！爾舜！天之曆數在爾躬，允執其中！四海困窮，天祿永
> 終。」舜亦以命禹。
> 曰：「予小子履，敢用玄牡，敢昭告於皇皇后帝：有罪不敢赦，帝臣
> 不蔽，簡在帝心！朕躬有罪，無以萬方；萬方有罪，罪在朕躬。」
> 「周有大賚，善人是富。」「雖有周親，不如仁人；百姓有過，在予
> 一人。」
> 謹權量，審法度，修廢官，四方之政行焉。興滅國，繼絕世，舉逸
> 民，天下之民歸心焉。
> 所重：民、食、喪、祭。
> 寬則得眾，信則民任焉，敏則有功，公則說。〔註261〕

吾人試析其重點如下：

〔註260〕同註2，（魏）何晏注、（宋）邢昺疏《論語・衛靈公第十五》，頁138。
〔註261〕同註2，（魏）何晏注、（宋）邢昺疏《論語・堯曰第二十》，頁178。

Ⅰ、帝王之政權雖源自於「天命」，然若未堅持所當行的「中庸之道」。致使蒼生貧苦、民不聊生，則政權亦將因「天命」而有所轉移，故「聖王之治」仍重在「人治」。

Ⅱ、「重用賢士」、「過咎責己」是諸聖王之所以能「受命」之根本，故而能拱垂天下以治，且得萬民擁戴、國富民安。

Ⅲ、政府對於人民的治理，重點在「謹權量」、「審法度」、「修廢官」，度量衡統一則經濟平穩發展，禮樂法制統一則百姓行不踰矩，恢復廢缺官職則人民有所依順，此三事讓子民身心得以安措，政令焉得不行。

Ⅳ、欲使天下太平以治，貴在「興滅國」、「繼絕世」、「舉逸民」，此即依於「仁道」而對他國行「濟弱扶傾」之作為，亦即所謂以「禮讓為國」之積極相待他國之法。

Ⅴ、帝王所重，為「人民」、「糧食」、「喪禮」、「祭祀」四件大事，此乃國家長治久安之根本，亦惟由帝王之忠實篤行，「禮義之治」方得致極。

Ⅵ、帝王修己之道，貴於「寬、信、敏、公」，此亦是為政之帝王、君子、士人、甚而百姓之所有一切堪足稱為「人」之者，真誠篤行以待己、待他、處世之根本德行與真實作為。

總就《論語》中「理想之國家」論析後，吾人可得知：不論是為國、為邦亦或為天下之道，理想之國家對外以「禮讓」為先，不在「用兵瀆武」，而重「濟弱扶傾」，此與老子所主張之「下流」、「去兵」、「尚慈」等概念之用意係殊途而同歸。而理想之國家對子民之治理，消極上先求「均無貧」、「和無寡」，積極上則講求「敬」、「信」、「節」、「愛」、「用賢」、「行禮樂」等諸「文德之治」。就理想上，「聖人治國」方是孔子心目中理想國家之致極實現；而現實環境中，當是由孔子心中之「君子」、「士」依循「孔子之仁道」所治理的國度，方是孔子真正念茲在茲的理想國家。

第三節　《論語》之教育內容

《論語》之思想體系，雖純為一實現其一貫「仁道之治」之教育理想、目標而編纂書成，而其究竟非以「成器」之專門技藝、學科為其編輯所要，是故論對於現今所謂之教育內容、方法探討，亦僅能由其顯明篇章內容中，加以探析組織條列。

　　對於《論語》之教育內容探析，爲便於與老子《道德經》之相互比較，是以吾人仍延引前章對老子《道德經》教育內容探討方式，依重點內容分析爲如下五種：1、生存的知能；2、生活的知能；3、道德及精神修養的理念和方法；4、社會服務的正確觀念和做法；5、合理的人生觀及世界觀。筆者期望由此五種重點分析，據以得知孔子之以「仁道」爲中心之教育內容，比之於老子《道德經》之以「道（天道）」爲中心的之教育思想內容差異所在。

一、生存的知能

　　就《論語》書中關於生理健康、心理健康、以及種族延續的各種知識和能力之「生存的知能」所提示吾人者，約略如下三點：

（一）積極而剛健

　　相較於老子對於生活知能上所採取的「柔弱勝剛強」，孔子則採取「積極而剛健」之態度，面對現實世界的爾虞我詐，表現出積極不撓的態度與作爲。此如：〈微子第十八·第六章〉中面對隱士桀溺所言：「滔滔者，天下皆是也，而誰以易之？且而與其從辟人之士也，豈若從辟世之士哉！耰而不輟。」〔註262〕（意謂：天下各個邦國都是滔滔大亂、民不聊生的局面，有誰有能力去改變這種局面呢？與其跟隨著因逃避壞人而周遊天下力圖改變的士人，倒不如跟從我們隱居世間以逃避亂世的人。）孔子應之以：「鳥獸不可與同群！吾非斯人之徒與而誰與？天下有道，丘不與易也。」〔註263〕（意謂：人不可能長期跟著山林中的鳥獸同群而居！士人若不眞實的與他人生活在一起，又當跟誰一起生存呢？如有天下太平而普行仁道的話，那我孔丘也不需如此奔波意圖改變這個局面了。此意即：人之所以眞實存在於此世間之價値與意義，就在於眞實的實踐仁道於此一人的世界中。）此中明顯可看出：孔子面對渾惡凌亂不堪的人間，面對諸隱士的言語評論，明知或可能根本無所改變社會現實，而仍不改其以積極態度與作爲，率諸弟子捍衛「仁道」，以期望世間眞的有所改善，此種所謂「明知不可爲而爲之」之堅持與意念，便是一種積極剛健的作風。

　　爲了忠實實踐人之所以爲人的「仁道」，是以孔子提出了「君子」、「士」諸般理想的人格，而在此諸等人格特質裡，便蘊含有「剛健之勇」的特性，

〔註262〕同註2，（魏）何晏注、（宋）邢昺疏《論語·微子第十八》，頁165。
〔註263〕同註2，（魏）何晏注、（宋）邢昺疏《論語·微子第十八》，頁165。

一如〈憲問第十四・第三十章〉中，孔子說道：「君子道者三，我無能焉：仁者不憂，知者不惑，勇者不懼。」〔註264〕（其意：君子有三項所當通達之道：有仁，無憂於貴賤；有智，不惑於世事；有勇，無懼於生死。）爲了捍衛人生活的倫常秩序與正義，孔子爲「勇」下了諸多定義，如：「見義不爲，無勇也」、〔註265〕「勇而無禮則亂」、〔註266〕「好勇疾貧，亂也」、〔註267〕「仁者必有勇，勇者不必有仁」、〔註268〕「君子有勇而無義爲亂」、〔註269〕「惡勇而無禮者」〔註270〕……等，其中所顯示的，就在於「勇敢」並非意氣的、衝動的小勇，而係在捍衛仁道、篤行實踐仁道中所表現出來的剛健之勇，而反過來說，勇敢若非依於「道」、依於「仁」、依於「禮」、依於「義」等諸德行，那麼就只是小人的勇、無智的勇、亂序的勇罷了。是以，這樣剛健的勇，所表現出來的，已不再僅止於「朝聞道，夕死可矣！」〔註271〕如此對「仁道」的忠誠實踐，而更能積極表現出所謂：「志士仁人，無求生以害仁，有殺身以成仁。」〔註272〕這種守道、護道、衛道甚而殉道的剛健性格矣。

爲拯救「周文疲弊」所叢生政治混亂、社會不安、民生凋弊之種種問題，是以老子採取否定周文虛飾的態度，要人回歸於道、依循道的規律，亦以道「柔弱勝剛強」的特性來求生存。孔子則一反老子態度，採用務實面對的辦法，意欲藉由周文的復興、禮樂之治的大化，使人回到堯、舜、禹、湯而至周朝文王、武王、周公時天下大安，百姓安康的局勢，是以他不得不採取剛健不息的態度，來面對、承擔此一重責大任，那麼自然在其仁道中，便蘊含此一種「積極而剛健」之特質矣。

（二）學以致其道

面對現實環境的黑暗面，孔子藉由反思中看到了人之所以能爲人的光明面，那就是「學」。透由「學」的教育實質成果，每個人只要肯學，都可以藉

〔註264〕同註2，（魏）何晏注、（宋）邢昺疏《論語・憲問第十四》，頁128。
〔註265〕同註2，（魏）何晏注、（宋）邢昺疏《論語・爲政第二》，頁20。
〔註266〕同註2，（魏）何晏注、（宋）邢昺疏《論語・泰伯第八》，頁70。
〔註267〕同註2，（魏）何晏注、（宋）邢昺疏《論語・泰伯第八》，頁71。
〔註268〕同註2，（魏）何晏注、（宋）邢昺疏《論語・憲問第十四》，頁123。
〔註269〕同註2，（魏）何晏注、（宋）邢昺疏《論語・陽貨第十七》，頁158。
〔註270〕同註2，（魏）何晏注、（宋）邢昺疏《論語・陽貨第十七》，頁159。
〔註271〕同註2，（魏）何晏注、（宋）邢昺疏《論語・里仁第四》，頁37。
〔註272〕同註2，（魏）何晏注、（宋）邢昺疏《論語・衛靈公第十五》，頁138。

由「下學而上達」〔註273〕的方式，由踏實而積極的學習實踐中，眞實的對待自己、對待他人、乃至眞實的對待宇宙萬事萬世，這就是理想人格的達成，而也是透過「學」而使人眞正的能成人、成士、成君子、甚而成聖賢。是以在《論語》中〈學而第一・第一章〉即開宗明義提示吾人：「學而時習之，不亦說乎？有朋自遠方來，不亦樂乎？人不知而不慍，不亦君子乎？」〔註274〕其意義不僅在提示「學」的重要性，更在提示：「學以致其道」〔註275〕只要肯認眞篤實的學，每個人都有成聖賢之可能。

　　當然，人並非單單認知到「學」即可致道、達道，還要知道學什麼！孔子教導學生學習「文，行，忠，信」，〔註276〕要人學文、修德、處世與待人，人並非有質樸即可，還要透由人文化成的學文、習禮過程中，來成就一位文質彬彬的君子。〔註277〕學習的過程中，要不斷眞切地思考、〔註278〕要不斷與人討論研究、〔註279〕更要不斷地在生活中去體會、去實踐，〔註280〕也透由學習的實踐過程才能規範與矯治對於德行實踐的種種謬誤行爲，〔註281〕而達成至善的目標。

　　老子看見人們因爲迷戀於經驗知識的追求，反而帶來自我眞性之迷失，

〔註273〕同註2，（魏）何晏注、（宋）邢昺疏《論語・憲問第十四》，頁129。

〔註274〕同註2，（魏）何晏注、（宋）邢昺疏《論語・學而第一》，頁5。

〔註275〕同註2，（魏）何晏注、（宋）邢昺疏《論語・子張第十九》，頁171。

〔註276〕同註2，（魏）何晏注、（宋）邢昺疏《論語・述而第七》，頁63。

〔註277〕如：〈雍也第六・第十六章〉：「質勝文則野，文勝質則史。文質彬彬，然後君子。」要求君子要能「文質彬彬」。同註2，（魏）何晏注、（宋）邢昺疏《論語・雍也第六》，頁54。

〔註278〕如：〈爲政第二・第十五章〉：「學而不思則罔，思而不學則殆。」要求學習要能「學、思」並重。同註2，（魏）何晏注、（宋）邢昺疏《論語・爲政第二》，頁18。

〔註279〕如：〈公冶長第五・第十五章〉：「敏而好學，不恥下問。」即指學習過程要能不恥下問、不斷與人共同討論。同註2，（魏）何晏注、（宋）邢昺疏《論語・公冶長第五》，頁44。

〔註280〕如：〈述而第七・第三章〉：「德之不修，學之不講，聞義不能徙，不善不能改，是吾憂也。」即指學習如果無法眞正落實，不可能有良好成就的。同註2，（魏）何晏注、（宋）邢昺疏《論語・述而第七》，頁60。

〔註281〕如：〈陽貨第十七・第八章〉：「好仁不好學，其蔽也愚；好知不好學，其蔽也蕩；好信不好學，其蔽也賊；好直不好學，其蔽也絞；好勇不好學，其蔽也亂；好剛不好學，其蔽也狂。」指出德行仍須透過有效學習方不致產生弊害。同註2，（魏）何晏注、（宋）邢昺疏《論語・陽貨第十七》，頁155～156。

因此提出：「絕學無憂」〔註282〕的否定反思，來反對人僞造假、巧詐奸惡之「知」與「學」。對此，孔子並非毫無所覺，在〈學而第一·第三章〉中孔子便已對此造作、虛假的作爲，提出了「巧言令色，鮮矣仁。」〔註283〕的否定，如果不是眞實的學習、實踐以對自己、對他人、對萬物的誠懇至眞的作爲者，這絕對不會是眞實的「仁」，甚至也絕非是一個頂天立地、無忝於天地父母之「人」。

（三）君子無所爭

老子、孔子二人皆注重道德的修行與實踐。老子以道爲德之最高本質，道之越高者德行越深，不僅突破了修爲之侷限，也超越仁、義、禮、智等諸有爲之德目；是以不以德爲德、一切本乎無爲而成有爲，盡天性本然之仁義，而使人之本質與道同化，而自然而然地活出眞人之生活。孔子則意圖透過恭、寬、信、敏、惠並以仁義誠信爲本，種種諸德的實踐來致其道；是以本乎有以爲之德，求其所應然之身仁義，勉修而成，以期達成聖的最高目的，雖則因之落入了修爲的侷限之中，但在當時失道和失德的世代中，因充實仁義禮信以勉力維護人的倫理生活，可使社會有儀有則以免限於無序的地步。此二者各有千秋而無分軒輊：就入道之門，兩者皆不可或缺；惟對一般人而言，孔子之主張似較切實可行，而老子主張需賴有頓根之眞人，否則只不過是徒託空言而已。〔註284〕

面對人間諸般事物之比較的比較心態，老子從根本處提醒世人：諸般事物之「有、無」、「難、易」、「長、短」、「高、下」、「前、後」之概念皆乃相待而生、相因而成、相比而顯、相依而存、相和而出、相續而現，而一旦念起日後煩惱必自連綿不斷而永無休止，是以提出「無爭故無尤」的主張，惟由自心自覺所發動無爭、不辭、不有、不恃與弗居等的作爲，方能保此長治久安。

而則，在眞實面對世運之變遷，與社會公平正義基本動力之所需，一般人是無法遠離人群而獨與鳥獸同居永住的，是以人彼此間的競爭勢必在所難免、亦無所遁逃，孔子面對此而採取務實的態度，在〈八佾第三·第七章〉

〔註282〕同註28，（晉）王弼著、（唐）陸德明釋文《老子道德經注·第十九章》，頁10。
〔註283〕同註2，（魏）何晏注、（宋）邢昺疏《論語·學而第一》，頁5～6。
〔註284〕參見魏元珪著，《老子思想體系探索——下》，頁628～629，臺北市：新文豐出版社有限公司，1997年8月初版。

中，如是說道：

> 君子無所爭，必也射乎！揖讓而升，下而飲，其爭也君子。〔註285〕

孔子指出：在現實的生活中，人與人之間本來就沒有所謂相爭的必要性存在，但因為個體的獨特與相異性質，面對於此一現實世界，各種事務便勢必要有一個具專長的領導者或專才者來作合理、適當的工作分配與調度，而為了產生此諸領導者，那麼君子之爭便在所難免；而則就連最簡單的射箭來說，在面對不得不有所比試的狀態時，也依然要做到禮之謙讓與和睦態度，而這種禮讓與和睦，才是人與人間相處所當採取的真正務實態度。

是以，人與人之所以能長久互利共存之道，關鍵就在「謙和而無爭」的態度上，比之於老子的「無爭故無尤」，孔子採取此一更積極的態度與作為，就如同其在〈衛靈公第十五·第二十一章〉所言：「君子矜而不爭，群而不黨。」〔註286〕面對人與人間來往不可避免的種種事務，正人君子所要採取的作為，在於對己要求莊重而自守，不與人相爭；待人則求和諧相處，而不結黨營私。由真誠的自我出發、而待人、而處世，那麼這會是一個和睦相處、和平共榮的大同世界，而非一個爾虞我詐、爭鬥虛假的黑暗世界。

二、生活之知能

面對於提昇生活之品質，所需要在食、衣、住、行、育、樂與謀生（職業）之技能等方面知識、技能與理念，《論語》中提示吾人者約略如下四種：

（一）食無求飽，居無求安

面對於人類基本生活所需，孔子於〈學而第一·第十四章〉提示吾人：

> 君子食無求飽，居無求安，敏於事而慎於言，就有道而正焉：可謂好學也已。〔註287〕

孔子認為：所謂之好學，表現於生命的實踐中，不單止於對事物處理之敏捷、對人言語之謹慎誠信，這些都只是外在的待人處世之道，其重點還要對自己生活週遭的忠誠態度與作為，此即「食無求飽，居無求安」，不管是吃、或是住，甚而面對自己生活上其他衣、行、育、樂等方面的需求，都慎重而一貫的保持此種「無求」的態度。

〔註285〕同註2，（魏）何晏注、（宋）邢昺疏《論語·八佾第三》，頁26。

〔註286〕同註2，（魏）何晏注、（宋）邢昺疏《論語·衛靈公第十五》，頁140。

〔註287〕同註2，（魏）何晏注、（宋）邢昺疏《論語·學而第一》，頁8。

　　人類面對生活環境所需，必難免於物質上的需求，此種需求若能滿足，理當無所謂過度之追求，而則並非如此，因為人們多半無法節制個人人性中本有的慾望，所以便導致貪婪而引起爭奪與犯罪。〔註288〕

　　老子在對治此一人心的貪婪上，要求個人行為上講求「為腹不為目，去彼取此」〔註289〕而心靈上要求「見素抱樸，少私寡欲」，〔註290〕以儉約（「嗇」）的方法與態度來對治之，對外在的事物講求凡事節制、知足、感恩，生活中之錢財當用則用、當省則省，使之不過度浪費；於個人內在精神上，講求降低物質慾望、凡事不與人斤斤計較、多充實內在精神生活以豐富自己內在生命；長此以往且持之以恆之後，定能回歸自性，找回真正自我。

　　而孔子既以實施「禮樂之治」來教育百姓為其所以歸，是以在面對此一人性之貪婪上，仍是強調以禮樂為優先，忠實地在人的行為規則上，合理地講求對生活週遭一切所需的「無求」態度與作為；之所以「無求」，乃因個人現實物質環境本就因緣各一，所生下時的富貴貧賤，並非每個人一夕之間就可改變的，是以又何必去「過度的索求」呢？而相對於「飽食終日，無所用心」，〔註291〕那麼有所食、有所居且能敏於事、慎於言，而能正其道，這不就是孔子「君子無終食之間違仁」〔註292〕的最佳仁德呈現嗎？所以，孔子之「食無求飽」、「居無求安」態度與作為，不僅是「食」、「住」上面篤行實踐的「無求」，也是對日常生活中其他「衣」、「行」、「育」、「樂」等諸般方面篤行實踐的「無求」，而事實上已不異是將「少思寡欲」的思想態度，具體而實際的表

〔註288〕對於此人性之貪婪，荀子於〈性惡篇第二十三〉中有詳細描寫如次：「今人之性，生而有好利焉，順是，故爭奪生而辭讓亡焉；生而有疾惡焉，順是，故殘賊生而忠信亡焉；生而有耳目之欲，有好聲色焉，順是，故淫亂生而禮義文理亡焉。然則從人之性，順人之情，必出於爭奪，合於犯分亂理，而歸於暴。」其意在提出，人的天生之性中，本來就有「好利」的特質，此種並無善、或不善之可言，最主要在於人的情欲如果無法加以節制而順其自然發展，使之「從人之性，順人之情」而「順是」以往，則必然是「爭奪、殘賊、淫亂」等生而「辭讓、忠信、禮義文理」等亡，而至甚至使整個社會國家面臨「暴亂」之結果。此參見王先謙著，《荀子集解》，頁289，臺北市：藝文印書館，1957年6月30日初版。及李滌生著《荀子集釋》，頁538，臺北市：臺灣學生書局，1988年10月初版第五次印刷。。

〔註289〕同註28，（晉）王弼著、（唐）陸德明釋文《老子道德經注·第十二章》，頁6。

〔註290〕同註28，（晉）王弼著、（唐）陸德明釋文《老子道德經注·第十九章》，頁10。

〔註291〕同註2，（魏）何晏注、（宋）邢昺疏《論語·陽貨第十七》，頁158。

〔註292〕同註2，（魏）何晏注、（宋）邢昺疏《論語·里仁第四》，頁36。

現於生活中了！〔註293〕

（二）貧而樂，富而好禮

　　對治於人性本有之貪欲，孔子事實上並不以「食無求飽」、「居無求安」等對之自己日常生活諸般方面篤行實踐「無求」的態度與作為為足，因為如果只是這樣而以面對外在情境的人、事，並不一定能保持長久不變的。那麼孔子又有何看法？吾人藉由〈學而第一‧第十五章〉中子貢與孔子的對話來探討：

　　　　子貢曰：「貧而無諂，富而無驕，何如？」子曰：「可也。未若貧而樂，富而好禮者也。」子貢曰：「詩云：『如切如磋，如琢如磨。』其斯之謂與？」子曰：「賜也，始可與言詩已矣！告諸往而知來者。」〔註294〕

「貧而無諂，富而無驕」係對應於日常生活所表現篤行實踐「無求」的態度與作為，猶如孔子雖稱讚子路的「不忮不求」〔註295〕卻仍告誡他那種是最基本的為人之道一般，〔註296〕此種「不忮不求」即是「無求」，亦是士君子行道最基本的態度。當然〈里仁第四‧第九章〉中孔子所說：「士志於道，而恥惡衣惡食者，未足與議也！」〔註297〕此種「不恥於惡衣惡食」的最基本德性，仍是與「不忮不求」、「無求」等都是一樣的，都是個人面對於現實世界生活環境貧困或富貴之真，也表現出個人德性上不恥、不驕而無求之真誠態度與作為。

　　既然「貧而無諂，富而無驕」〔註298〕只是基本德性，那麼更進一步所

〔註293〕事實上，在《論語》中，諸如：〈述而第七‧第十五章〉中孔子自謂：「飯疏食飲水，曲肱而枕之，樂亦在其中矣。不義而富且貴，於我如浮雲。」；〈泰伯第八‧第二十一章〉孔子稱讚大禹之德：「禹，吾無閒然矣！菲飲食，而致孝乎鬼神；惡衣服，而致美乎黻冕；卑宮室，而盡力乎溝洫。禹，吾無閒然矣！」〈衛靈公第十五‧第三十一章〉子曰：「君子謀道不謀食。耕也，餒在其中矣；學也，祿在其中矣。君子憂道不憂貧。」等諸篇章，亦皆符應孔子對日常生活中所有「食」、「衣」、「住」、「行」、「育」、「樂」等諸般方面篤行實踐「無求」之態度與作為。同註2，（魏）何晏注、（宋）邢昺疏《十三經注疏13 論語　孝經》，頁62、頁73～74、頁140～141等。

〔註294〕同註2，（魏）何晏注、（宋）邢昺疏《論語‧學而第一》，頁8。

〔註295〕同註2，（魏）何晏注、（宋）邢昺疏《論語‧子罕第九》，頁81。

〔註296〕此見〈子罕第九‧第二十六章〉中孔子稱雖讚子路：「衣敝縕袍，與衣狐貉者立，而不恥者，其由也與！『不忮不求，何用不臧？』」表示其能安於貧賤而不以為恥，擁有「不忮不求」之德。但仍告誡他以：「是道也，何足以臧？」可見此一「不求」為君子之基本德性矣。同註2，（魏）何晏注、（宋）邢昺疏《論語‧子罕第九》，頁81。

〔註297〕同註2，（魏）何晏注、（宋）邢昺疏《論語‧里仁第四》，頁37。

〔註298〕同註2，（魏）何晏注、（宋）邢昺疏《論語‧學而第一》，頁8。

要切磋、琢磨的又是什麼？孔子進一步指出，就在於「貧而樂，富而好禮」。〔註299〕「貧而無諂，富而無驕」只是消極上對應於現實環境所呈現的自我態度與作為；而在面對他人之際，能夠積極的實踐「貧而樂，富而好禮」，這才是真正的在生命歷程中表現出個體真正的「自覺」，能「自覺」於「貧」而「樂之」、「自覺」於「富」而仍「禮之」，這也就是個體真誠對待現實生命的「善」，也才是真正符合於「仁」的作為。是以，孔子在〈里仁第四·第五章〉中所言：「富與貴，是人之所欲也，不以其道得之，不處也。貧與賤，是人之所惡也，不以其道得之，不去也。君子去仁，惡乎成名？君子無終食之間違仁，造次必於是，顛沛必於是。」〔註300〕其道理，也在提示吾人，能夠「自覺」於現世生活中的「富貴」、「貧賤」而仍保持自己向學的心志「安於貧」、「禮於富」，這就篤行實踐「仁」的態度與作為了。

如果分別就「貧而無諂」、「富而無驕」這兩種德行來論，仍是以所差別的，一般人在生活無所憂慮的情形下，是可以作到「富而無驕」，而則如果在貧困的情況下，卻很難做到「貧而無諂」。吾人且看〈雍也第六·第九章〉中孔子對顏回深深的讚嘆：

> 賢哉回也！一簞食，一瓢飲，在陋巷，人不堪其憂，回也不改其樂。
> 賢哉回也！〔註301〕

此中顯示：顏回之賢德，在他身居陋巷之中，每日僅能用一竹匡飯充飢、僅以一瓜瓢水來解渴，這種物質生活的困頓，並非一般常人可以過得來，而顏回卻能自甘如貽，且更積極的去求學、去體會人生的樂趣。〔註302〕此種態度與作為，不僅超過了「食無求飽，居無求安」〔註303〕所對於個人方面的「無求」，而更表現出當別人如是看待他時，他依然能誠實的實踐「貧而無諂」之

〔註299〕同註2，（魏）何晏注、（宋）邢昺疏《論語·學而第一》，頁8。

〔註300〕同註2，（魏）何晏注、（宋）邢昺疏《論語·里仁第四》，頁36。

〔註301〕同註2，（魏）何晏注、（宋）邢昺疏《論語·雍也第六》，頁53。

〔註302〕《論語》全書中，被孔子稱讚為「賢」的只有二人，其一之柳下惠雖稱讚其有「賢」而仍對志節批評：「降志辱身矣，言中倫，行中慮。其斯而已矣！」是以唯一真正從內心中始終讚嘆有加而未曾批評過的，只有顏回。孔子對於顏回所稱讚的「賢」、「好學」與其他德行，散見於許多篇章中，甚至對於顏回的早死，亦十分哀慟的說出：「噫！天喪予！天喪予！」（〈先進第十一·第八章〉）之語，此足證顏回在孔子心中已是「賢者」之地位矣。同註2，（魏）何晏注、（宋）邢昺疏《十三經注疏13 論語　孝經》，頁139、頁166、頁97等。

〔註303〕同註2，（魏）何晏注、（宋）邢昺疏《論語·學而第一》，頁8。

作為，這種眞正「自覺」於貧困而表現出「貧而無諂」的德行，如非「賢者」，恐怕無人能及。是以，孔子在〈憲問第十四‧第十一章〉中才會提道：「貧而無怨，難；富而無驕，易。」〔註304〕在現今現實生活上，要人眞實作到「富而無驕」已屬難事，而更要做到「貧而無諂」那就難上加難了！

（三）君子不器

對於世俗之富貴名利，不論是老子、亦或孔子，都教導人要超然以面對，而不爲富貴名利之所駕馭。老子於〈第十三章〉直接指明：「吾所以有大患者，爲吾有身，及吾無身，吾有何患？」〔註305〕人類之所以有憂患恐懼，其根源都在於人具有此一具體之形軀，而爲滿足此一身軀之所欲，是以造下了無數罪惡因緣於此生，除非人死亡而離軀，否則苦惱憂懼是無法終止的；面臨人的此種困境，老子認爲「禍莫大於不知足；咎莫大於欲得。故知足之足，常足矣。」〔註306〕（《道德經‧第四十六章》）惟有「知足」、「知止」，才能面對外在誘惑而能「去甚、去奢、去泰」，也方能控制欲望而不爲慾望所制，眞正地免諸煩惱、斷除大患。

孔子則於〈爲政第二‧第十二章〉中提出：「君子不器。」〔註307〕的看法，要人做一個眞實的人，而不受現實物質、外在事物價值之所限制；如果人們只知道追求功名利祿，或只知道追尋、迷戀於科技所帶給人的效率與工具性，那麼終其一生，便只會把生命耗費於物質事物的開發與研究，便只會將情感投入於毫無情感與生命理智的機械中，而不再知覺有「人」、有「他人」、有「人性」與「人文」的眞實與美感價值，那麼便受物器所役而自限，便已非一眞實之「人」。是以，此中之「器」並非單指物，而在指一種與物有關之實用性、實用價值；當吾人對應於物之時，不再就單純使用性的角度來看待物，而係就實用性之角度以看待物，那麼物之於人，便不僅帶給人種種優劣、高下的比較，更進一步引起了人們無窮盡的慾望矣。是以，孔子所示之：「君子不器。」便在要求，一眞實的人既不應重視物質實用性這樣的價值，也不以自己生命爲這樣物器價值之追尋，而當從己立立人與己達達人之「仁道」

〔註304〕同註2，（魏）何晏注、（宋）邢昺疏《論語‧憲問第十四》，頁125。
〔註305〕同註28，（晉）王弼著、（唐）陸德明釋文《老子道德經注‧第十三章》，頁7。
〔註306〕同註28，（晉）王弼著、（唐）陸德明釋文《老子道德經注‧第四十六章》，頁28～29。
〔註307〕同註2，（魏）何晏注、（宋）邢昺疏《論語‧爲政第二》，頁18。

之生命而致力的；若人或人類只自限於現實性與物質價值性之下，如此人與人類是無法真實的。〔註308〕

（四）子以四教：文、行、忠、信

就教育內容來看，由於老子本身並無意於開班講學或真為教育而為之，所以在《道德經》中惟提倡「不言之教」，致令後世不易尋覓出其教育內容。而孔子既強調人為化成，也強調：「人能弘道，非道弘人。」〔註309〕之功，那麼相對之，自有其教育之實質內容。在〈述而第七·第二十四章〉中提及：

子以四教：文，行，忠，信。〔註310〕

其意謂：孔子教育子弟之基本內容，全部在於「文，行，忠，信」四者。此四者為何？理當加以說明。〔註311〕

1、「文」

在〈雍也第六·第二十五章〉中孔子有謂：「君子博學於文，約之以禮，亦可以弗畔矣夫！」〔註312〕而在〈顏淵第十二·第十五章〉孔子也稱：「博學於文，約之以禮，亦可以弗畔矣夫。」，〔註313〕是以就「文」字一義而言，當指自古以來之所有典籍，皆屬於「文」之範圍。

而則，古來典籍極多且雜，在當時孔子是不可能要求弟子全部都學的，是以當有一些極重要的典籍才是。在〈述而第七·第十七章〉有如是說明：「子所雅言：詩、書、執禮，皆雅言也。」〔註314〕此中「雅言」當指孔子認為正確或品格懿美之文與禮文，《詩》、《書》與禮三者皆孔子畢生所學習與篤行實踐反省者，是以其中之《詩》、《書》二者，當屬「文」之重點所在。

那麼除了《詩》、《書》二者之外，是否還有其他經典，吾人就〈憲問第十四·第十三章〉子路問孔子一個人要如何成為一個真正踏實、穩重之成人的對話中，孔子雖有：「文之以禮樂」〔註315〕之語，但此處之「文」當為「文

〔註308〕同註6，譚家哲先生著《論語與中國思想研究》，頁153～154。
〔註309〕同註2，（魏）何晏注、（宋）邢昺疏《論語·衛靈公第十五》，頁140。
〔註310〕同註2，（魏）何晏注、（宋）邢昺疏《論語·述而第七》，頁63。
〔註311〕同註6，譚家哲先生著《論語與中國思想研究》，頁389～391。
〔註312〕同註2，（魏）何晏注、（宋）邢昺疏《論語·雍也第六》，頁55。
〔註313〕同註2，（魏）何晏注、（宋）邢昺疏《論語·顏淵第十二》，頁109。
〔註314〕同註2，（魏）何晏注、（宋）邢昺疏《論語·述而第七》，頁62。
〔註315〕〈憲問第十四·第十三章〉中孔子有云：「若臧武仲之知，公綽之不欲，卞莊子之勇，冉求之藝，文之以禮樂，亦可以為成人矣！」同註2，（魏）何晏注、（宋）邢昺疏《論語·憲問第十四》，頁125。

化薰陶」之意解，而「禮」、「樂」則當爲實踐義之「行禮」、「樂舞」之意用；加以《論語》全書中尙未指明有《禮》、〔註316〕《樂》等書而多當實踐義之行「禮」、「樂」舞（或聲）解，是以《禮》、《樂》當排除於孔子當時所教「文」之重點中，而以《詩》、《書》二書爲其重點所在，至於是否已有《禮》、《樂》或其他典籍之傳授，則尙無法確定。

2、「行」

如就字面上而言，「行」之意當指「一切最基本之善的德行」，在〈述而第七・第六章〉中孔子說道：「志於道，據於德，依於仁，游於藝。」〔註317〕就孔子而言，其心志所嚮往與所欲於自主實踐者在於「道」、在於「德」、在於「仁」，如果「道」是一抽象的概念，那麼「德」與「仁」便是化爲具體的行爲實踐，（而則，就「夫子之道，忠恕而已矣！」〔註318〕來看，道亦具如德行般之實踐意義）是以在此三者皆係純自於人心本我之「自覺」而所欲實踐，而無有外來所加諸的約束性與現實性之德行。

那麼在孔子心目中所爲之基本德行爲何？就整個〈學而篇〉來說：其中所列諸德行，如：「孝悌」、「仁」、「忠」、「信」、「敬事」、「節用（儉）」、「愛人」、「愼終追遠」、「溫」、「良」、「恭」、「讓」、「和」、「義」、「禮」、「食無求飽，居無求安」、「敏事」、「愼言」、「貧而樂，富而好禮」、「學而時習之」、……等都可視爲對君子個人所當修之德行。而就整個〈爲政篇〉所列諸如：「禮」、「孝」、「自省」、「不器」、「周而不比」、「智」、「多聞、愼言」、「多見、愼行」、「信」、「義」……等則皆可視爲對他人、對社會所當行德行。如就其他篇章加以探析，則必然還有許多德行是爲孔子之所志心嚮往與實踐者，吾人只能言：作爲一個眞實的人，只要具有「自覺」之能力，能由自心、自性之本然（非他人之所限制）而以眞實篤行實踐（尙有自恭、自省）之功夫，應對於自己、對於他人、甚而他事、他物、而至吾人所處此一世界，所有眞實而至善（無愧於自我、他方、天地）

〔註316〕雖然在〈八佾第三・第九章〉孔子說道：「夏禮，吾能言之，杞不足徵也。殷禮，吾能言之，宋不足徵也。文獻不足故也。足，則吾能徵之矣。」，但此句中之意在於「夏禮」、「殷禮」因「文獻不足」所以只能隱約從夏、殷後代杞、宋等國所行之儀式與所用之器物來了解，顯示此中「禮」尙無眞正的「成文」典籍當是。同註2，（魏）何晏注、（宋）邢昺疏《論語・八佾第三》，頁27。

〔註317〕同註2，（魏）何晏注、（宋）邢昺疏《論語・述而第七》，頁60。

〔註318〕〈里仁第四・第十五章〉中曾子有云：「夫子之道，忠恕而已矣！」同註2，（魏）何晏注、（宋）邢昺疏《論語・里仁第四》，頁37。

之一切意念與作為，這就是孔子心目中之美德矣。〔註319〕

3、「忠」

「忠」之意，當指忠於人、忠於事；由基本之「文」入門，而後學習行「德」之理，那麼此處之「忠」當是指吾人如何將所習到的「文」、「行」，「忠實」以應對他人、而事事為他人之善而所為。

孔子所要強調者，不僅在此對他之「忠實」，事實上亦也相對要求無論是對於「文」、或對於「行」，都該要忠實的去實踐。吾人就〈學而第一‧第一章〉中所云：「學而時習之，不亦說乎？有朋自遠方來，不亦樂乎？人不知而不慍，不亦君子乎？」〔註320〕可發覺，此一通篇似在陳述一真實之人所當忠於「文」之真之善；而〈學而第一‧第二章〉：「其為人也孝弟，而好犯上者鮮矣。不好犯上，而好作亂者，未之有也。君子務本，本立而道生。孝弟也者，其為仁之本與？」〔註321〕則通篇陳述一真實者所當忠於「行」之真之善；接著，〈學而第一‧第三章〉：「巧言令色，鮮矣仁。」〔註322〕更不異於陳述一真實之人所當忠於「信」之真之善；最後，〈學而第一‧第四章〉藉曾子之言說：「吾日三省吾身：為人謀，而不忠乎？與朋友交，而不信乎？傳，不習乎？」〔註323〕而總論及一位真實之人，所當對「文」、「行」、「信」等方面所當「忠實」實踐其善之所為矣（雖本章中未有「行」之一義，而則「反省」即是一真實之德）。

4、「信」

「信」之意，當指人之為人，如何而能使自己成為可被信賴者。其意義上：消極者當指被他人之所信賴；積極者當指自己諸所言、行皆真實而無所欺於人、我、甚而天地。如果孔子所言之「信」為消極者，則人當非一積極主動之生命，是以自我必陷入非為一真實者之中，那麼就如〈學而第一‧第三章〉所云：「巧言令色」〔註324〕此已非真實之人，則亦無所謂真實之「仁」可言。是以，就真實的角度來看，惟有當自己之所有作為，皆本乎善之意念，

〔註319〕事實上，《論語》整本書就是一部教育人如何去修養、實踐德行的書，就本文第二章第三節《論語》思想概要部分中，已依據譚家哲先生之說法提及其篇章結構內容，此中不再贅言。

〔註320〕同註2，（魏）何晏注、（宋）邢昺疏《論語‧學而第一》，頁5。

〔註321〕同註2，（魏）何晏注、（宋）邢昺疏《論語‧學而第一》，頁5。

〔註322〕同註2，（魏）何晏注、（宋）邢昺疏《論語‧學而第一》，頁5～6。

〔註323〕同註2，（魏）何晏注、（宋）邢昺疏《論語‧學而第一》，頁6。

〔註324〕同註2，（魏）何晏注、（宋）邢昺疏《論語‧學而第一》，頁5～6。

而真實地去實踐，那麼此一真實的「信」，方可成立之。

　　就《論語》一書來看，〈學而篇〉係作爲整個爲人之道理之總綱，以及人之真實、真實作爲之道。在整篇十六章中含有「信」字者，有〈第四章〉：「與朋友交，而不信乎？」、〔註325〕〈第五章〉：「敬事而信」、〔註326〕〈第六章〉：「謹而信」、〔註327〕〈第七章〉：「與朋友交，言而有信」、〔註328〕〈第八章〉：「主忠信」、〔註329〕〈第十三章〉：「信近於義」〔註330〕等六章，顯示不管是在待人或處世哪一方面，皆極爲重視個人存在於此一世界之真實性，甚而在〈爲政第二・第二十二章〉：「人而無信，不知其可也。大車無輗，小車無軏，其何以行之哉？」〔註331〕提及人之無信，如喪失作爲牛、馬所欲拉動大車、小車之橫木一般，根本無以行、甚而無以立於此世界中。是以「信」者，在重視人之作爲，是否皆本乎善之意念，而「真實地」去實踐，那麼此一「真實的信」方可成立，而此一「真實之人」，亦才可成立於此天地間。

　　總就「文，行，忠，信」〔註332〕來看，孔子終其一生所實踐者，與終其一生所教育者，只是：「學習《詩》、《書》等典籍、學會一切基本德行（含「禮」）、忠實應對（且實踐）他人之善而所爲、使自己成爲一真實可信之人」等四者，此諸所揭露的教育內容，雖極爲普通且平實，但確實也代表了人之所以爲人、所以存在於此世間，而能自覺、無愧之真正價值之所在，這也代表了整個孔子時代的真正教育理念所在：「除了對學問、德行做真正踏實、認真而不斷地的學習與真實地實踐善之意念與作爲於此世間之人我外，教育之所以成就，仍在此之『學而時習之』矣！」

三、道德及精神修養的理念和方法

　　在人生之所有重要價值中，以道德與美感價值爲所最重要者，吾人所學之各種學科與技能知識，如未能及時與道德、美感結合，那麼不僅無法長久，

〔註325〕同註2，（魏）何晏注、（宋）邢昺疏《論語・學而第一》，頁6。
〔註326〕同註2，（魏）何晏注、（宋）邢昺疏《論語・學而第一》，頁6。
〔註327〕同註2，（魏）何晏注、（宋）邢昺疏《論語・學而第一》，頁7。
〔註328〕同註2，（魏）何晏注、（宋）邢昺疏《論語・學而第一》，頁7。
〔註329〕同註2，（魏）何晏注、（宋）邢昺疏《論語・學而第一》，頁7。
〔註330〕同註2，（魏）何晏注、（宋）邢昺疏《論語・學而第一》，頁8。
〔註331〕同註2，（魏）何晏注、（宋）邢昺疏《論語・爲政第二》，頁19。
〔註332〕同註2，（魏）何晏注、（宋）邢昺疏《論語・述而第七》，頁63。

更將使所學無用，此種結合，乃「眞」、「善」、「美」之聯繫，由此而方能成爲此中存在一完美而眞實之人。就此一要項，《論語》提示吾人者約略如下：

（一）慎言、力行

就老子《道德經》所述而言，人之修道基礎，在於藉「致虛守靜」之修養功夫，使人恢復原始質樸之「眞」，而後方得能悟得事理與一切之眞「道」。是以，就道德修養上，惟「致虛守靜」，方是人所當行道之眞功夫。

而則就《論語》而言，孔子既已強調「人能弘道，非道弘人。」〔註333〕足見孔子之道係由人爲化成，而再非老子之由人所依循、且無所遁逃的道，是以人由「道」所賦之被動地位，而化爲積極主動的「致道」，方能達至人之所存在者爲眞、人之所爲爲眞、甚而人之所致之道亦爲眞實而不再虛幻。

就《論語》而言，「下學而上達」〔註334〕代表著人能透過「學」而眞實的「致道」；是以「學」乃成爲人能致道的重要依據；學的內容包含「文，行，忠，信」〔註335〕四大項，而其手段則當在「慎言」與「力行」。其因如下：

1、〈學而第一・第一章〉即已言明：「學而時習之，不亦說乎」〔註336〕學習之樂趣，在於能得時「習」之，此中之「習」當即「力行實踐」，惟有所學之能立即實踐而有成效，人方能有喜悅之樂趣。

2、〈學而第一・第二章〉：「有子曰：其爲人也孝弟，而好犯上者鮮矣。不好犯上，而好作亂者，未之有也。君子務本，本立而道生。孝弟也者，其爲仁之本與？」〔註337〕人之所以能「忠」，在於人之能行「孝悌」，如未能行之，何能務其本？

3、〈學而第一・第三章〉：「子曰：巧言令色，鮮矣仁。」〔註338〕虛假是眞實的相對，故而巧言令色之虛假，當然無法成爲一眞實之「仁」者，那麼其意便指出人之言語必須符合眞實！必須符合眞實則當必然「慎於其言」。

4、〈學而第一・第六章〉：「子曰：弟子入則孝，出則弟，謹而信，泛愛眾，而親仁。行有餘力，則以學文。」〔註339〕此中明顯提出：孝、悌、信、

〔註333〕同註2，（魏）何晏注、（宋）邢昺疏《論語・衛靈公第十五》，頁140。
〔註334〕同註2，（魏）何晏注、（宋）邢昺疏《論語・憲問第十四》，頁129。
〔註335〕同註2，（魏）何晏注、（宋）邢昺疏《論語・述而第七》，頁63。
〔註336〕同註2，（魏）何晏注、（宋）邢昺疏《論語・學而第一》，頁5。
〔註337〕同註2，（魏）何晏注、（宋）邢昺疏《論語・學而第一》，頁5。
〔註338〕同註2，（魏）何晏注、（宋）邢昺疏《論語・學而第一》，頁5～6。
〔註339〕同註2，（魏）何晏注、（宋）邢昺疏《論語・學而第一》，頁7。

愛、仁之重點惟在於「行」。

5、〈學而第一·第七章〉:「子夏曰:賢賢易色,事父母能竭其力,事君能致其身,與朋友交,言而有信,雖曰未學,吾必謂之學矣。」〔註340〕此中亦提示:學之重點不在於形式上之入師門學習,而係在生活上篤行實踐忠、孝,言語上之言而有信。

6、〈里仁第四·第二十二章〉:「子曰:古者言之不出,恥躬之不逮也。」〔註341〕此中顯示慎言之重要,在於唯恐將來無法付諸實現。

7、〈憲問第十四·第二十九章〉:「子曰:君子恥其言而過其行。」〔註342〕此中亦指出君子所恥者,在於其言語超過其所行。

8、〈學而第一·第十四章〉:「子曰:君子食無求飽,居無求安,敏於事而慎於言,就有道而正焉:可謂好學也已。」〔註343〕就君子所謂「好學」之重點所在,即「敏於事而慎於言」此即「慎言」與「力行」矣。

是以,就上述八篇章之舉喻,則吾人可得,「學」之得以「致其道」,惟在「慎言」而「力行不輟」矣!

(二)君子懷德

作為一個人,當獨自面對於此一與「自我」相對之現實時空之一切所有時,自然而然必對「自我」此一個體之真實性開始有所疑惑、惶恐且不安,而當此種感覺湧現之際,即是「自覺」之始。而在「自覺」之後,人所採取之作為,當將分為二類:一者虛假以對;一者真實面對。虛假以對者,在老子、孔子心中,是謂「盜賊」、「小人」;真實以對者,在老子、孔子心中,是為「真人」、「聖」、「賢」、「君子」、「善人」。雖然老子、孔子對此諸人之看法差異不大,而則因老、孔二人所體認之「道」不同,自然對人之如何為真實之方法、作為大異其趣。

老子體認其「道」為人之所循,「生而不有、為而不恃」,故求「柔弱」以對,要人「致虛守靜」以求達道。而孔子體認其「道」為人之所志,「人能弘道、非道弘人」,故求「剛健」以對,要人「力行實踐」以求致道。是故此中老子、孔子二人所因不同,故而所開展之果自然大不相同。在面對人與德

〔註340〕同註2,(魏)何晏注、(宋)邢昺疏《論語·學而第一》,頁7。
〔註341〕同註2,(魏)何晏注、(宋)邢昺疏《論語·里仁第四》,頁38。
〔註342〕同註2,(魏)何晏注、(宋)邢昺疏《論語·憲問第十四》,頁128。
〔註343〕同註2,(魏)何晏注、(宋)邢昺疏《論語·學而第一》,頁8。

行二者關係上，老子體認人之道有所缺損，故而要人涵養水德，學習水近乎道之德行，以成全人德之圓滿。那麼對於孔子而言呢？

在〈子罕第九·第十七章〉孔子說道：「吾未見好德如好色者也。」〔註344〕而在〈衛靈公第十五·第十二章〉又見孔子說道：「已矣乎！吾未見好德如好色者也！」〔註345〕此中，所謂「好德」即「愛好（實踐）德行」，而所謂「好色」則不單是對「眼前所見一切的迷戀」，也代表對「世俗一切諸物的迷戀（為物所役）」；是以，〈子罕〉中透露出孔子在日常生活上，發覺到弟子及一般人對物質享樂的迷戀遠高於對德行的實踐，而〈衛靈公〉中，則更透露出面對現實世界，居上位者更是迷戀於物質享樂而非樂於實踐善的德行。是以，對於孔子而言，其所最憂者便在於：「德之不修」。〔註346〕

面對現實生活，孔子以「文，行，忠，信」〔註347〕來教導學生如何做一真實的人，我們可以說其中的「行」是指德行，也更可以說，當人真實面對一切，真實的學習「文，行，忠，信」並不斷反省、實踐之時，這些都也是真實的德行；那麼既然一切德行只端賴我們自己去實踐，那麼便不需要依止於外來的德行，而反當回頭依止於我們自己本有的善性才是。如是，那當就是孔子所說的：「據於德」，〔註348〕而如何為之？

在〈學而第一·第四章〉中，曾子有云：

> 吾日三省吾身：為人謀，而不忠乎？與朋友交，而不信乎？傳，不習乎？〔註349〕

就曾子而言，「據於德」重在反省的功夫，日日對於所學習到的「文，行，忠，信」四項內含不斷加以反省實踐，就能展現人之真實作為，而對孔子而言呢？

在〈里仁第四·第十一章〉中，孔子則提到：

> 君子懷德，小人懷土。君子懷刑，小人懷惠。〔註350〕

其意謂：「君子心懷仁德，小人心懷財富名利；君子不去作觸法且傷害之事，小人則為貪小惠而不顧法紀。」此中顯示，人欲真實面對於德行修養，不僅

〔註344〕同註2，（魏）何晏注、（宋）邢昺疏《論語·子罕第九》，頁80。
〔註345〕同註2，（魏）何晏注、（宋）邢昺疏《論語·衛靈公第十五》，頁139。
〔註346〕同註2，（魏）何晏注、（宋）邢昺疏《論語·述而第七》，頁60。
〔註347〕同註2，（魏）何晏注、（宋）邢昺疏《論語·述而第七》，頁63。
〔註348〕同註2，（魏）何晏注、（宋）邢昺疏《論語·述而第七》，頁60。
〔註349〕同註2，（魏）何晏注、（宋）邢昺疏《論語·學而第一》，頁6。
〔註350〕同註2，（魏）何晏注、（宋）邢昺疏《論語·里仁第四》，頁37。

止於反省實踐，而在於自內心深處時時心懷仁德，以仁德爲依據，積極上自然而眞實的對己、對他人、對萬物，行幫助自己、幫助他人、幫助萬物之眞實善行，那麼消極上，自然不可能違法、犯法甚而有傷害自己、他人、萬物之作爲。那麼，這不也就是孔子在〈里仁第四・第五章〉中所云：「君子無終食之間違仁，造次必於是，顚沛必於是。」〔註351〕之眞正行持之所在！

是以，因於對「道」之體認殊異，也造成老、孔二者，在面對人與德行實踐作爲上有所差異：老子體認人之道有所缺損，故而要人「涵養水德」，學習水近乎道之德行，以成全人德之圓滿。而孔子體認人之道之所未致在於「德之不修」，故要求「君子懷德」，〔註352〕以成就人德之圓滿，並進而致道、弘道。

（三）以直報怨

對於人民之所怨、亦或他人之所怨，如何解之以爲善？在老子心目中，人當保有自然之和諧氣氛，是以聖人以妙高之智慧「爲之於未有，治之於未亂。」〔註353〕在怨尙未形成即以德行加以解之使成無怨，而非大怨已生，再求和解，怨之根本在於無怨，是以老子於《道德經・第六十三章》云：「報怨以德」。〔註354〕

孔子所採之方式並不相同，他認爲民之所怨，與個人之德行修養並不完全相干，那麼所要採取的對治方法是不同的；如〈爲政第二・第十九章〉中哀公與孔子所如是對話：

> 哀公問曰：「何爲則民服？」孔子對曰：「舉直錯諸枉，則民服。舉枉錯諸直，則民不服。」〔註355〕

此中魯哀公問孔子：「要如何爲之方可使百姓從內心中眞正的心悅誠服？」孔子回以：「若提舉正直眞實的人爲官以棄捨虛妄不眞實者，則人民百姓自然心悅誠服。若相反地提舉虛妄不眞實的人以捨棄正直眞實的人，則人民百姓將會不順服了。」此中顯示，民之所怨在於上位者本身之不眞、不實，以虛僞巧詐之心來對待百姓，那麼當然導致民怨四起，是以孔子提示在位者，要對

〔註351〕同註2，（魏）何晏注、（宋）邢昺疏《論語・里仁第四》，頁36。

〔註352〕同註2，（魏）何晏注、（宋）邢昺疏《論語・里仁第四》，頁37。

〔註353〕同註28，（晉）王弼著、（唐）陸德明釋文《老子道德經注・第六十四章》，頁39。

〔註354〕同註28，（晉）王弼著、（唐）陸德明釋文《老子道德經注・第六十三章》，頁38。

〔註355〕同註2，（魏）何晏注、（宋）邢昺疏《論語・爲政第二》，頁18。

治民怨的方式，在於舉用能夠正直眞實的人爲官，那麼人民百姓自然而能心悅誠服。就此種爲政之作爲，同樣在〈顏淵第十二·第二十二章〉樊遲與孔子的對話中，孔子也如是強調：「舉直錯諸枉，能使枉者直。」〔註356〕之道理。

那麼，對爲人處世上來說，「直」的德性是否亦如此重要？在〈泰伯第八·第十六章〉中孔子有言：「狂而不直，侗而不愿，悾悾而不信，吾不知之矣！」〔註357〕此中表示「個性狂妄無理且不眞實以處事（正直者）」可不知道他該如何得以立身處事！而在〈季氏第十六·第四章〉中孔子也說：「益者三友，……友直，友諒，友多聞，益矣……」〔註358〕結交正直篤誠的人爲友，是對我們進德修業上有所助益的。是以，就個人德行的修養上，「直」可視爲立身處世基準之一，且對個人進德修業上是有所助益的。

而則，是否「直」可視爲君子所最重要的至善德行呢？答案恐非如此！

首先，在〈公冶長第五·第二十四章〉中孔子提到：「孰謂微生高直？或乞醯焉，乞諸其鄰而與之。」〔註359〕就微生高這個人來說，別人來借醋，家裡正好沒有，他不肯誠實直說，卻向他的鄰居要來再給別人。此中表示微生高的「直」是虛假的、掩飾的，而非眞正發自內心眞實以對他人的。亦即「直」的表現。

其次，在〈衛靈公第十五·第六章〉中孔子說道：「子曰：直哉史魚！邦有道，如矢；邦無道，如矢。君子哉蘧伯玉！」〔註360〕其評論史魚有著剛直之德，不管國家政治清明或黑暗，他的言行都表現如箭一樣率直；而評論蘧伯玉守著「君子」之道，政治清明則出而爲官，政治敗壞則引退藏身而斂其才能。在孔子心目中，「君子」是其理想人格，那麼這顯示出「邦有道，如矢；邦無道，如矢。」〔註361〕的「直」德比之於「邦有道，則仕；邦無道，則可卷而懷之。」〔註362〕的「君子」之德行，並非眞正的完美。

其三，在〈泰伯第八·第二章〉孔子有提到：「直而無禮則絞。」〔註363〕顯示「正直而不符合於禮，則容易責人過急」；而在〈陽貨第十七·第八章〉

〔註356〕同註2，（魏）何晏注、（宋）邢昺疏《論語·顏淵第十二》，頁110。
〔註357〕同註2，（魏）何晏注、（宋）邢昺疏《論語·泰伯第八》，頁72。
〔註358〕同註2，（魏）何晏注、（宋）邢昺疏《論語·季氏第十六》，頁148。
〔註359〕同註2，（魏）何晏注、（宋）邢昺疏《論語·公冶長第五》，頁46。
〔註360〕同註2，（魏）何晏注、（宋）邢昺疏《論語·衛靈公第十五》，頁138。
〔註361〕同註2，（魏）何晏注、（宋）邢昺疏《論語·衛靈公第十五》，頁138。
〔註362〕同註2，（魏）何晏注、（宋）邢昺疏《論語·衛靈公第十五》，頁138。
〔註363〕同註2，（魏）何晏注、（宋）邢昺疏《論語·泰伯第八》，頁70。

孔子也說：「好直不好學，其蔽也絞。」〔註364〕表示「只喜歡正直而不求真實明白與實踐其意涵，那麼這學習的蔽病便是刺諷。」那麼，這表示出「正直」之德，的確並非至德，還要遵循禮義之道，還要真切的明白與實踐，否則不僅操之過急，更會因諷刺而反致人怨。

是以，「直」之德，當是「仁德」表現之一種，雖為基本德行，但如不真實、真切且行之以禮，恐怕並非孔子所樂見。那麼就〈子路第十三·第十八章〉中葉公和孔子的對話，我們就容易了解：

> 葉公語孔子曰：「吾黨有直躬者，其父攘羊，而子證之。」孔子曰：
> 「吾黨之直者異於是，父為子隱，子為父隱，直在其中矣。」〔註365〕

這個對話中，葉公對孔子說：「我的家鄉有一個直率坦白的人，他父親偷了羊，他便告發父親。」而孔子所回答則是：「我們家鄉正直篤實的人與你所說的不同：父親為兒子隱瞞，兒子為父親隱瞞。——所謂的正直篤實就在這裏面了。」這其中顯現出一般人對於「直」的謬見，個人用自以為的態度把揭發他人（甚而至親）之惡者視為正直者，顯現出這並沒有從自己內心真實的去反省過，而只喜歡拿著照妖鏡到處找妖怪，但真正虛假不實者，就是自己。《論語》中孔子所強調的至德，不論是孝悌、忠信、甚而是「直」等諸德，都該是以反求諸己的態度去面對，而不是只看別人的過患錯誤，這才是真實而篤誠的德行，也才不會落入社會虛幻不實虛假以對的過失中；所以，父為子隱、子為父隱所代表的不僅在於表面所看到似乎孝悌之德行，也在於自己面對外境之際，自己是否真誠地返躬自省過：「將我心、將我人，而換他心、換他人，我當如何？」

那麼，最後我們再看〈憲問第十四·第三十六章〉中的對話：

> 或曰：「以德報怨，何如？」子曰：「何以報德？以直報怨，以德報
> 德。」〔註366〕

有人說：「用仁德來回報他人的怨恨，如何呢？」孔子回說：「那又要用什麼來回報仁德呢？應該是用正直篤實來回報他人的怨恨，用仁德來回報仁德。」為何孔子如此說道：「以直報怨，以德報德」，〔註367〕就孔子的思想中，對於民怨、或他人之怨，最好的辦法，還是在以公平正直、無私無我、真實篤行

〔註364〕同註2，（魏）何晏注、（宋）邢昺疏《論語·陽貨第十七》，頁155。
〔註365〕同註2，（魏）何晏注、（宋）邢昺疏《論語·子路第十三》，頁118。
〔註366〕同註2，（魏）何晏注、（宋）邢昺疏《論語·憲問第十四》，頁129。
〔註367〕同註2，（魏）何晏注、（宋）邢昺疏《論語·憲問第十四》，頁129。

的態度來面對他人，這種態度該是發之於內心的眞誠、行之於禮義的準則，才是眞實的「以直報怨」。而對於有仁德之人來說，他的一切所爲，本就是依於眞實的內心而發乎於眞確篤實的善行善念，是以他所處、所爲既然爲眞，又何有虛假可爲之，這當然是「以德報德」了。

（四）學而時習之

由於老子之道本乎於質樸之眞，是以對於人爲之妄作極爲反對，故於其《道德經》中之道德律則，便多以「去彼取此」之樣貌出現，期藉此突破修爲之侷限，而盡吾人本然之仁義，以成「道」、「德」的合而爲一。

而則孔子見到了社會現實中之虛假不實，不僅禮壞樂崩，且種種德行因人性之虛假而虛假，是以亟欲在此失道、失德的世代中，提醒世人眞誠面對人當有所爲之仁義禮信諸德行，以維護人之倫理、與社會之有儀有則，是故《論語》中便不復見「去彼取此」之語矣。

就孔子而言，萬種諸德惟在「學而時習之」，〔註368〕既君子所行之目標惟在致道，故而惟有「學以致其道」方是君子之所當爲。是故《論語》之首章篇即言明：

> 學而時習之，不亦說乎？有朋自遠方來，不亦樂乎？人不知而不慍，
>
> 不亦君子乎？〔註369〕

就一眞實之人而言，此種「學」與「行」並非由外力所加以完成的，而係由人之自己、自身所完成的，正如孔子所說「有能一日用其力於仁矣乎？我未見力不足者。」〔註370〕權威、法律不當是改變人當所行諸善德的力量來源，只有自己才能使諸德行眞正的付諸於實現。

就「學而時習之，不亦說乎？」而言，德業修養的眞正樂趣所在，在於學習了以後能夠時時有所用、有所實踐，且能經由眞實的實踐作爲，而見到實踐之後的成效，那麼這是最令人喜悅、亦是最能讓人持之以恆的動力所在。

而則德業修養既是人眞實對人、眞實對他、眞實對一切所有之實踐功夫，那麼便需要不斷與他人切磋琢磨，才能有實致的成效，是以「有朋自遠方來，不亦樂乎？」便說明了此種良朋益友得互相切磋琢磨之進一步樂趣所在。雖

〔註368〕同註2，（魏）何晏注、（宋）邢昺疏《論語·學而第一》，頁5。
〔註369〕同註2，（魏）何晏注、（宋）邢昺疏《論語·學而第一》，頁5。
〔註370〕同註2，（魏）何晏注、（宋）邢昺疏《論語·里仁第四》，頁36。

然孔子有言：「德不孤，必有鄰。」，〔註371〕而則面對當時社會風氣的虛假不實，恐怕「知音」並非一時之間便能互相聚合，是以能由自心真誠的面對與實踐，而能坦然面對他人、此界所有，為之而無怨悔，心仍正面積極而喜悅，這才是君子得以「任重而道遠」〔註372〕而仍「樂」之所在。

既然德業之修養非在外溯、而在本人一己之心，那麼在孤孤單單地學習實踐之後，而仍能保持更進一步「人不知而不慍」之樂觀態度，真實的面對自己所作所為，更以真實篤行的態度去實踐對己、對他人、對萬物之種種善行與作為，而不再在意於別人對己之虛假抑或真實之作為，那麼便代表著此種高超的品格，已十足具有頂天立地、無忝於父母之真實性，不僅其人格也真、其生命所有亦是真實無誤。

總之，當吾人立志成為一真實之人時，便代表人對此生存所在時空所有知覺之始，而為實踐此一生命、人格之真，便惟有真實面對一切所有，以真實篤行的態度時時學習與實踐對己、對他人、對萬物之種種善行與作為。也許這致道的過程係孤單而任重道遠，而則如能真實地面對自我，而不限於追求為人所知、所用之虛假現實中，那麼不僅此人格、德行為真，此生命之一切所欲、所為亦當真實存在矣！

四、社會服務的正確觀念和做法

就本項所重「治國、平天下」之社會性、政治性的廣義道德觀念與做法，吾人亦分就個人、國家、天下三方向來探討《論語》提示吾人之主張：

（一）為政以德

在〈為政第二・第一章〉中孔子說道：

　　為政以德。譬如北辰，居其所，而眾星共之。〔註373〕

對於孔子而言：治理國家與領導人民之最首要者，非在法令律曆制度的完善建立，而在於以德行修養來影響人民，使人民心悅誠服。在孔子心中，「政」之事若只完全在對「物」之規律制度之訂定與執行上面，那麼便將陷入將人民百姓視之如「物」的矇蔽、謬誤中，而非在於將人當做「人」地對待之，

〔註371〕同註2，（魏）何晏注、（宋）邢昺疏《論語・里仁第四》，頁38。
〔註372〕同註2，（魏）何晏注、（宋）邢昺疏《論語・泰伯第八》，頁71。
〔註373〕同註2，（魏）何晏注、（宋）邢昺疏《論語・為政第二》，頁16。

如此便將喪失其本來即為「為人」所設、所立之本意。〔註374〕

　　而則，德行修養既建立在個人之所以為、如何作為上，那麼該如何引之於為政？是以孔子提出：「譬如北辰，居其所，而眾星共之。」〔註375〕表示一個為政者，不能單是只將為政之事建立在制度上，而更要發揮自身的德行，使其他有德之賢士共同輔之，那麼他不僅以自身德行之光明，照耀引導人民走向德行之光明，更因自己居北辰之樞紐而寂然不動，是以更能帶動夜空中其他光明德行之賢士共為輔之，共同照亮人民、百姓之光明德行，使百姓皆能遷過向善，而共同走入人類之真實光明。

　　是以，「為政以德」提示吾人：就算是面對此界中所有的他人、他事，人之所以能為「政」之事，非在藉由法律所令定之權利與力量來對待他人，因這將使人陷入「物化」之險地；為「政」之道，重點仍在於以人的立場，來對待所有之他人、他物，由根源於自心之「自覺」上，真實的面對自己、他人與一切所有，藉由德行之光明，帶動賢士之輔佐，照耀眾人、且成就眾人之向善與行善，藉由行德以真正行「政」之道，那麼，這便是「為政以德」根本意義之所在矣！

（二）禮讓為國

　　國家是每個人體現其歸屬感之最大實在體，亦是每個立志成為一真實人者，而實踐其德行、所能作為諸事中之最大者。為國之道，在於「禮讓」，主由下列二點可得：

1、在〈先進第十一・第二十五章〉孔子與門人之對話中：

　　子路、曾皙、冉有、公西華侍坐。子曰：「以吾一日長乎爾，毋吾以也。居則曰：『不吾知也！』如或知爾，則何以哉？」

　　子路率爾而對曰：「千乘之國，攝乎大國之間，加之以師旅，因之以饑饉，由也為之，比及三年，可使有勇，且知方也。」夫子哂之。……

　　……三子者出，曾皙後。曾皙曰：「夫三子者之言何如？」子曰：「亦各言其志也已矣！」曰：「夫子何哂由也？」曰：「為國以禮，其言不讓，是故哂之。」……〔註376〕

其意略謂：「子路、曾皙、冉有、公西華等人陪坐於孔子身旁。孔子要弟子們

〔註374〕同註6，譚家哲先生著《論語與中國思想研究》，頁121～122。
〔註375〕同註2，（魏）何晏注、（宋）邢昺疏《論語・為政第二》，頁16。
〔註376〕同註2，（魏）何晏注、（宋）邢昺疏《論語・先進第十一》，頁100～101。

說說各人將來想要發展的政治理想與抱負。子路率先不假思索地答道：擁有一千輛兵車的國家，被大國所脅迫，國外受到軍事威脅侵伐，而國內又發生飢荒。讓我來治理它，只要三年，可以使老百姓勇敢，而且懂得一些大道理。孔子聽了以後微微一笑。……在四個門人相繼提出個人抱負與理想後，子路、冉有、公西華三人便各自離去，曾皙繼續請教孔子對其他三位門人之看法，其中曾皙問道：夫子為何要笑仲由？孔子則回答說：治理國家以禮讓為最根本，可是他的談吐卻一點兒也不相讓，所以才會笑他。……」此中可見到子路好勇無謀的習性，與孔子所主張的「禮讓」之道是兩相對比的。

　　2、在〈里仁第四・第十三章〉中，孔子如是說道：

　　　　子曰：能以禮讓為國乎，何有？不能以禮讓為國，如禮何？〔註377〕

此意謂：「為國之事如果能以禮讓行之，那麼還有什麼是不可能實現的事？而假設為國之事不能以禮讓來行之，那麼這大事相對於人類生存所面臨最重要的禮儀，又有何意義與價值？」是以，吾人可確定治理國家大事，仍以禮讓為先。

　　孔子看得很明白，治理國家的根本在「禮讓」，這才是國家長久生存之大計。不管是個人之所治理國家、抑或國家相互之間的相處，如能以實際的行動、真誠而謙虛的互相面對，那麼雙方必能在互信互諒的基礎下，創立出彼此間能共存共榮的大同世界；而相反者，如果你不讓我、我不讓你，那麼大家一定會走向你爭我奪、互相殘殺的局面，如此不僅國家衰敗，更讓百姓無以平安維生。

　　是以，孔子「禮讓為國」的主張，意在人之治國、國與國間之平等、和諧對待，如與老子「大國者下流（謙下靜柔）」之主張相看，則二人看法實又異曲而同工矣！

（三）天下有道

　　《論語》全書中「天下」一詞共 23 次，大部分與老子《道德經》一樣皆是指稱現在吾人一般所稱之「天下」或「世界」（the world）之概念；有趣的是，兩個人都希望「天下有道」的太平歲月，期望天下百姓都能在「有道」之情況下，大家都過著安和樂利的生活。

　　而則，老子於《道德經・第四十六章》所云之：「天下有道，卻走馬以糞；天下無道，戎馬生於郊。」〔註378〕指出：天下的有道，在於老子心目中之聖

〔註377〕同註 2，（魏）何晏注、（宋）邢昺疏《論語・里仁第四》，頁 37。
〔註378〕同註 28，（晉）王弼著、（唐）陸德明釋文《老子道德經注・第四十六章》，

人，以老子之「道」（無欲、柔弱、虛靜、無爲、不爭等諸性格）來治理天下，
而能讓戰馬解甲歸田以幫助人民農耕；而天下之無道，則非聖人之治道，因
國家之間戰亂頻仍，致使馬匹流落於郊野中生產。

那麼孔子的「天下有道」又爲何景象？在〈季氏第十六・第二章〉中，
孔子說道：

> 天下有道，則禮樂征伐自天子出；天下無道，則禮樂征伐自諸侯出。
> 自諸侯出，蓋十世希不失矣；自大夫出，五世希不失矣；陪臣執國
> 命，三世希不失矣。天下有道，則政不在大夫。天下有道，則庶人
> 不議。〔註379〕

其意謂：「天下太平世道清明之時，則制禮作樂和出兵征伐的權力都出自於天
子。天下昏亂世道黑暗之時，則制禮作樂和出兵征伐的權力都出自於諸侯。
如果出自於諸侯的決定，那麼這個國家大約再傳至十代，就很少有不滅亡的；
如果出自大夫的決定，那麼這個國家大約再傳至五代，就很少有不滅亡的；
如果由大夫的家臣把持了國家的政權，那麼這個國家大約再傳至三代，就很
少有不滅亡的。天下太平世道清明的時候，那麼國家最高的政令就不會出自
於大夫手中。世道清明天下太平的時候，那麼老百姓就不會去議論政治了。」
此中指出，治理天下之權力在於天子之手中，不管是禮樂制度、抑或出
兵征伐，如果政令之權落入諸侯、大夫甚或大夫之家臣手中，那麼整個國家
少有不因爭奪而導致滅亡的。是以所謂之天下太平，在於國家無亂臣賊子竊
奪天子權位、在於百姓不受政府之擾亂而不需議論朝政。那麼，只有這兩樣
就足稱天下太平嗎？恐怕不然，孔子一向主張實事求是的態度於作爲，當有
其更理想、更積極的天下太平之景。

就孔子而言，自堯、舜、禹、湯而至文、武、周公諸聖王、聖臣之教化
典範，一直是孔子所讚歎不已的，如：〈泰伯第八・第十八章〉孔子說道：「巍
巍乎，舜禹之有天下也，而不與焉。」〔註380〕他認爲：舜帝、大禹之所以擁
有天下且崇高而偉大，並非在別人所給與，而是由於他們眞實努力的崇高德
行所致成！另外，在〈泰伯第八・第二十章〉中，亦有如是描述：

> 舜有臣五人，而天下治。武王曰：「予有亂臣十人。」孔子曰：「『才

頁 28～29。
〔註379〕同註2，（魏）何晏注、（宋）邢昺疏《論語・季氏第十六》，頁 147。
〔註380〕同註2，（魏）何晏注、（宋）邢昺疏《論語・泰伯第八》，頁 72。

難』，不其然乎？唐虞之際，於斯爲盛，有婦人焉，九人而已。三分

　天下有其二，以服事殷，周之德，其可謂至德也已矣！」〔註381〕

其意謂：舜帝因五位賢臣之輔政而得天下大治，而周武王因十位賢臣之輔佐
治理，使周天子得了天下三分之二的民心所擁戴，雖如此，周朝仍能以諸侯
之禮服事殷朝，所以周朝的人才之興盛與德行之高操，可以說到了最高點。
這也表示，治國者能以眞誠負責的態度，來實踐與發揮其眞實無欺的德行，
那麼不僅能帶動賢士之輔佐，治理國家政事，且更能以致高之德行，照耀眾
人、且成就眾人之向善與行善。

　那麼天下太平的「聖王之治」究竟要如何作爲呢？在〈堯曰第二十・第
一章〉中寫道：

　堯曰：「咨！爾舜！天之曆數在爾躬，允執其中！四海困窮，天祿永

　終。」舜亦以命禹。

　曰：「予小子履，敢用玄牡，敢昭告於皇皇后帝：有罪不敢赦，帝臣

　不蔽，簡在帝心！朕躬有罪，無以萬方；萬方有罪，罪在朕躬。」

　「周有大賚，善人是富。」「雖有周親，不如仁人；百姓有過，在予

　一人。」

　謹權量，審法度，修廢官，四方之政行焉。興滅國，繼絕世，舉逸

　民，天下之民歸心焉。

　所重：民、食、喪、祭。

　寬則得眾，信則民任焉，敏則有功，公則說。〔註382〕

吾人試譯其意如次：

　堯帝讓位給舜帝時說：「哦！舜呀！上天安排帝王相繼的天命次序，已經
降臨在你身上了，你應該要忠實地堅持不偏不倚的中庸之道，擔負起所該擔
當的重責大任。記得呀！如果因爲你的治理，反而使得天下、四海人民因而
窮困貧苦的話，那麼你這上天所賜的祿位，也將永遠結束而不復存了。」而
舜帝讓位給大禹時，也以同樣的話來告誡大禹。

　商湯伐桀時，對天禱祭說：「我這個後輩小子履，斗膽用黑色的公牛來當
作祭品，謹愼恭敬的明告您這光明而偉大的天帝：只要是有罪的人，我絕對
不敢擅自輕易地赦免他，而這天下的賢士，我也不敢隱蔽他們，由您的自心

〔註381〕同註2，（魏）何晏注、（宋）邢昺疏《論語・泰伯第八》，頁72～73。

〔註382〕同註2，（魏）何晏注、（宋）邢昺疏《論語・堯曰第二十》，頁178。

來選用他們吧！如果我自身有罪，請您不要牽連到天下百姓；如果天下百姓有罪，那麼罪過都由我一人承擔。」

周武王說道：「周朝得到了上天極大的恩賜，賢能的善人最多。」又說：「我雖然有至親的人，但不如有仁德的賢人；老百姓如果有什麼過錯，這責任都在我一人身上。」

政府謹慎地審定量、衡的制度，重新恢復廢缺的官職，政令便能達諸四方而通行無阻了。復興被滅亡的國家，承續已斷絕的世系，提拔舉用隱逸的賢人，那麼天下的百姓便真心實意歸服、朝廷了。

古代賢聖帝王所重視的是：人民、糧食、喪禮、祭祀四件大事。

寬厚的待下，就能得到大眾衷心的擁護；誠信的待下，就會得到百姓的信賴。做事勤敏，就會取得功績；施政公平，人民自然心悅誠服。

由上可知此中所闡釋之重點如下：

1、對堯、舜等諸聖王而言，其統治百姓之政權表面上雖源自於「天命」，然而卻更重視其個人以其真實履踐真誠、光明、公正而無欺的「中庸至德」，來帶動賢士之輔政，照耀百姓、且成就眾生之向善與行善。如果因其失德、失道之治理而致使天下蒼生貧苦無依、民不聊生，那麼這「天命」之政權勢必因之而轉移消逝。是故「聖王之治」，仍重在「人治」、亦即是否以其真實，真實的面對自己、他人、他事，那麼天下太平之理想，才有可能成真而實現。

2、「重用賢士」、「過咎責己（反求諸己）」是諸聖王之所以能長治久安之根本，以恭敬謹慎的態度來處理國家大事，那麼自能拱垂天下以治，且得萬民擁戴、國富民安。

3、對於人民的治理，重點在「謹權量」、「審法度」、「修廢官」三事，度量衡統一則經濟平穩發展，禮樂法制統一則百姓行不踰矩，恢復廢缺官職則人民有所依順，藉由人事、制度的統一，讓百姓、子民身心得以安措、自立，行事有所依循，便不再受繁令之騷擾、壓迫，那麼政令焉得不通行。

4、對待其他諸國，貴在「興滅國」、「繼絕世」、「舉逸民」，依於「仁道」而對他國履行「濟弱扶傾」之作為，此亦即實踐「禮讓為國」之積極相待他國之法。

5、立國根本所重，在於對「人民」、「糧食」、「喪禮」、「祭祀」四件大事

之積極謹愼、務實履踐其所當行之作爲，此乃國家長治久安之根本，亦惟由帝王之忠實篤行，「禮義之治」方得致極。

6、統治者應有之德行，在於對於其所統治之人，眞實的實踐「寬、信、敏、公」的德行與作爲；惟此眞誠篤行以待己、待他、處世之善行與作爲，方是人之堪足稱爲「人」之原因所在，亦是「人」存在之價值根本。

總就《論語》中「天下有道」觀之，實現「聖人治國」之道，方是孔子心目中天下太平之理想，因於諸侯、大夫、家臣的竊國竊位，致使天下不得安寧、百姓不得安康，是以天下太平之景不易存在於現實生活中；而則對個人行一己之眞實，以眞實的態度篤行實踐善的德行與作爲，於自己、於待他、於處世、於治國、於天下一切，先盡己、而推己及人，而仍無以改變其善念與作爲，這對於孔子來說，這才是其一貫不變的仁德、也是其終極的仁道。

五、合理的人生觀與世界觀

透由人類獨特的理性思考反省（自覺）能力，使人們能探索出對應於此界時、空所當有「對我」與「對他」之系統觀感與作爲，此即「人生觀」與「世界觀」。

對人類眞善美之至極生活追求來說，一個具有完整體系思想之「人生觀」與「世界觀」，若無法眞實實踐於生活經驗中，亦屬枉然虛論。是以，本處探討《論語》中之「人生觀」與「世界觀」，吾人不得不再次重申孔子所云：「學而不思則罔，思而不學則殆。」〔註383〕惟透由不斷的「學而時習之」，〔註384〕才能眞實呈現此一生命於此世間。

（一）《論語》之人生觀

吾人論人生觀，當亦如前章先探討《論語》書中對人之看法，而後接續討論其「人生觀」。由於孔子之「道」講求力行實踐之功夫修養，是以依其「仁道」爲整個思想體系之中心所在，而推展出能「學以致道」之「聖人」、「君子」、「士」、「大人」或「成人」等種種不同之人格面貌。就此諸人格特質，王美蘭先生嘗以「時際人」、「全人」、「太陽人」與「公德奠基人」等諸形容

〔註383〕同註2，（魏）何晏注、（宋）邢昺疏《論語・爲政第二》，頁18。
〔註384〕同註2，（魏）何晏注、（宋）邢昺疏《論語・學而第一》，頁5。。

探討之：〔註385〕

1、「時際人」

相對於老子之道因具「超越性」、「永恆性」之普遍原則，而成為具「超時空」、「超經驗」性格之「太空人」。孔子之道，則要將一切事物，舉凡自然之生命、個人之發展、社會之演變、價值之體現，投注在時間與境遇之中，而使之真實存在而成為一「時際人」。

「時際人」之特質表現，主在人能自覺並實踐「順時應變」（通權達變）與「承先啟後」二種特質。

就「順時應變」（通權達變）上，因為時間的本質在於不斷變易，是以人要不固執，並藉守常以應變之。而孔子守常以應變之思想精神，可於下述幾點以見其概：

（1）經權原則：經者，常也；表示人必須信守常理常道。權者，審度事勢以衡量本末先後輕重緩急之謂。儒家守經以通權，故能順時變革，因應事機。所以，孔子說：「君子之於天下也，無適也，無莫也，義之與比。」；〔註386〕「可與共學，未可與適道；可與適道，未可與立；可與立，未可與權。」；〔註387〕「邦有道，則仕；邦無道，則可卷而懷之。」。〔註388〕孔子不固執，不預先決斷自己的行動方式，可以仕則仕，可以止則止，是故孟子稱其為「聖之時者也。」。〔註389〕

（2）因革損益，以得時中。孔子言三代之禮，有因有損有益。〔註390〕因，是因襲承續，損，是去除多餘，益，是補其不足。再加上革命維新之義，合成因革損益。如能運用此一隨宜變應之道，當能日新又新。

就「承先啟後」上，孔子一再提及堯、舜、周公等聖王為最佳之人格典

〔註385〕 參見王美蘭撰，《老、孔道德思想之比較及其教育實踐》，頁71～83，國立東華大學教育研究所碩士論文，2001年6月。以下所引「時際人」、「全人」、「太陽人」與「公德奠基人」等諸名詞探討內容亦同此出。

〔註386〕 同註2，（魏）何晏注、（宋）邢昺疏《論語·里仁第四》，頁37。

〔註387〕 同註2，（魏）何晏注、（宋）邢昺疏《論語·子罕第九》，頁81。

〔註388〕 同註2，（魏）何晏注、（宋）邢昺疏《論語·衛靈公第十五》，頁138。

〔註389〕 參見（宋）朱熹註，《四書集注·孟子集注卷十·萬章章句下·第一章》，頁756，臺北市：藝文印書館，1999年9月初版七刷。

〔註390〕 此見〈為政第二·第二十三章〉：「子張問：十世可知也？子曰：殷因於夏禮，所損益可知也。周因於殷禮，所損益可知也。其或繼周者，雖百世可知也。」同註2，（魏）何晏注、（宋）邢昺疏《論語·為政第二》，頁19。

範，如：〈泰伯第八‧第十九章〉云：「大哉，堯之爲君也！巍巍乎，唯天爲大，唯堯則之！蕩蕩乎，民無能名焉！」；﹝註391﹞〈泰伯第八‧第十八章〉云：「巍巍乎，舜禹之有天下也，而不與焉。」；﹝註392﹞〈泰伯第八‧第二十章〉云：「三分天下有其二，以服事殷，周之德，其可謂至德也已矣！」；﹝註393﹞〈泰伯第八‧第二十一章〉云：「禹，吾無閒然矣！菲飲食，而致孝乎鬼神；惡衣服，而致美乎黼冕；卑宮室，而盡力乎溝洫。禹，吾無閒然矣！」﹝註394﹞……等等。此諸想法似乎意味他總是反觀過去。然而究實而論，此乃是他在尋求理想的人格，而非訴求超自然的存有（老子之道）所致。

2、「全人」

相對於老子「如嬰兒、愚人般」的眞人，孔子除了側重人的本質之外，亦在乎的是人的學習面向，《論語》有云：

> 子路問成人。子曰：「若臧武仲之知，公綽之不欲，卞莊子之勇，冉求之藝，文之以禮樂，亦可以爲成人矣！」﹝註395﹞

> 子曰：「質勝文則野，文勝質則史。文質彬彬，然後君子。」﹝註396﹞

從以上兩章可以發現，孔子認爲一個人光有「質」是不夠的，還要加之以「文」（指外在的「禮節儀文」），只有文質彬彬（內外雙全），才是一個完整、完全的理想人格，此才稱之爲「全人」。是以就老子的眞人來看，其在孔子眼裡或許只是「全人」之一半罷了。

孔子因爲重「文」，故強調「學」的重要性。所以孔子說：「不學禮，無以立！」。﹝註397﹞再則，孔子又說：「吾十有五而志於學；三十而立；四十而不惑；五十而知天命；六十而耳順；七十而從心所欲，不逾矩。」﹝註398﹞此表示，在孔子看來，與其追逐著欲求的滿足而虛度此生命，倒不如去眞實的面對生命階段的種種歷程，是以其「十有五而志於學」更在勉勵吾人發憤向學、勇於追求與實踐人之所以爲人之眞實性，並成就這一眞實的生命，這亦

﹝註391﹞同註2，（魏）何晏注、（宋）邢昺疏《論語‧泰伯第八》，頁72。
﹝註392﹞同註2，（魏）何晏注、（宋）邢昺疏《論語‧泰伯第八》，頁72。
﹝註393﹞同註2，（魏）何晏注、（宋）邢昺疏《論語‧泰伯第八》，頁72～73。
﹝註394﹞同註2，（魏）何晏注、（宋）邢昺疏《論語‧泰伯第八》，頁73～74。
﹝註395﹞同註2，（魏）何晏注、（宋）邢昺疏《論語‧憲問第十四》，頁125。
﹝註396﹞同註2，（魏）何晏注、（宋）邢昺疏《論語‧雍也第六》，頁54。
﹝註397﹞同註2，（魏）何晏注、（宋）邢昺疏《論語‧季氏第十六》，頁150。
﹝註398﹞同註2，（魏）何晏注、（宋）邢昺疏《論語‧爲政第二》，頁16。

就是「學以致其道」〔註399〕的眞實所在。當然，孔子這種由「學」成道、成德的途徑方法，是與老子由「反」而成道、成德係完全不同的。

3、「太陽人」

老子所希望的人為一陰柔、內斂而不光燿的人格理想與人生態度，此柔和而靜謐，就如懸在夜空中之月亮一般，雖發出光亮，卻不刺眼耀人，是即構成了「月亮人」之特質。

孔子與之相反，反而強調「顯」的重要，不過，其「顯」並非「強為之行」的顯，而是「行其所當行」的顯；孔子的「仁」與「禮」，正是「發顯於外」的最好表現方式。正因此種「行其所當行」，所以大致上呈現出「太陽人」的四種樣貌：

（1）坦蕩光明

對一個志求於生命眞實的人而言，由於其眞，所以不為虛情假意、不作表裡不一，故心中能坦然面對於一切所有，更能無愧於天地、父母之所生。是以，孔子說：「君子坦蕩蕩」，〔註400〕此種眞實之人，於心志總是心懷寬廣、光明磊落；於處事上更能謙虛好禮、不恥下問，甚而對於他人的冒犯總不願去計較，一如曾子所言：「以能問於不能，以多問於寡，有若無，實若虛，犯而不校（計較）。」〔註401〕這就是如此坦蕩光明、而寬宏大量。

（2）樂觀開朗

一個眞實的人，身處生活週遭的逆境中，是不會因此而改變其樂觀向上與向善的積極意念的。如〈述而第七·第十八章〉中孔子曾自說：「其為人也，發憤忘食，樂以忘憂，不知老之將至」、〔註402〕在〈述而第七·第十五章〉孔子也說：「飯疏食飲水，曲肱而枕之，樂亦在其中矣。」；〔註403〕甚至於孔子還稱讚顏淵：「賢哉回也！一簞食，一瓢飲，在陋巷，人不堪其憂，回也不改其樂。賢哉回也！」。〔註404〕就此看來，孔子所抱持的人生觀是樂觀而開朗的，就如同其所主張之：「貧而樂，富而好禮」〔註405〕一般，其所樂觀的人生，不

〔註399〕同註2，（魏）何晏注、（宋）邢昺疏《論語·子張第十九》，頁171。
〔註400〕同註2，（魏）何晏注、（宋）邢昺疏《論語·述而第七》，頁65。
〔註401〕同註2，（魏）何晏注、（宋）邢昺疏《論語·泰伯第八》，頁71。
〔註402〕同註2，（魏）何晏注、（宋）邢昺疏《論語·述而第七》，頁62。
〔註403〕同註2，（魏）何晏注、（宋）邢昺疏《論語·述而第七》，頁62。
〔註404〕同註2，（魏）何晏注、（宋）邢昺疏《論語·雍也第六》，頁53。
〔註405〕同註2，（魏）何晏注、（宋）邢昺疏《論語·學而第一》，頁8。

僅只「樂於生」或「生活愉快」而已，更必須是一種積極奮鬥的人生，而非消極享受的人生。

（3）積極進取

在〈憲問第十四・第四十一章〉中有如是記載：

> 子路宿於石門。晨門曰：「奚自？」子路曰：「自孔氏。」曰：「是知其不可而爲之者與？」〔註406〕

孔子之所以會始終堅守著「知其不可而爲之」的態度，乃是因其始終懷抱著一個讓天下能夠太平、人民能夠安和樂利的理想與希望，這在〈微子第十八・第六章〉其所說：「鳥獸不可與同群！吾非斯人之徒與而誰與？天下有道，丘不與易也。」〔註407〕乙句中可以清楚明白的。而就一般人來說，如果能夠眞實地對善的德業、學識隨時都做到「學而時習之」，〔註408〕那就是已對生命表現「積極進取」的作爲了

（4）恒毅剛強

孔子說道：「見義不爲，無勇也。」、〔註409〕「君子無終食之間違仁，造次必於是，顚沛必於是。」、〔註410〕「三軍可奪帥也，匹夫不可奪志也。」、〔註411〕「志士仁人，無求生以害仁，有殺身以成仁。」〔註412〕……等諸語；在此中看來，孔子認爲，一個眞誠的人，除了要具備「智」與「仁」外，「勇」也是不可或缺的，是以他才說：「勇者不懼」。〔註413〕勇非無謀、無禮之小勇，是仁人君子所具備的大勇，惟有眞正具備大勇的人，才能在層層考驗之中，顯現出百折不撓的意志力，才能眞正成就此一生。

4、「公德奠基人」

面對當時盜賊、飢餓、暴亂、欺詐等之社會現實問題，老子認爲由於人的私欲宰制以致造成社會失序難安，是以力倡「無欲」以透破世俗名利束縛，讓人身心能眞正獲得解脫。另外，他也排斥「名」而贊成「無名」，正因老子看清

〔註406〕同註2，（魏）何晏注、（宋）邢昺疏《論語・憲問第十四》，頁130。
〔註407〕同註2，（魏）何晏注、（宋）邢昺疏《論語・微子第十八》，頁165。
〔註408〕同註2，（魏）何晏注、（宋）邢昺疏《論語・學而第一》，頁5。
〔註409〕同註2，（魏）何晏注、（宋）邢昺疏《論語・爲政第二》，頁16。
〔註410〕同註2，（魏）何晏注、（宋）邢昺疏《論語・里仁第四》，頁36。
〔註411〕同註2，（魏）何晏注、（宋）邢昺疏《論語・子罕第九》，頁81。
〔註412〕同註2，（魏）何晏注、（宋）邢昺疏《論語・衛靈公第十五》，頁138。
〔註413〕同註2，（魏）何晏注、（宋）邢昺疏《論語・子罕第九》，頁81。

一般人一生追逐虛名而喪失自己本性，是以他要人反求自身，務使自我不為虛名所膨脹而遠離真實自我，惟此人心方能海闊天空，得到真正之自由解脫。

相對於老子的「無名」，孔子的人文化成之道則是安放在「必也正名乎！」的禮制中，其「正名」的思想係針對當時社會失序現象而發，因失序社會所呈現舊有規範失效的弊端，而使得孔子欲由禮教著手，來尋回舊時之規範。在〈子路第十三・第三章〉中子路與孔子有如是對話：

> 子路曰：「衛君待子而為政，子將奚先？」
>
> 子曰：「必也正名乎！」
>
> 子路曰：「有是哉，子之迂也。奚其正？」
>
> 子曰：「野哉，由也！君子於其所不知，蓋闕如也。名不正，則言不順；言不順，則事不成；事不成，則禮樂不興；禮樂不興，則刑罰不中；刑罰不中，則民無所措手足。故君子名之必可言也，言之必可行也。君子於其言，無所苟而已矣！」〔註414〕

不僅是衛國、當時許多國家領導者，皆普遍性地違背「君君、臣臣、父父、子子」〔註415〕之最基本倫常，是以孔子在此處所論之「正名」不單是指責衛國國君違背倫常之虛假，亦在體醒在位者如果倫理既失，那麼所有為政的一切舉措亦必會因虛假不真而出現偏差。是故，孔子嚴正表明「為政在先正名」的立場，期望所有的人因為「正名」而能恰當的表現出其名份所當有的行為舉止，這樣就能恢復到「君君，臣臣，父父，子子。」〔註416〕的狀態，不論是立足在家庭與社會上，每個人都能真實而恰如其分扮演好其角色。

而孔子之所以會「正名」，與其本身所涵存之「社會公德心」著實密不可分。所謂「社會公德」指的是一個社會的全體公民，為維護社會正常生活秩序，而要共同遵守的公共生活中的社會規範；而由孔子所立的「仁」與「禮」就是為人類社會公德所鋪設的兩塊奠基石。〔註417〕「仁」與「禮」是構成君子所不可或缺的兩要素，需內外兼修、且缺一不可。

由於孔子的道德思想，基本上承傳自周公「親親」、「尊尊」的人倫道統，再加上孔子的基源問題為「如何維持社會生活秩序？」，是以孔子更重視人與

〔註414〕同註2，（魏）何晏注、（宋）邢昺疏《論語・子路第十三》，頁115。

〔註415〕同註2，（魏）何晏注、（宋）邢昺疏《論語・顏淵第十二》，頁108。

〔註416〕同註2，（魏）何晏注、（宋）邢昺疏《論語・顏淵第十二》，頁108。

〔註417〕參見劉立林撰〈孔子——人類社會公德的奠基人〉，《孔孟月刊》第32卷第2期，頁13～21。

人之間的社會性關係與和諧，每個人不僅要有內心修養的境界、又要有社會實踐的事功。因之孔子講「仁」、講「禮」，大都係針對「人與人之間適當關係之實現」來說的，前一個「人」是指個人，後二個「人」則是指他人、或由他人所組成的群體。因之，所謂的「適當關係」，在一個人遇到父母時，展視為「孝」；遇到朋友時，展示為「信」；遇到國家時，展示為「忠」，〔註418〕如果人人都能遵循這樣的社會規範，社會必然和諧。

綜而論之，吾人就孔子心中因「學以致道」所展開之「時際人」、「全人」、「太陽人」與「公德奠基人」等諸性格探討後，可以察覺到：「時際人」之特質主在人能自覺並實踐「順時應變」（通權達變）與「承先啟後」二種特質，藉由反觀過去，且對現時所有隨時因革損益，並藉守常以應變之；「全人」之特質則在成為一個文質彬彬、內外雙全，完整且完全之理想人格；「太陽人」之特質表現於「行其所當行」的顯，由此而呈現出「坦蕩光明」、「樂觀開朗」、「積極進取」、「恒毅剛強」等四種像貌與行為特徵；「公德奠基人」則藉由「正名」使人安立於「仁」與「禮」兩塊社會公德奠基石中，由「人與人之間適當關係之實現」那麼人人都自然能遵循社會規範，而使社會趨於和諧。吾人必須再次強調，孔子此四種特質人格之「人生觀」均奠基於人文化成而所展現，亦即，如未透過「學而時習之」的篤行實踐，那麼這些仍都是枉然空談。

（二）《論語》之世界觀

一如老子《道德經》一般，《論語》全書中亦未見任何一「世界」或「宇宙」之詞句，為避免就此定論《論語》無世界觀、抑或宇宙觀，而陷入獨斷之危境，吾人將依循前章對老子《道德經》所探討模式，就此一「世界」中所包含「萬物」、「天地」、「人間」、以及諸等之所以存在之「道（理）」等，分別就《論語》全書探討其「萬物觀」、「天地觀」、「人間觀」和「道觀」後，再行總論其世界觀。

1、《論語》之萬物觀

《論語》全書中完全沒有「萬物」一詞，只有在〈陽貨第十七·第十九章〉中以「百物」一詞而當「萬物」用，其文如下：

> 子曰：「予欲無言！」子貢曰：「子如不言，則小子何述焉？」子曰：

「夫何言哉？四時行焉，百物生焉，夫何言哉？」〔註419〕

就此一篇章來說，主要在探討人面對眞實者（不論是人、或物、或天）時，其本身即以無言無我、自然而然地、默默而眞實的作爲，那麼此根本不需由外人再妄加言語，或是再虛僞造作的。是以，此中「百物」可當「萬物」來解，而與吾人一般平常所說之萬物並無不同。

而就孔子所說：「四時行焉，百物生焉」〔註420〕文句來看，似乎看不出萬物之生成、運行有何獨特處。是否就如同〈公冶長第五・第十三章〉中子貢所說：「夫子之文章，可得而聞也。夫子之言性與天道，不可得而聞也。」〔註421〕或許由於孔子所傳授之重點在於「如何成爲一個眞實的正人君子」，以至於對於自然本就眞實存在的事物，包含人性與天道，基本上孔子是不願意多談的，是否如此？仍待日後釐清。

2、《論語》之天地觀

就《論語》書中之天地觀而論，吾人主要依據「天」、「地」和「天地」等之重要觀念或詞句加以討論，而與此諸等有所關聯者，則爲「天下」一詞。爲便釐析，吾人亦先就《論語》書中具「天下」一詞之23個章句，及此章句中「天下」一詞之意義加以臚列如下：

（1）〈八佾第三・第十一章〉：「或問禘之說。子曰：不知也。知其說者之於天下也，其如示諸斯乎？指其掌。」〔註422〕

此中「天下」一詞當作「人間世」或「世人」之解。

（2）〈八佾第三・第二十四章〉：「儀封人請見，……出曰：「二三子，何患於喪乎？天下之無道也久矣，天將以夫子爲木鐸。」〔註423〕

此中「天下」一詞當作「人間世」或「世人」之解。

（3）〈里仁第四・第十章〉：「子曰：君子之於天下也，無適也，無莫也，

〔註419〕同註2，（魏）何晏注、（宋）邢昺疏《論語・陽貨第十七》，頁157。
　　　　另，譚家哲先生提及：《魯論》本用「夫」字，非如《古論》用「天」字，「四時行焉，百物生焉」固然亦是天自然之事，但在講述這不造作而眞之情況下用「天」子，反有突顯天怎樣造作之意味，如歸爲一主體之行動那樣，故實有違自然而眞實之本義，《魯論》之「夫」字，雇用意更正確。同註6，譚家哲先生著《論語與中國思想研究》，頁457～461。
〔註420〕同註2，（魏）何晏注、（宋）邢昺疏《論語・陽貨第十七》，頁157。
〔註421〕同註2，（魏）何晏注、（宋）邢昺疏《論語・公冶長第五》，頁43。
〔註422〕同註2，（魏）何晏注、（宋）邢昺疏《論語・八佾第三》，頁27～28。
〔註423〕同註2，（魏）何晏注、（宋）邢昺疏《論語・八佾第三》，頁31。

義之與比。」〔註424〕

此中「天下」一詞當作「邦域」之解。

（4）〈泰伯第八・第一章〉：「子曰：泰伯，其可謂至德也已矣。三以天下讓，民無得而稱焉。」〔註425〕

此中「天下」一詞當作「人間世」、或特定政治意涵之「邦域」等諸義。

（5）〈泰伯第八・第十三章〉：「子曰：……天下有道則見，無道則隱。……」〔註426〕

此中「天下」一詞當作「人間世」、或特定政治意涵之「邦域」等諸義。

（6）〈泰伯第八・第十八章〉：「子曰：巍巍乎，舜禹之有天下也，而不與焉。」〔註427〕

此中「天下」一詞當作「人間世」、或特定政治意涵之「邦域」等諸義。

（7）〈泰伯第八・第二十章〉：「舜有臣五人，而天下治。武王曰：予有亂臣十人。孔子曰：『才難』，不其然乎？唐虞之際，於斯為盛，有婦人焉，九人而已。三分天下有其二，以服事殷，周之德，其可謂至德也已矣！」〔註428〕

此中「天下」一詞當作「人間世」、或特定政治意涵之「邦域」等諸義。

（8）〈顏淵第十二・第一章〉：「顏淵問仁。子曰：克己復禮為仁。一日克己復禮，天下歸仁焉。為仁由己，而由人乎哉？」〔註429〕

此中「天下」一詞當作「人間世」、「世人」或「邦域」等解。

（9）〈顏淵第十二・第二十二章〉：「子夏曰：富哉言乎！舜有天下，選於眾，舉皋陶，不仁者遠矣；湯有天下，選於眾，舉伊尹，不仁者遠矣。」〔註430〕

此中「天下」一詞亦當作「人間世」、「世人」或「邦域」等解。

（10）〈憲問第十四・第六章〉：「南宮适問於孔子曰：羿善射，奡盪舟，俱不得其死然。禹稷躬稼而有天下。夫子不答。」〔註431〕

此中「天下」一詞亦當作「人間世」、「世人」或「邦域」等解。

（11）〈憲問第十四・第十八章〉：「子曰：管仲相桓公，霸諸侯，一匡天

〔註424〕同註2，（魏）何晏注、（宋）邢昺疏《論語・里仁第四》，頁37。
〔註425〕同註2，（魏）何晏注、（宋）邢昺疏《論語・泰伯第八》，頁70。
〔註426〕同註2，（魏）何晏注、（宋）邢昺疏《論語・泰伯第八》，頁72。
〔註427〕同註2，（魏）何晏注、（宋）邢昺疏《論語・泰伯第八》，頁72。
〔註428〕同註2，（魏）何晏注、（宋）邢昺疏《論語・泰伯第八》，頁72～73。
〔註429〕同註2，（魏）何晏注、（宋）邢昺疏《論語・顏淵第十二》，頁106。
〔註430〕同註2，（魏）何晏注、（宋）邢昺疏《論語・顏淵第十二》，頁110。
〔註431〕同註2，（魏）何晏注、（宋）邢昺疏《論語・憲問第十四》，頁123。

下，民到于今受其賜」〔註432〕

此中「天下」一詞亦當作「人間世」、「世人」或「邦域」等解。

（12）〈季氏第十六・第二章〉：「孔子曰：天下有道，則禮樂征伐自天子出；天下無道，則禮樂征伐自諸侯出。自諸侯出，蓋十世希不失矣；自大夫出，五世希不失矣；陪臣執國命，三世希不失矣。天下有道，則政不在大夫。天下有道，則庶人不議。」〔註433〕

此中「天下」一詞亦當作「人間世」、「世人」或「邦域」等解。

（13）〈陽貨第十七・第六章〉：「子張問仁於孔子。孔子曰：能行五者於天下，爲仁矣。」〔註434〕

此中「天下」一詞亦當作「人間世」、「世人」或「邦域」等解。

（14）〈陽貨第十七・第二十一章〉：「宰我問：三年之喪，期已久矣！……子曰：予之不仁也！……。夫三年之喪，天下之通喪也，予也，有三年之愛於其父母乎？」〔註435〕

此中「天下」一詞亦當作「人間世」、「世人」或「邦域」等解。

（15）〈微子第十八・第六章〉長沮、桀溺耦而耕，孔子過之，使子路問津焉。……問於桀溺。桀溺……曰：「滔滔者，天下皆是也，而誰以易之？……」耰而不輟。……。夫子憮然曰：「鳥獸不可與同群！吾非斯人之徒與而誰與？天下有道，丘不與易也。」〔註436〕

此中「天下」一詞亦當作「人間世」、「世人」或「邦域」等解。

（16）〈子張第十九・第二十章〉子貢曰：「紂之不善，不如是之甚也。是以君子惡居下流，天下之惡皆歸焉。」〔註437〕

此中「天下」一詞亦當作「人間世」、「世人」或「邦域」等解。

（17）〈堯曰第二十・第一章〉云：「謹權量，審法度，修廢官，四方之政行焉。興滅國，繼絕世，舉逸民，天下之民歸心焉。」〔註438〕

此中「天下」一詞亦當作「人間世」、「世人」或「邦域」等解。

〔註432〕同註2，（魏）何晏注、（宋）邢昺疏《論語・憲問第十四》，頁127。
〔註433〕同註2，（魏）何晏注、（宋）邢昺疏《論語・季氏第十六》，頁147。
〔註434〕同註2，（魏）何晏注、（宋）邢昺疏《論語・陽貨第十七》，頁155。
〔註435〕同註2，（魏）何晏注、（宋）邢昺疏《論語・陽貨第十七》，頁157～158。
〔註436〕同註2，（魏）何晏注、（宋）邢昺疏《論語・微子第十八》，頁165。
〔註437〕同註2，（魏）何晏注、（宋）邢昺疏《論語・子張第十九》，頁173。
〔註438〕同註2，（魏）何晏注、（宋）邢昺疏《論語・子張第十九》，頁173。

吾人就以上臚列章句綜合論之，則《論語》全書中「天下」之定義多數作爲具有特定區域或目的範圍之「人間世」、「世人」或「邦域」等解，其中顯然透露出孔子的「天下」概念，亦有其「人文化成」之理想於其中。是否如此？吾人再接續討論之。

扣除「天下」一詞後，吾人接續由「天」〔註439〕和「地」〔註440〕等詞句，來探討孔子的看法。吾人先就《論語》書中具單一「天」字之章句，加以分別臚列如下：

（1）〈爲政第二・第四章〉：「子曰：吾十有五而志於學；三十而立；四十而不惑；五十而知天命；六十而耳順；七十而從心所欲，不逾矩。」〔註441〕

（2）〈八佾第三・第十三章〉：「子曰：不然。獲罪於天，無所禱也。」〔註442〕

（3）〈八佾第三・第二十四章〉：「儀封人請見，……出曰：……天將以夫子爲木鐸。」〔註443〕

（4）〈公冶長第五・第十三章〉：「子貢曰：……夫子之言性與天道，不可得而聞也。」〔註444〕

（5）〈雍也第六・第二十六章〉：「子見南子。子路不說。夫子矢之曰：予所否者，天厭之！天厭之！」〔註445〕

（6）〈述而第七・第二十二章〉子曰：「天生德於予，桓魋其如予何？」〔註446〕

（7）〈泰伯第八・第十九章〉子曰：「大哉，堯之爲君也！巍巍乎，唯天爲大，唯堯則之！蕩蕩乎，民無能名焉！巍巍乎，其有成功也！煥乎，其有文章！」〔註447〕

〔註439〕《論語》全書中，含有「天」一字而扣除「天下」一詞者，計26字，其中在〈八佾第三・第二章〉：『相維辟公，天子穆穆』及〈季氏第十六・第二章〉：「禮樂征伐自天子出」等二章爲「天子」一詞，專指國君、帝王，故純爲「天」一字者僅24字，共17章。

〔註440〕《論語》全書中，含「地」一字者僅3字，而全書中並無「天地」一詞。

〔註441〕同註2，（魏）何晏注、（宋）邢昺疏《論語・爲政第二》，頁16。

〔註442〕同註2，（魏）何晏注、（宋）邢昺疏《論語・八佾第三》，頁28。

〔註443〕同註2，（魏）何晏注、（宋）邢昺疏《論語・八佾第三》，頁31。

〔註444〕同註2，（魏）何晏注、（宋）邢昺疏《論語・公冶長第五》，頁43。

〔註445〕同註2，（魏）何晏注、（宋）邢昺疏《論語・雍也第六》，頁55。

〔註446〕同註2，（魏）何晏注、（宋）邢昺疏《論語・述而第七》，頁63。

〔註447〕同註2，（魏）何晏注、（宋）邢昺疏《論語・泰伯第八》，頁72。

（8）〈子罕第九・第五章〉子畏於匡。曰：「文王既沒，文不在茲乎？天之將喪斯文也，後死者，不得與於斯文也。天之未喪斯文也，匡人其如予何？」〔註448〕

（9）〈子罕第九・第六章〉：「……子貢曰：固天縱之將聖，又多能也。……」〔註449〕

（10）〈子罕第九・第十一章〉：「子疾病，子路使門人為臣。病閒，曰：久矣哉，由之行詐也！無臣而為有臣，吾誰欺？欺天乎？……」〔註450〕

（11）〈先進第十一・第八章〉：「顏淵死。子曰：噫！天喪予！天喪予！」〔註451〕

（12）〈顏淵第十二・第五章〉：「子夏曰：商聞之矣：『死生有命，富貴在天。』」〔註452〕

（13）〈憲問第十四・第三十七章〉：「……子曰：不怨天，不尤人，下學而上達，知我者，其天乎！」〔註453〕

（14）〈季氏第十六・第八章〉：「孔子曰：君子有三畏：畏天命，畏大人，畏聖人之言。小人不知天命而不畏也，狎大人，侮聖人之言。」〔註454〕

（15）〈陽貨第十七・第十九章〉：「……子曰：天何言哉？四時行焉，百物生焉，天何言哉？」〔註455〕

（16）〈子張第十九・第二十五章〉：「……子貢曰：……夫子之不可及也，猶天之不可階而升也。」〔註456〕

（17）〈堯曰第二十・第一章〉：「堯曰：咨！爾舜！天之曆數在爾躬，允執其中！四海困窮，天祿永終。」〔註457〕

就以上所臚列含「天」之章句來看，除了〈子張第十九・第二十五章〉：「猶

〔註448〕同註2，（魏）何晏注、（宋）邢昺疏《論語・子罕第九》，頁77。
〔註449〕同註2，（魏）何晏注、（宋）邢昺疏《論語・子罕第九》，頁78。
〔註450〕同註2，（魏）何晏注、（宋）邢昺疏《論語・子罕第九》，頁79。
〔註451〕同註2，（魏）何晏注、（宋）邢昺疏《論語・先進第十一》，頁97。
〔註452〕同註2，（魏）何晏注、（宋）邢昺疏《論語・顏淵第十二》，頁106。
〔註453〕同註2，（魏）何晏注、（宋）邢昺疏《論語・憲問第十四》，頁129。
〔註454〕同註2，（魏）何晏注、（宋）邢昺疏《論語・季氏第十六》，頁149。
〔註455〕同註2，（魏）何晏注、（宋）邢昺疏《論語・陽貨第十七》，頁157。
〔註456〕同註2，（魏）何晏注、（宋）邢昺疏《論語・子張第十九》，頁174。
〔註457〕同註2，（魏）何晏注、（宋）邢昺疏《論語・堯曰第二十》，頁178。

天之不可階而升也。」〔註458〕及〈公冶長第五‧第十三章〉「性與天道」〔註459〕二章含「自然之天」之性格外；天能「命」、〔註460〕能降「罪」、〔註461〕能「厭」、〔註462〕能「生德」、〔註463〕能「喪」、〔註464〕能「縱」、〔註465〕能使人「畏」〔註466〕……表示天能形種種諸事，那麼孔子之「天」必然為意志之天，且兼具「主宰」、「運命」、「義理」等諸性格。

接著吾人就《論語》書中具「地」一詞之章句，加以臚列如下：

（1）〈子罕第九‧第十八章〉：「子曰：……譬如平地，雖覆一簣，進，吾往也！」〔註467〕

（2）〈憲問第十四‧第三十九章〉子曰：「賢者辟世，其次辟地，其次辟色，其次辟言。」〔註468〕

（3）〈子張第十九‧第二十二章〉：「……子貢曰：文武之道，未墜於地，在人。……」〔註469〕

此中單一「地」之章句，顯然均為純然物質之概念，而不具任何意志性可言。

是以，總就《論語》中之「天地觀」而言，孔子之「天下」定義多數作為具有特定區域或目的範圍之「人間世」、「世人」或「邦域」等解，其中顯然透露出孔子的「天下」概念，亦有其「人文化成」之理想於其中。加以其「天」之單一字詞幾乎皆具有意志性，且兼具「主宰」、「運命」、「義理」等諸性格。是以我們可以說，孔子確實有運用「天」以強調「人文化成」之道德教育意涵於其中。至於「天地」是否與「萬物」有關，在《論語》書中並未申明，兩者亦無隸屬關係，或許也只能說，「萬物」在此「天地」中吧！

〔註458〕同註2，（魏）何晏注、（宋）邢昺疏《論語‧子張第十九》，頁174。
〔註459〕同註2，（魏）何晏注、（宋）邢昺疏《論語‧公冶長第五》，頁43。
〔註460〕同註2，（魏）何晏注、（宋）邢昺疏《論語‧為政第二》，頁16。
〔註461〕同註2，（魏）何晏注、（宋）邢昺疏《論語‧八佾第三》，頁28。
〔註462〕同註2，（魏）何晏注、（宋）邢昺疏《論語‧雍也第六》，頁55。
〔註463〕同註2，（魏）何晏注、（宋）邢昺疏《論語‧述而第七》，頁63。
〔註464〕同註2，（魏）何晏注、（宋）邢昺疏《論語‧子罕第九》，頁77。
〔註465〕同註2，（魏）何晏注、（宋）邢昺疏《論語‧子罕第九》，頁78。
〔註466〕同註2，（魏）何晏注、（宋）邢昺疏《論語‧季氏第十六》，頁149。
〔註467〕同註2，（魏）何晏注、（宋）邢昺疏《論語‧子罕第九》，頁80。
〔註468〕同註2，（魏）何晏注、（宋）邢昺疏《論語‧憲問第十四》，頁129。
〔註469〕同註2，（魏）何晏注、（宋）邢昺疏《論語‧子張第十九》，頁173。

3、《論語》之人間觀

因「人間」乃由「人」及其所居之「社會組織」所組成，是以此處探討《論語》之人間觀即就《論語》書中對於「人」及「社會組織」之論述爲其範圍而分別論之。

（1）《論語》之「人」

《論語》全書中所論之「人」亦分爲二大類。一爲具區別的明指之個別對象，如：「君子」、「民」、「吾」、「士」、「百姓」、「臣」、「人」、「諸侯」、「大夫」、「小人」、……等。另一則雖未明指明個別對象，但大多作爲「君子」（統治者）與一般「民」（被統治者）之意。

就孔子概念中，理想之人格與理想統治者多以「君子」一詞之概念表現，與此概念相當者則有「聖人」、「賢人」、「士」、「善人」、「仁人」、「成人」……等。除此以外，《論語》書中之一般統治者還有「諸侯」、「大夫」等稱呼；而與此相對之被統治者則爲「民」、「百姓」等詞。另外，因爲孔子注重人文化成之功，對人德行的要求極爲重視，故而常在同一篇章有「君子」與「小人」兩相對應之人出現。

就《論語》書中「君子」或「士」之人格理想而言，吾人已於第二節就此方面已論及：此二種人之所有理想德行，皆與孔子「仁道」所展開之諸性格、及其教育意義價值等，一致相應而無有悖離。對孔子而言，教育之理想人格培養之目的，當在使人眞實的面對自己、面對他人、面對世界並誠實的行其當有之作爲（善），透由「聞（仁）道」→「學（仁）道（也在行道）」→「致道」→「達（仁）道」的過程，達到了「至善（至仁）」、也成就了眞正的太平世界之理想（至眞、至美）。

在面對當時虛假不實的社會現象中，孔子對應於人間而用以勸喻人之話語往往直接而明白，此方式如：

Ⅰ、君子（好的德行之人）是 F（怎樣的善行），小人（不好的德行之人），則不 F（不做怎樣的善行或做怎樣的惡行）。

Ⅱ、作何事（或何種人、何種德行）是 F（怎樣的善行），且他方面也是 G（另一種善行）。

由於孔子所講的方式直接而明白，有時再加上「君子」與「小人」諸善、惡德行之對比，故對於一般人在德行修業上，自然是可以步步依循孔子所說方式而致道。是以，對應於老子「聖人」與「眾人」二分對立之矛盾且非人

人皆可達成的德業要求，孔子可謂之務實而明白。

（2）《論語》之「社會組織」

《論語》書中用以表示「社會組織」之用詞，計有：「邦」、「國」（諸侯）、「家」（大夫）、「鄉黨」……等，其中以前三者較常出現於篇章中，而此一時代尚未出現以「國家」二字合稱之詞。

在前文已對《論語》之「國家（邦、國）」一概念作探討時吾人已發現，不論是為國、為邦亦或為天下之道，理想之國家對外以「禮讓」為先，不在「用兵瀆武」，而重「濟弱扶傾」，此與老子所主張之「下流」、「去兵」、「尚慈」等概念之用意係書途而同歸。而理想之國家對子民之治理，消極上先求「均無貧」、「和無寡」，積極上則講求「敬」、「信」、「節」、「愛」、「用賢」、「行禮樂」等諸「文德之治」。就理想上，「聖人治國」方是孔子心目中理想國家之致極實現；而現實環境中，由孔子心中之「君子」、「士」依循「孔子之仁道」所治理的國度，方是孔子真正念茲在茲的理想國家。

就整個《論語》之人間觀來看，孔子論人、論社會組織，不管是「君子」、「民」、「士」、「百姓」、「諸侯」、「大夫」、「臣」、「人」、抑或「邦」、「國」、「家」……等概念名詞，都在其人間觀的探討範圍中。對孔子而言，教育之理想人格培養（君子、士）之目的，當在使人真實的面對自己、面對他人、面對世界並誠實的行其當有之作為（善），透由「聞（仁）道」→「學（仁）道（也在行道）」→「致道」→「達（仁）道」的過程，達到了「至善（至仁）」、也成就了真正的太平世界之理想（至真、至美）。由於孔子所講的方式直接明白且務實，故其「人間觀」對於一般人在德行修業上，是比老子採用「聖人」與「眾人」二分對立之矛盾且非人人皆可達成的德業要求方式，來得適切與清楚容易多了，只要人人步步依循孔子所說方式而作為，必然有其致道之可能性。

4、《論語》之道觀

茲因吾人對於《論語》道觀之探討，業已於第二章第二節之三「《論語》思想概述」文中探討過，是以此中僅就其結論加以探討之。

其一，就《論語》的「道」一字而言，具有八種意義：

（1）說：如：「夫子自『道』也！」、〔註470〕「樂『道』人之善」〔註471〕等章句。

〔註470〕同註2，（魏）何晏注、（宋）邢昺疏《論語·憲問第十四》，頁128。
〔註471〕同註2，（魏）何晏注、（宋）邢昺疏《論語·季氏第十六》，頁148。

（2）道路、路途：如：「中『道』而廢」、〔註472〕「何莫由斯『道』也？」、〔註473〕「任重而『道』遠」、〔註474〕「予死於『道路』乎？」、〔註475〕「『道』聽而塗說」〔註476〕等章句。

（3）領導、治理：如：「『道』千乘之國」、〔註477〕「『道』之以政」、〔註478〕「『道』之斯行」〔註479〕等章句。

（4）勸導、引導：如：「忠告而善『道』之」〔註480〕一章句。

（5）方式、方法：如：「與師言之『道』與？……相師之『道』也。」〔註481〕一章句。

（6）技術、技藝：如：「雖小『道』，必有可觀者焉」〔註482〕一章句。

（7）準則、道理或路徑：如：「三年無改於父之『道』、〔註483〕「先王之『道』，斯爲美」、〔註484〕「古之『道』也」、〔註485〕「夫子之言性與天『道』」、〔註486〕「有君子之『道』四焉」、〔註487〕「君子所貴乎『道』者三」、〔註488〕「子張問善人之『道』」、〔註489〕「君子『道』者三，我無能焉」、〔註490〕「君子之『道』，焉可誣也？」、〔註491〕「文武之『道』，未墜於地」〔註492〕等諸

〔註472〕同註2，（魏）何晏注、（宋）邢昺疏《論語·雍也第六》，頁53。
〔註473〕同註2，（魏）何晏注、（宋）邢昺疏《論語·雍也第六》，頁54。
〔註474〕同註2，（魏）何晏注、（宋）邢昺疏《論語·泰伯第八》，頁71。
〔註475〕同註2，（魏）何晏注、（宋）邢昺疏《論語·子罕第九》，頁79。
〔註476〕同註2，（魏）何晏注、（宋）邢昺疏《論語·陽貨第十七》，頁156。
〔註477〕同註2，（魏）何晏注、（宋）邢昺疏《論語·學而第一》，頁6。
〔註478〕同註2，（魏）何晏注、（宋）邢昺疏《論語·爲政第二》，頁16。
〔註479〕同註2，（魏）何晏注、（宋）邢昺疏《論語·子張第十九》，頁174。
〔註480〕同註2，（魏）何晏注、（宋）邢昺疏《論語·顏淵第十二》，頁110。
〔註481〕同註2，（魏）何晏注、（宋）邢昺疏《論語·衛靈公第十五》，頁142。
〔註482〕同註2，（魏）何晏注、（宋）邢昺疏《論語·子張第十九》，頁171。
〔註483〕同註2，（魏）何晏注、（宋）邢昺疏《論語·學而第一》，頁8；及〈里仁第四〉，頁38。
〔註484〕同註2，（魏）何晏注、（宋）邢昺疏《論語·學而第一》，頁8。
〔註485〕同註2，（魏）何晏注、（宋）邢昺疏《論語·八佾第三》，頁28。
〔註486〕同註2，（魏）何晏注、（宋）邢昺疏《論語·公冶長第五》，頁43。
〔註487〕同註2，（魏）何晏注、（宋）邢昺疏《論語·公冶長第五》，頁44。
〔註488〕同註2，（魏）何晏注、（宋）邢昺疏《論語·泰伯第八》，頁70。
〔註489〕同註2，（魏）何晏注、（宋）邢昺疏《論語·先進第十一》，頁99。
〔註490〕同註2，（魏）何晏注、（宋）邢昺疏《論語·憲問第十四》，頁128。
〔註491〕同註2，（魏）何晏注、（宋）邢昺疏《論語·子張第十九》，頁172。
〔註492〕同註2，（魏）何晏注、（宋）邢昺疏《論語·子張第十九》，頁173。

篇章。

（8）孔子的道：凡不屬於前七項者，吾人皆可視之爲孔子之道的「道」。其與第（7）項當作「準則」解釋之通名用途的「道」不同，孔子之道的「道」是一專名，僅僅針對《論語》中之孔子哲學與其心目中的那個、且只有一個的「道」而言。如：「吾『道』一以貫之……夫子之『道』，忠恕而已矣」〔註493〕即是。

其二，吾人亦藉由孔子以各種不同的述寫所展現孔子之道的「道」的種種性格，而了解其所看到、想到、推測或體驗到的這些性格所展示出來的世界景象，此即是「道觀」。《論語》中「道觀」下所展現的諸性格如下：

（1）「道」非自然而成：如〈衛靈公第十五・第二十八章〉所言：「『人能弘道，非道弘人。』」〔註494〕此顯示孔子之「道」具有實踐義性質，需由人去發皇宏揚之。

（2）「道」的內涵爲「忠恕」：如〈里仁第四・第十五章〉所云：「夫子之道，『忠恕』而已矣！」〔註495〕此「忠恕」二字均爲個體自己對應於他人所應有的態度。

（3）「道」的根本爲「孝悌」：如〈學而第一・第二章〉所云：「『孝弟』也者，其爲仁之本與？」〔註496〕「孝悌」之表現並不僅止於父母長輩、弟妹晚輩，也含攝有人對外界師長、長官（犯上）及卜屬、孺弱（作亂）等的平等對待。而事實上，這亦也是「忠恕」的具體表現。

（4）「道」是「君子」的終極目標：如〈子張第十九・第七章〉所云：「君子學以『致其道』」〔註497〕「道」是「君子」的終極目標，而「君子」與其它行業者之不同也在「君子」只能藉由「學」的過程而「學道」至「達道」。

（5）學「道」的過程在「無終食之間違仁」：如：〈衛靈公第十五・第三十一章〉：「君子謀道不謀食。……君子憂道不憂貧。」〔註498〕〈里仁第四・第五章〉：「君子去仁，惡乎成名？君子無終食之間違仁，造次必於是，顚沛

〔註493〕同註2，（魏）何晏注、（宋）邢昺疏《論語・里仁第四》，頁37。
〔註494〕同註2，（魏）何晏注、（宋）邢昺疏《論語・衛靈公第十五》，頁140。
〔註495〕同註2，（魏）何晏注、（宋）邢昺疏《論語・里仁第四》，頁37。
〔註496〕同註2，（魏）何晏注、（宋）邢昺疏《論語・學而第一》，頁5。
〔註497〕同註2，（魏）何晏注、（宋）邢昺疏《論語・子張第十九》，頁171。
〔註498〕同註2，（魏）何晏注、（宋）邢昺疏《論語・衛靈公第十五》，頁140～141。

必於是。」〔註499〕等；表示「仁道」要時時刻刻、且不管於任何環境，都要在生活中真真正正去實踐地。

（6）任何人皆可學「道」：如〈陽貨第十七・第四章〉所載：「君子學道則愛人，小人學道則易使也。」〔註500〕

（7）人之生命與意義價值惟在於「道」：如〈里仁第四・第八章〉所載：「朝聞道，夕死可矣！」〔註501〕表現出人的內心如能真正將「仁道」含攝到我們的生命中，並在行住坐臥中、隨時隨地真實的實踐，哪怕只是短暫的一日，當您真正經歷過「聞道」而「學道」而「致道」整個過程，那麼這就足以彰顯出個人的生命意義與價值了。

總就《論語》中的「道觀」而言：其一，《論語》的「道」字具有：「說」、「道路」、「領導、治理」、「勸導、引導」、「方式、方法」、「技藝、技術」、「準則」以及孔子之道的「道」等八種意義，較諸老子的應用來得廣泛些。其二，孔子之道的「道」在孔子的心目中所展現的諸性格言：「道」非自然而成的；「道」的內涵為「忠恕」、根本在於「孝悌」，此道即是「仁道」；孔子並未否認任何人皆可學「道」；而「道」即是「君子」的終極目標；學「道」的過程在時時刻刻、隨時隨地「無終食之間違仁」；最重要的，人之生命與意義價值就在於實踐這一個「道」（「仁道」）。

5、《論語》之世界觀

孔子與老子一般，並無「宇宙」或「世界」之詞句，或足以相當地解釋之概念，較接近的約莫僅有「天下」一詞，而在依次探討《論語》書中的萬物觀、天地觀、人間觀及道觀之後，吾人得以臚列整個《論語》書中之世界觀要點如下：

（1）《論語》之世界主由「道」、「天」、「天下（人間世）」、「人間」構成。

就〈微子第十八・第六章〉中孔子所云：「鳥獸不可與同群！」〔註502〕一句，便已透露出孔子心中之世界，已明顯地欲與「萬物」有所區隔；其「天下」一詞，多帶有「人間世」、「世人」或「邦域」等人文化成意味；加上其「天」又為意志之天，且兼具「主宰」、「運命」、「義理」等諸性格；是以吾

〔註499〕同註2，（魏）何晏注、（宋）邢昺疏《論語・里仁第四》，頁36。
〔註500〕同註2，（魏）何晏注、（宋）邢昺疏《論語・陽貨第十七》，頁154。
〔註501〕同註2，（魏）何晏注、（宋）邢昺疏《論語・里仁第四》，頁37。
〔註502〕同註2，（魏）何晏注、（宋）邢昺疏《論語・微子第十八》，頁165。

人可言，《論語》之世界，就只是單單注重吾人現在所面對的此一「人的世界」，對於其他萬物，並非《論語》的世界觀所要注重的。

（2）《論語》之世界中，並未要人「依循」道，而是要人「實踐」仁道。

在孔子的心目中「道」所展現的諸性格有：「道」非自然而成的；「道」的內涵爲「忠恕」、根本在於「孝悌」，此道即是「仁道」；任何人皆可學「道」；而「道」即是「君子」的終極目標；學「道」的過程在時時刻刻、隨時隨地「無終食之間違仁」；最重要的，人之生命與意義價值就在於實踐這一個「道」（「仁道」）。吾人可知，這些就是整部《論語》世界觀的闡述重點所在。

（3）就《論語》人間觀來看，此一人間雖不完美，但亦有達致完美之可能性。

對孔子而言，教育之理想人格培養（君子、士）之目的，當在使人眞實的面對自己、面對他人、面對世界並誠實的行其當有之作爲（善），透由「聞（仁）道」→「學（仁）道（也在行道）」→「致道」→「達（仁）道」的過程，達到了「至善（至仁）」、也成就了眞正的太平世界之理想（至眞、至美）。由於孔子所講的方式直接明白且務實，故其「人間觀」對於一般人在德行修業上，是比老子採用「聖人」與「眾人」二分對立之矛盾且非人人皆可達成的德業要求方式，來得適切與清楚容易多了，只要人人步步依循孔子所說方式而作爲，必然有其致道之可能性。

第四節　《論語》之教育方法

上章探討老子《道德經》之教育方法，係先就其相關教育原則加以分析，以求了解其教育方法之所依據；次再以符應最經濟條件、最大預期教育目標與最小之不良副作用等三大標準要件，檢視其具提升教學效率功能之教育方法。據此，此處探討《論語》之教育方法，亦當分別就其教育原則與教育方法分別探討之。

一、《論語》之教育原則

依據《論語》之全書內容，吾人臚列其教育原則如下：

（一）準備原則

就孔子來說，作爲一個眞實的人，自必對於自己所要學習者，抱持一積

極向學的態度，才能夠眞實在學問上有所收穫。是以，在〈學而第一‧第一章〉孔子即已言明：「學而時習之，不亦說乎？有朋自遠方來，不亦樂乎？人不知而不慍，不亦君子乎？」〔註503〕德業修養的眞正樂趣，在於學習了以後能夠時時有所用、有所實踐，透由實踐的作爲而享受成果的喜悅，是最能讓人保持恆久動力的；如果能夠得到良朋益友不斷地互相砥礪與切磋琢磨，不僅更有實致的成效，也更能增加學習的樂趣；而如果雖然只是孤孤單單地學習實踐，卻仍能保持更積極樂觀態度去眞實篤行的實踐對己、對他人、對萬物之種種善行與作爲，那麼不僅他的人格是眞實的善、其生命所有亦是眞實無誤。是以，此中透露：人之所以存在，便在能以眞誠篤行實踐其善的作爲與意念面對此人間，而爲善、爲人的準備無他，就在「學而時習之！」

　　另外，在〈述而第七‧第八章〉中孔子有言：「不憤不啓。不悱不發。舉一隅不以三隅反，則不復也。」〔註504〕一個人若是不願意眞誠的想要去討論一個問題，抑或不願意去認眞思考所要問的答案，甚而僅就某一部份答案而不願推知到他方面相關性以透徹明白了解整體所在者，那麼就不該再給與指導了。這也說明學習眞正的要素，就在於人本身是否眞正做好了要學習的身、心準備，如果自己不願意，那學習是無法有效的。

（二）類化原則

　　前文提及，面對於虛假不實的社會現象，孔子要求弟子誠實以面對所有一切，其用以勸喻弟子之話語往往直接而明白的採取如下方式：

　　Ⅰ、君子（好的德行之人）是F（怎樣的善行），小人（不好的德行之人），則不F（不做怎樣的善行或做怎樣的惡行）。

　　Ⅱ、作【或不作】何事（或何種人、何種德行）是F（怎樣的善行）【——F怎樣的惡行】，且他方面也是G（另一種善行）【——另一惡行】。

　　就第Ⅰ類型者，諸如：「君子周而不比，小人比而不周。」、〔註505〕「君子懷德，小人懷土。君子懷刑，小人懷惠。」、〔註506〕「君子喻於義，小人喻於利。」〔註507〕此種以「君子」與「小人」諸善、惡德行之對比方式，對於

〔註503〕同註2，（魏）何晏注、（宋）邢昺疏《論語‧學而第一》，頁5。
〔註504〕同註2，（魏）何晏注、（宋）邢昺疏《論語‧述而第七》，頁61。
〔註505〕同註2，（魏）何晏注、（宋）邢昺疏《論語‧爲政第二》，頁18。
〔註506〕同註2，（魏）何晏注、（宋）邢昺疏《論語‧里仁第四》，頁37。
〔註507〕同註2，（魏）何晏注、（宋）邢昺疏《論語‧里仁第四》，頁37。

一般人在德行修業上，自然可以步步依循孔子所說方式而致道。

就第Ⅱ種類行者，如：「道千乘之國，敬事而信，節用而愛人，使民以時。」、〔註508〕「弟子入則孝，出則弟，謹而信，泛愛眾，而親仁。」、〔註509〕「君子不重則不威，學則不固。」〔註510〕等諸句，此一方式對於善的德行，做擴而充之的詮釋，使人更容易明白，作為一眞實者，不論在何種方面，皆當自然而然展現其善之作為。

就整個類比原則來看，並非僅此二方式，而《論語》諸章句亦並非僅採用此二種方式，惟經吾人深入探討後，才能對此有眞切之明瞭。誠如孔子所說：「舉一隅不以三隅反，則不復也。」〔註511〕假如學生對其所學習到的事物經驗，不能加以觸類旁通了解的話，這就不是眞正的學習了，孔子所強調的「舉一反三」亦即是類比原則之運用矣。

另外在〈學而第一・第十五章〉中，子貢與孔子有如是的對話：

> 子貢曰：「貧而無諂，富而無驕，何如？」子曰：「可也。未若貧而樂，富而好禮者也。」子貢曰：「詩云：『如切如磋，如琢如磨。』其斯之謂與？」子曰：「賜也，始可與言詩已矣！告諸往而知來者。」
> 〔註512〕

就子貢而言，對於人所面對的物質慾望，他認為當以「貧而無諂，富而無驕」態度面對，而孔子則教導其更深入的「貧而樂，富而好禮」態度觀念，當子貢聽到孔子所言又從而了解「切磋琢磨」意涵後，孔子因而再度稱讚他的領悟體驗。事實上，此則故事亦說明了，孔子在教導學生學習上，不僅要求學生能以類比原則來觸類旁通而更深入了解為人處世之道，且在實際教學情境中更不斷以身作則教導他們去應用此一原則。

（三）興趣原則

就教學上而言，首重如何引發學生學習動機，以促成學生積極之學習，此種引發動機即與興趣原則相關。在〈陽貨第十七・第九章〉中孔子說道：

> 小子！何莫學夫詩？詩，可以興，可以觀，可以群，可以怨；邇之

〔註508〕同註2，（魏）何晏注、（宋）邢昺疏《論語・學而第一》，頁6。
〔註509〕同註2，（魏）何晏注、（宋）邢昺疏《論語・學而第一》，頁7。
〔註510〕同註2，（魏）何晏注、（宋）邢昺疏《論語・學而第一》，頁7。
〔註511〕同註2，（魏）何晏注、（宋）邢昺疏《論語・述而第七》，頁61。
〔註512〕同註2，（魏）何晏注、（宋）邢昺疏《論語・學而第一》，頁8。

事父，遠之事君；多識於鳥、獸、草、木之名。〔註513〕

在這裡，孔子提示弟子們多學習《詩經》，他告訴弟子《詩經》有「興」（可見到心志的眞實與懿美）、「觀」（可觀存在與得失的美善）、「群」（藉詩文以通眞實之友情）、「怨」（藉詩文以抒發孤獨怨懷）、「事父」（從中學習體會人心、性情而可事父母）、「事君」（從中學會百姓期望心聲與爲政之眞實，故能事君）、「多識於鳥、獸、草、木之名」（由名而認識、而習得一切自然與非自然之學問）。其一再提示弟子「可以……」、「可以……」不僅表明學習《詩經》之積極眞實價值，更用此以引發弟子學習之興趣，讓弟子能由聽聞、而引發興趣、更積極願意自《詩經》中去學習到人的積極存在價值，和人與人、人與物眞實相處之道。

另外，在面對中生活中無憂無慮而無所事事之餘，孔子也不忘教導弟子培養休閒的興趣，此即〈陽貨第十七・第二十二章〉所云：「飽食終日，無所用心，難矣哉！不有博弈者乎？爲之，猶賢乎已！」〔註514〕雖非人間眞實情境的棋奕，卻是眞實「飽食終日」之人，得以眞實用心面對的客觀事物，當然由於對下棋的眞實用心，所以也算是認眞的面對此心、此一生命之作爲。

當然，在孔子看來，能夠對此一眞實生命始終保持永恆學習的熱忱、或是保持善行意念作爲而不變的眞正原因、價值所在，就在其〈學而第一・第一章〉所云：「學而時習之，不亦說乎？」〔註515〕能夠在隨時的篤行實踐作爲中，也隨時親身看得到、聽聞得到、經歷到其成果的展現，那種喜悅才是讓我們願意以成爲一眞實的人爲志的眞正動機所在。

（四）自動原則

孔子極爲重視弟子能自動自發於學習上，因爲這代表著一個人眞正的能獨立而自主的學習，也代表著如此之人，必能眞實的去行己之仁、且致力於爲人之所當爲。吾人在本章之始，即提到〈述而第七・第二十八章〉中互鄉一地童子向學的例子，〔註516〕就其他弟子來看，互鄉之地的人大都難與人和善相處，是以對於該地童子的向學，就妄加認定其比當地成人將更無知或更

〔註513〕同註2，（魏）何晏注、（宋）邢昺疏《論語・陽貨第十七》，頁156。
〔註514〕同註2，（魏）何晏注、（宋）邢昺疏《論語・陽貨第十七》，頁158。
〔註515〕同註2，（魏）何晏注、（宋）邢昺疏《論語・學而第一》，頁5。
〔註516〕〈述而第七・第二十八章〉原文：「互鄉難與言。童子見，門人惑。子曰：與其進也，不與其退也。唯何甚？人潔己以進，與其潔也，不保其往也！」同註2，（魏）何晏注、（宋）邢昺疏《論語・述而第七》，頁64。

頑劣，但孔子由該童子的「潔己以進」反過來教育其他弟子，這童子所代表的不僅是所有該地的人並非均無知或性情粗劣，反而是這些已經在向孔子學習卻仍執著於自我的價值判斷而不懂得在自己學習上做到如是的「潔己以進」功夫的弟子們所比不上的！

在孔子的弟子中，他最讚譽有加的是顏回，不管是在〈雍也第六‧第二章〉中哀公的發問，或是在〈先進第十一‧第六章〉中季康子的發問，孔子都稱「有顏回者好學，……不幸短命死矣！今也則亡，……」〔註517〕之所以如是，我們在〈雍也第六‧第五章〉中：「回也，其心三月不違仁。其餘，則日月至焉而已矣。」〔註518〕以及〈雍也第六‧第九章〉中：「賢哉回也！一簞食，一瓢飲，在陋巷，人不堪其憂，回也不改其樂。賢哉回也！」〔註519〕此二章句裡，都可以發現到，能真實不被環境之惡劣所困厄，且更超脫物質迷惑而更積極於實踐孔子的「仁道」、實現一真正的為人之道者，就真的只有顏回一人，也只有顏回才足堪被孔子譽之為「賢」。

在此一自動學習原則上，我們不得不一再討論孔子在〈述而第七‧第八章〉所說的：「不憤不啓。不悱不發。舉一隅不以三隅反，則不復也。」〔註520〕學習是否有效，除了自己有所興趣、身心上已作好學習準備外，在能觸類旁通、類化知識學問前，最重要的還是在自己隨時能自動自發的去學習，假使個人心志無意於學習，那麼就算最好的教材、教法或教師，亦無法帶動出有效而成功的學習的。

事實上，《論語》的作者亦將自動自發的學習，視之為極重要的重點，在〈學而第一‧第四章〉曾子所說：「吾日三省吾身：為人謀，而不忠乎？與朋友交，而不信乎？傳，不習乎？」〔註521〕一個人能日日對其言行舉止有所深省與檢討，這難道不就是要我們「自動自發」的真切學習嗎？

〔註517〕〈雍也第六‧第二章〉原文：「哀公問：弟子孰為好學？孔子對曰：有顏回者好學，不遷怒，不貳過，不幸短命死矣！今也則亡，未聞好學者也。」同註2，（魏）何晏注、（宋）邢昺疏《論語‧雍也第六》，頁51。
又，〈先進第十一‧第六章〉原文：「季康子問：弟子孰為好學？孔子對曰：有顏回者好學，不幸短命死矣！今也則亡。」同註2，（魏）何晏注、（宋）邢昺疏《論語‧先進第十一》，頁96。
〔註518〕同註2，（魏）何晏注、（宋）邢昺疏《論語‧雍也第六》，頁52。
〔註519〕同註2，（魏）何晏注、（宋）邢昺疏《論語‧雍也第六》，頁53。
〔註520〕同註2，（魏）何晏注、（宋）邢昺疏《論語‧述而第七》，頁61。
〔註521〕同註2，（魏）何晏注、（宋）邢昺疏《論語‧學而第一》，頁6。

（五）個別適應原則

天生萬物，本就各有其與他物所不同之獨特性，就算是雙胞胎亦有其得分辨之所在，是以在教學上，便當對個人身心性情之不同，做適度的調整與要求。

在〈先進第十一·第二十一章〉中，如是的寫著：

> 子路問：「聞斯行諸？」子曰：「有父兄在，如之何其聞斯行之！」冉有問：「聞斯行諸？」子曰：「聞斯行之！」公西華曰：「由也問『聞斯行諸』？子曰：『有父兄在。』求也問『聞斯行諸』？子曰：『聞斯行之。』赤也惑，敢問？」子曰：「求也退，故進之；由也兼人，故退之。」〔註522〕

其大意是說：「子路問孔子：聽聞到的就該趕快去行動嗎？孔子回答：父親與兄長都還健在，當問問他們的意見後，再採取行動不遲。冉有也如是的問孔子：聽聞到的就該趕快去行動嗎？孔子卻回答：聽到了就該趕快去採取行動與作為。這時候一旁聽聞到這兩個對話的公西華便很疑惑的問孔子：為何對這二人的回答如此截然不同？孔子才回答說：冉有的個性懦弱膽小，因此要他聽聞到就要趕緊行動；但子路的個性躁進而不讓人，因此要他多聽長輩的意見後再採取行動。」

孔子並未明白的告訴吾人：「要注意個別差異！要盡量做到個別適應的教學！」但是，在此一章中，吾人卻真實的看到，孔子面對不同的弟子，在學習上的確會依弟子們根器的智愚深淺、或性情的溫弱粗暴，實施不同的指導與教誨。就如同在〈為政篇〉第五、六、七、八章中，針對孟懿子、孟武伯、子游、子夏等四人問「孝」之德行，孔子分別就人倫禮義的真實性（「生，事之以禮。死，葬之以禮，祭之以禮。」〔註523〕）、心之真實性（「父母唯其疾之憂。」〔註524〕）、態度之真實性（「今之孝者，是謂能養。至於犬馬，皆能有養。不敬，何以別乎？」〔註525〕）與外貌臉色之真實性（「色難。有事，弟

〔註522〕同註2，（魏）何晏注、（宋）邢昺疏《論語·先進第十一》，頁99。
〔註523〕〈為政第二·第五章〉：「孟懿子問孝。子曰：無違。樊遲御，子告之曰：孟孫問孝於我，我對曰：『無違。』樊遲曰：何謂也？子曰：生，事之以禮。死，葬之以禮，祭之以禮。」同註2，（魏）何晏注、（宋）邢昺疏《論語·為政第二》，頁16。
〔註524〕〈為政第二·第六章〉：「孟武伯問孝。子曰：父母唯其疾之憂。」同註2，（魏）何晏注、（宋）邢昺疏《論語·為政第二》，頁17。
〔註525〕〈為政第二·第七章〉：「子游問孝。子曰：今之孝者，是謂能養。至於犬馬，

子服其勞，有酒食，先生饌，曾是以爲孝乎？」〔註526〕）來回答，其目的不僅在使吾人能更多層面地了解「孝」是什麼？更重要的也在指導吾人要針對求學者之個別差異，作適切與適度不同的指導。當然，除了「孝」以外，對於其他諸德行如「仁」、「勇」、「智」等，孔子亦都分別給予不同的指導。

是以，針對學生才智性情之個別差異分別予以適性化之教學，不僅是孔子所注重的，也當是吾人教學上當注重的。

（六）社會化原則

就孔子來說，學習不僅在於「學而時習之」、〔註527〕「爲人孝弟」、〔註528〕「三省吾身」〔註529〕等的「己立」、「己達」功夫修養，也在於能「道千乘之國」、〔註530〕「泛愛眾，而親仁」〔註531〕等的「立人」、「達人」功夫之實踐，是以所謂的仁道，不僅在於對自己真實的善行作爲、也在於能對他人實踐善行的作爲，此即將「盡己之忠」與「推己及人之恕」真實如理的實踐。

是以，不論是「聖者」、或是「君子」、「士」、「賢者」，甚或是孔子的弟子來說，修道學業之目的並非在於干碌、或農圃之技，而在於藉「修德」以立己、立人，藉「修德」以使國家安定、社會安寧來達到天下太平的真正理想。

那麼，究竟在《論語》中所講求的德行有哪些？譚家哲先生嘗總結分類此諸德行如下：〔註532〕

皆能有養。不敬，何以別乎？」同註2，（魏）何晏注、（宋）邢昺疏《論語·爲政第二》，頁17。

〔註526〕〈爲政第二·第八章〉：「子夏問孝。子曰：色難。有事，弟子服其勞，有酒食，先生饌，曾是以爲孝乎？」同註2，（魏）何晏注、（宋）邢昺疏《論語·爲政第二》，頁17。

〔註527〕同註2，（魏）何晏注、（宋）邢昺疏《論語·學而第一》，頁5。

〔註528〕同註2，（魏）何晏注、（宋）邢昺疏《論語·學而第一》，頁5。

〔註529〕同註2，（魏）何晏注、（宋）邢昺疏《論語·學而第一》，頁6。

〔註530〕同註2，（魏）何晏注、（宋）邢昺疏《論語·學而第一》，頁6。

〔註531〕同註2，（魏）何晏注、（宋）邢昺疏《論語·學而第一》，頁7。

〔註532〕此中譚家哲先生申明：

1. 此中只列舉正面之德性，自反面言之，因其從正面德性中引申出來，故未列入，如：不驕、不佞、不欲、不厭、不倦、不憂、不懼……等。

2. 在每一類細分之名目，亦可在其他類別下出現，如矜、威、敏等德行，亦可爲君對民的，非只爲仕的。我們只從每一德性之最基本源出處分類而已，德性本身是不該有所限制的。

同註6，譚家哲先生著《論語與中國思想研究》，頁447～448。

1、處世處人之態度或外表上之德行（針對身而言）：

（1）一般的：如：溫、良、恭、儉、讓、和、敬、安、泰、友、孫、愿。

（2）爲仕的：如：重、矜、厲、威、敏、愼言（訥、訒言）、簡、清。

（3）君對民：如：莊、寬、惠、儼。

2、人倫與爲事中基本的德行（針對行而言）：

（1）對人：如：孝悌、忠信、恕、諒、愛人、聖（博施濟眾）。

（2）對事：如：習、謹、篤、恆、節、約、謀、明、聰、中庸、公、正、貞、周。

3、德行自體（與每人自己之志向與心懷有關）：

（1）德性之基礎：學。

（2）德行自體：仁、義、禮、智。

（3）性情之德性：直、勇、剛、毅。

就人之欲爲一眞實之人來說，孔子所要求此諸德性的目的就在使人成一眞實的人，不論是就身體上、行爲上、或心志上，這些德性亦都在使人能眞實的對自我、對他人、對事物甚或對治整個邦國、天下而行其所當爲之善行善意。是以，吾人可知，此諸德性亦爲人成爲此一社會中之眞實者之基準所在矣！

（七）熟練原則

就爲學做人而言，一個學識或修養德性，除了自我了解之外、還需時時加以實踐，這才是眞實的學習，而學習之成果也才將牢記於心而永不忘懷，此種即是「熟練原則」。在〈爲政第二·第十一章〉中孔子有言：「溫故而知新，可以爲師矣。」〔註533〕一個堪足以「爲師」者，在學問及德性修養上，必然是時時刻刻於溫習過去而知識新知之人；其所知之過去，不僅在文字制度上、亦含攝及對過去時空、所有文化脈絡之如理如悟的透徹了解與掌握，因其日日夜夜、時時刻刻都在眞實的篤行實踐之，故終能貫通古今、且清楚明瞭於一切知識、德性、事物、歷史之來龍去脈，而成爲心懷寬闊、眞實明白之「師」者。

孔子要人在學問上、爲人處世上始終抱持：「君子無終食之間違仁，造次必於是，顚沛必於是。」〔註534〕之態度與實際，因時時刻刻的練習，故能在

〔註533〕同註2，（魏）何晏注、（宋）邢昺疏《論語·爲政第二》，頁17。

〔註534〕同註2，（魏）何晏注、（宋）邢昺疏《論語·里仁第四》，頁36。

「溫故」後而能「知新」，故之方有源於內心之成果喜悅所生，此即是「學而時習之，不亦說乎？」〔註535〕之真實意涵所在。不僅於此，就連人欲謀職務之根本，亦在不斷對為人處世之仁道不斷地練習，如〈為政第二‧第十八章〉中子張想學為政為官之道，孔子所答：「多聞闕疑，慎言其餘，則寡尤；多見闕殆，慎行其餘，則寡悔。言寡尤，行寡悔，祿在其中矣！」〔註536〕惟由不斷地自我要求與實踐「多聞」、「慎言」與「多見」、「慎行」等諸德行，才能真實地學到為官之道、謀職之道，也才是人真正處事所當行之作為。

如欲成為一真實的人，事實上在《論語》中是沒有其他竅門或捷徑的，就如同〈學而第一‧第四章〉中曾子所云的：「吾日三省吾身：為人謀，而不忠乎？與朋友交，而不信乎？傳，不習乎？」〔註537〕惟在「文、行、忠、信」〔註538〕上、亦即對人、對事物、對自我的學習上，不斷篤行實踐與自我反省，這才是一個真正頂天立地、不愧天地、父母之的正人君子矣！

（八）同時學習原則

就所謂「同時學習原則」來說，一個完整之學習，不僅在單純之知識傳授上，且應包含技能、態度、理想、興趣與價值等；在〈述而第七‧第二十四章〉所列之：「子以四教：文，行，忠，信。」〔註539〕其所表明者，並非孔子只就單一的「文」、或「行」、或「忠」、或「信」獨立一方面來教導弟子，而係要求學生能觸類旁通，由其一而了解其他各方面（此亦即「舉一而反三」），此四種內容或許各有其重點所在，而實質教學上孔子仍是注重學生全方位學習發展與成效的，此種就是符合「同時學習原則」的。

在〈季氏第十六‧第十三章〉中記載著如是的一段對話：

> 陳亢問於伯魚曰：「子亦有異聞乎？」對曰：「未也。嘗獨立，鯉趨而過庭。曰：『學詩乎？』對曰：『未也。』『不學詩，無以言！』鯉退而學詩。他日，又獨立，鯉趨而過庭。曰：『學禮乎？』對曰：『未也。』對曰：『不學禮，無以立！』鯉退而學禮。聞斯二者。」陳亢退而喜曰：「問一得三：聞詩、聞禮，又聞君子之遠其子也。」〔註540〕

〔註535〕同註2，（魏）何晏注、（宋）邢昺疏《論語‧學而第一》，頁5。
〔註536〕同註2，（魏）何晏注、（宋）邢昺疏《論語‧為政第二》，頁18。
〔註537〕同註2，（魏）何晏注、（宋）邢昺疏《論語‧學而第一》，頁6。
〔註538〕同註2，（魏）何晏注、（宋）邢昺疏《論語‧述而第七》，頁63。
〔註539〕同註2，（魏）何晏注、（宋）邢昺疏《論語‧述而第七》，頁63。
〔註540〕同註2，（魏）何晏注、（宋）邢昺疏《論語‧季氏第十六》，頁150。

此中描述陳亢（子禽）原本只是想要聽聽看，孔子對於自己兒子伯魚（孔鯉）是否有異於一般弟子之教導，而則在與伯魚對話中，除了知道孔子對於自己孩子的要求並無異於他人外，還真正聽聞道「不學詩，無以言！」以及「不學禮，無以立！」這即是由學「文」而同時學習到「忠」、「信」、「行」之道的所在；事實上，此種學習，即是符合「同時學習」之原則。吾人單就《詩》而言，在〈陽貨第十七・第九章〉中孔子即說道：「詩，可以興，可以觀，可以群，可以怨；邇之事父，遠之事君；多識於鳥、獸、草、木之名。」〔註541〕不僅由《詩》可獲得「多識於鳥、獸、草、木之名」的一般知識、更可獲得「興」、「觀」、「群」、「怨」、「事父」、「事君」等諸多態度、理想、興趣與價值觀；那麼又何況陳亢又了解到「禮」與「君子遠其子」〔註542〕等諸道理呢！

另外，在〈子罕第九・第二十七章〉中孔子說道：

歲寒，然後知松柏之後彫也。〔註543〕

就表面的文字字義而言，或可能就只是「天氣嚴寒了，然後才看到松柏最後慢慢的落葉！」此種自然科學之知識；而則，實非僅僅如是，松柏於歲寒中後凋，不就代表著人情冷淡之天下無道之際，而仍有君子憑其堅強毅力，不斷與現實世界搏鬥，以求實現真實的善行意念於此世界中嗎？那麼，不就是要吾人了解對於仁道之追求與實踐，亦當有雖其「任重而道遠」而仍「堅毅而不拔」之志節與情操嗎？此種願意真實且獨立的實現人之為人之真實善行意念與作為，這才是孔子寓於其中，所要吾人同時學習其情操與價值觀之所在矣！

二、《論語》之教育方法

吾人就《論語》中符應「最經濟條件」、「最大預期教育目標」與「最小之不良副作用」等三要件標準之教育方法，今試探析如下：

（一）強調「正面積極」

孔子一生所最篤行實踐之仁道，惟在於「學而時習之」，如能「有朋自遠方來」共同切磋琢磨則更佳，而若「人不知」則更反求諸己、內省自我是否如是。是以故云：「志於道，據於德，依於仁，游於藝。」〔註544〕以之為其一

〔註541〕同註2，（魏）何晏注、（宋）邢昺疏《論語・陽貨第十七》，頁156。
〔註542〕同註2，（魏）何晏注、（宋）邢昺疏《論語・季氏第十六》，頁150。
〔註543〕同註2，（魏）何晏注、（宋）邢昺疏《論語・子罕第九》，頁81。
〔註544〕同註2，（魏）何晏注、（宋）邢昺疏《論語・述而第七》，頁60。

生之所努力之目標；此種態度，就如同《易經・乾卦・象傳》所云：「天行健，君子以自強不息。」〔註 545〕一般，對於為人處世、甚而修齊治平諸事，孔子一皆是以正面而積極的態度去務實以面對。

　　就事物的正反、盈虛來看，孔子並非不知、不曉，但因其正面積極的態度，故而能在現實社會現實中，又實務的退一步而求之，如〈述而第七・第二十五章〉所云：「善人，吾不得而見之矣！得見有恆者，斯可矣。亡而為有，虛而為盈，約而為泰，難乎有恆乎！」〔註 546〕對於至善者，是不可能而得之，但卻可於現實生活中見到有恆之人；能在現實生活中之「亡」、「虛」、「約」中而仍堅守自己本來所能、所有之一切，而非執意於「有」、執意於「盈」、執意於「泰」，那麼這就是有恆面對此現實、有恆於修德進業的仁人、君子了。

　　是以，在自我教學或日常生活要求上，孔子以：「為之不厭，誨人不倦」〔註 547〕作為一生所積極從事的德業實踐，那麼相對的如果遇到「德之不修，學之不講，聞義不能徙，不善不能改」〔註 548〕者，則此自然而然便是孔子所憂愁的。而在教學內容上，相對於「怪、力、亂、神」〔註 549〕此諸虛假而非真切可行諸於行為實踐之荒誕不經，傳授並要求學生對於「文，行，忠，信」〔註 550〕四大人生基本要項的學習與真實履踐，當然成為孔子正面務實的教學內容了。

　　或許孔子本身即無意於採取隱避遁世的方式來實行仁道，就其在〈微子第十八・第六章〉中孔子應之隱士桀溺所言：「鳥獸不可與同群！吾非斯人之徒與而誰與？天下有道，丘不與易也。」〔註 551〕即已顯示，面對渾惡凌亂不堪的人間，且明知或可能無法改變些許社會現實，而仍不改其以積極態度與作為，率諸弟子捍衛「仁道」，以期望世間真的有所改善，此種所謂「明知不

〔註 545〕參見（明）來知德註《來註易經圖解》，頁 150，臺北市：武陵出版有限公司，2004 年 10 月二版七刷。
〔註 546〕同註 2，（魏）何晏注、（宋）邢昺疏《論語・述而第七》，頁 63。
〔註 547〕〈述而第七・第二章〉：「子曰：默而識之，學而不厭，誨人不倦，何有於我哉？」同註 2，（魏）何晏注、（宋）邢昺疏《論語・述而第七》，頁 60；又〈述而第七・第三十三章〉：「子曰：若聖與仁，則吾豈敢？抑為之不厭，誨人不倦，則可謂云爾已矣！」同註 2，（魏）何晏注、（宋）邢昺疏《論語・述而第七》，頁 65。
〔註 548〕同註 2，（魏）何晏注、（宋）邢昺疏《論語・述而第七》，頁 60。
〔註 549〕同註 2，（魏）何晏注、（宋）邢昺疏《論語・述而第七》，頁 63。
〔註 550〕同註 2，（魏）何晏注、（宋）邢昺疏《論語・述而第七》，頁 63。
〔註 551〕同註 2，（魏）何晏注、（宋）邢昺疏《論語・微子第十八》，頁 165。

可爲而爲之」之堅持與意念，便是一種處世以正面積極的態度，或許孔子本身並未在一自己是否成聖或成仁（〈述而第七・第三十三章〉子曰：「若聖與仁，則吾豈敢？」﹝註552﹞）而則如〈八佾第三・第二十四章〉中儀封人所云：「天下之無道也久矣，天將以夫子爲木鐸。」、﹝註553﹞以及弟子所說：「正唯弟子不能學也！」﹝註554﹞（〈述而第七・第三十三章〉）此世間，又有多少人能夠眞實積極且努力不懈而實踐的呢？

（二）重視「下學上達」

前文已論及：面對現實環境的黑暗面，孔子藉由反思中看到了人之所以能爲人的光明面，那就是「學」。透由「學」的教育實質成果，每個人只要肯學，都可以藉由「下學而上達」的方式，由踏實而積極的學習實踐中，眞實的對待自己、對待他人、乃至眞實的對待宇宙萬事萬世，這就是理想人格的達成，而也是透過「學」而使人眞正的能成人、成士、成君子、甚而成聖賢。是以在《論語》中〈學而第一・第一章〉即開宗明義提示吾人：「學而時習之，不亦說乎？有朋自遠方來，不亦樂乎？人不知而不慍，不亦君子乎？」﹝註555﹞其意義不僅在提示「學」的重要性，更在提示：「學以致其道」﹝註556﹞只要肯認眞篤實的學，每個人都有成聖賢之可能。對於孔子而言，「人能弘道，非道弘人。」﹝註557﹞「道」的發皇在於「人」，也唯有「人」才能忠實實踐「道」於此世間。是以，所謂之「學」，便不再只是知識經驗的獲得，而且是在於一個人是否能在「篤行實踐」中，使自我的生命、自我的存在轉化成爲此一世界中「眞實的存在」，透由「下學而上達」，﹝註558﹞「人」得以「學道」、「知道」、「弘道」而「達道」，而成聖、成仁。

業由對《論語》篇章之整理，吾人了解到孔子對「學習」之看法如下諸點：

1、學習貴於實踐，經由實踐的結果，能使人對學習有所快樂、喜好，那麼便能志於學，且能篤信、篤行之。

2、學習在過程上，要先博學於文，再求約之以禮，所謂博學不在廣泛，

﹝註552﹞同註2，（魏）何晏注、（宋）邢昺疏《論語・述而第七》，頁65。
﹝註553﹞同註2，（魏）何晏注、（宋）邢昺疏《論語・八佾第三》，頁31。
﹝註554﹞同註2，（魏）何晏注、（宋）邢昺疏《論語・述而第七》，頁65。
﹝註555﹞同註2，（魏）何晏注、（宋）邢昺疏《論語・學而第一》，頁5。
﹝註556﹞同註2，（魏）何晏注、（宋）邢昺疏《論語・子張第十九》，頁171。
﹝註557﹞同註2，（魏）何晏注、（宋）邢昺疏《論語・衛靈公第十五》，頁140。
﹝註558﹞同註2，（魏）何晏注、（宋）邢昺疏《論語・憲問第十四》，頁129。

在能實踐所學，是以篤行仍重於學文。

3、就「學」與「思」而言，學、思二者都重要，學貴實踐、思貴眞實明白（要與人討論、要不恥下問），但無學不足以思，故學的重要性仍比思大。

4、學習的目的不在財祿（憂道不憂貧），不在爲別人而學，在於自己的安身立命，在於學以致道、下學而上達。

5、學習是終身的志趣，自「十有五志於學」到「加我數年，五十以學易」都在學習。

6、學習的內容，在詩書禮樂、文行忠信，而非用兵習武，故是在人之爲人處世與安身立命。

7、眞實的德行沒有透過學習來實踐，則一切都是空談（六言六蔽），所以學習是修德、行道之基礎。

8、人的資質分爲生而知、學而知、困而學、困而不學四等，唯有學習，方能使自己有所成就。

　　就此諸點可知：人並非單單認知到「學」即可致道、達道，還要知道學什麼！孔子教導學生學習「文，行，忠，信」，〔註559〕要人學文、修德、處世與待人，人並非有質樸即可，還要透由人文化成的學文、習禮過程中，來成就一位文質彬彬的君子（〈雍也第六・第十六章〉：「質勝文則野，文勝質則史。文質彬彬，然後君子。」〔註560〕）。學習的過程中，要不斷眞切地思考（〈爲政第二・第十五章〉：「學而不思則罔，思而不學則殆」〔註561〕）、要不斷與人討論研究（〈公冶長第五・第十五章〉：「敏而好學，不恥下問」〔註562〕）、更要不斷地在生活中去體會、去實踐（〈述而第七・第三章〉：「德之不修，學之不講，聞義不能徙，不善不能改，是吾憂也」〔註563〕）、也透由學習的實踐過程才能規範與矯治對於德行實踐的種種謬誤行爲（〈陽貨第十七・第八章〉：「好仁不好學，其蔽也愚；好知不好學，其蔽也蕩；好信不好學，其蔽也賊；好直不好學，其蔽也絞；好勇不好學，其蔽也亂；好剛不好學，其蔽也狂。」〔註564〕）如此以往，

〔註559〕同註2，（魏）何晏注、（宋）邢昺疏《論語・述而第七》，頁63。
〔註560〕同註2，（魏）何晏注、（宋）邢昺疏《論語・雍也第六》，頁54。
〔註561〕同註2，（魏）何晏注、（宋）邢昺疏《論語・爲政第二》，頁18。
〔註562〕同註2，（魏）何晏注、（宋）邢昺疏《論語・公冶長第五》，頁44。
〔註563〕同註2，（魏）何晏注、（宋）邢昺疏《論語・述而第七》，頁60。
〔註564〕此言「不好學」之「六蔽」，同註2，（魏）何晏注、（宋）邢昺疏《論語・陽

才能眞正達到「致道」、「上達」之目標。

由於人類爲迷戀於現象界物質慾望的追求，造成自我眞性之散亂與迷失，因此老子提出「反璞歸眞」、「絕學無憂」的否定反思，提醒人回歸於「道」中以去除對人僞造假與巧詐奸惡。對此孔子在〈學而第一・第三章〉中相應提出「巧言令色，鮮矣仁。」〔註565〕相同嚴厲的否定，如果不是眞實的學習、實踐以對自己、對他人、對萬物的誠懇至眞的作爲者，那麼這樣造作、虛假的作爲與其人，絕對不會是眞實的「仁」，甚至也絕非是一個頂天立地、無忝於天地父母之眞實之「人」。

（三）倡導「因材施教」

老子認爲凡事「過」與「不及」，只徒落得「唯之與阿，相去幾何？」〔註566〕之下場，而「道常無爲而無不爲。」〔註567〕唯有遵循自然之道而不妄作，因應每一位學生本質上身心狀況、智能發展之個別差異，順其自然本性而加以誘導啓發，此種所謂之「自然無爲」，才是吾人從事教育所當行之手段。相對於此，孔子採取更爲積極而具體之方式，此即「因材施教」。

孔子之「因材施教」可分爲二種，一者乃就現實中賢智愚鈍類別而施之，一者乃就個人才質而施之。〔註568〕而此二種因材施教，則皆須先立基於「知人」之上，孔子有云：「不患人之不己知，患不知人也。」〔註569〕眞實之爲學，若此一爲學所面對者無法得以眞實而行，那麼此種爲學仍是虛假，而如能盡己之以對待別人，則此爲學方爲眞實，是以爲學之首要、與教學之首要就在「知人」。

「知人」之方式有二：其一，不斷地私下觀察與反省其人，在〈爲政第二・第九章〉孔子中說道：「吾與回言終日，不違如愚。退而省其私，亦足以發，回也，不愚！」〔註570〕因爲對於顏回不斷的私下觀察與反省其人，故孔

貨第十七〉，頁 155。

〔註565〕同註2，（魏）何晏注、（宋）邢昺疏《論語・學而第一》，頁 5～6。

〔註566〕同註 28，（晉）王弼著、（唐）陸德明釋文《老子道德經注・第二十章》，頁 10～11。

〔註567〕同註 28，（晉）王弼著、（唐）陸德明釋文《老子道德經注・第三十七章》，頁 21。

〔註568〕參見陳大齊著《孔子學說》，頁 287～292，臺北市：政治大學出版委員會出版，1964 年初版。

〔註569〕同註2，（魏）何晏注、（宋）邢昺疏《論語・學而第一》，頁 9。

〔註570〕同註2，（魏）何晏注、（宋）邢昺疏《論語・爲政第二》，頁 17。

子才能盛讚其「不愚」；其二，觀察人之言行作爲及其原因與目的，在〈爲政第二・第十章〉中孔子即說道：「視其所以，觀其所由，察其所安，人焉廋哉！人焉廋哉！」〔註571〕要對一個人有廣泛的了解，只要眞切地去觀察此人行事之作爲如何，其理由原因何在，其目標企圖又在何處，那麼就能對之有所眞切之掌握。〔註572〕

「知人」之後，便能「因材施教」。吾人就現實中賢智、愚鈍類別來看，人之類別本就不平等，孔子說過：「唯上知與下愚不移。」，〔註573〕除了一般人而外，就只有「上智者」和「無知者」不可能改變其心志，上智者必能迷而復返，而無知者則毫無心志可言；是以就教學上而言，孔子乃有所謂：「中人以上，可以語上也。中人以下，不可以語上也。」〔註574〕就學習的才質智愚粗淺而言，中等以上的，領悟力足夠了，才能夠教授更深入而高深之學識；其次之才質，則逐漸淺顯以使之易於明白接受。如此，才不致於犯了「可與言，而不與之言，失人；不可與言，而與之言，失言。」〔註575〕之對中上者之「失人」與對中下者「失言」之毛病，而誤了教學的成效。當然，此種並非對於其學習意願之否定，就如同孔子在〈雍也第六・第十八章〉所言：「知之者不如好之者，好之者不如樂之者。」〔註576〕孔子仍強調的是：能夠「樂之」於進德修業者，是比「好之」者、甚而「知之」者來得更重要。

其次，就因應個人才質的因材施教而言，吾人在前論及「個別適應原則」已舉〈先進第十一・第二十一章〉中之例：公西華疑惑於孔子應答子路之「聞斯行諸？」以「有父兄在，如之何其聞斯行之！」，而應答冉有之「聞斯行諸？」卻以「聞斯行之。」〔註577〕孔子這才解釋道：「冉有的個性懦弱膽小，因此要他聽聞到就要趕緊行動；但子路的個性躁進而不讓人，因此要他多聽長輩的

〔註571〕同註2，（魏）何晏注、（宋）邢昺疏《論語・爲政第二》，頁17。

〔註572〕同註6，譚家哲先生著《論語與中國思想研究》，頁149～151。

〔註573〕同註2，（魏）何晏注、（宋）邢昺疏《論語・陽貨第十七》，頁154。

〔註574〕同註2，（魏）何晏注、（宋）邢昺疏《論語・雍也第六》，頁54。

〔註575〕同註2，（魏）何晏注、（宋）邢昺疏《論語・衛靈公第十五》，頁138。

〔註576〕同註2，（魏）何晏注、（宋）邢昺疏《論語・雍也第六》，頁54。

〔註577〕〈先進第十一・第二十一章〉原文如下：「子路問：聞斯行諸？子曰：有父兄在，如之何其聞斯行之！冉有問：聞斯行諸？子曰：聞斯行之！公西華曰：由也問『聞斯行諸』？子曰：『有父兄在。』求也問『聞斯行諸』？子曰：『聞斯行之。』赤也惑，敢問？子曰：求也退，故進之；由也兼人，故退之。」同註2，（魏）何晏注、（宋）邢昺疏《論語・先進第十一》，頁99。

意見後再採取行動。」由於二人缺點相反且各有所失，是以孔子遂針對兩人之短，各施以相反之教誨一以退之、一以進之，以補救二人過與不及之弊。

又如同在〈爲政篇〉第五、六、七、八章中，孔子針對孟懿子、孟武伯、子游、子夏等四人問「孝」之德行，分別就人倫禮義（「生，事之以禮。死，葬之以禮，祭之以禮。」〔註578〕）、內心（「父母唯其疾之憂。」〔註579〕）、態度（「今之孝者，是謂能養。至於犬馬，皆能有養。不敬，何以別乎？」〔註580〕）與外貌臉色（「色難。有事，弟子服其勞，有酒食，先生饌，曾是以爲孝乎？」〔註581〕）等之眞實性來回答，此不僅使吾人更多方了解「孝」之意義，更由其中了解由於求學者之個別差異，孔子因之適度改變而分別指導之。當然，除了「孝」以外，對於其他諸德行如「仁」、「勇」、「智」等，孔子亦都分別給予學生不同的指導。

是以，孔子極重視「因材施教」，一位好的老師，如能在先瞭解學生個人的才質後，而後依學生之諸般條件而教授與適性之品德、知識，那麼學生學習成果必能在「知之」、而後「好之」、甚而「樂之」於進德修業中，成爲一眞眞實實的「人」。

（四）講求「慎言篤行」

老子於〈第二章〉云：「聖人處無爲之事，行不言之教。」〔註582〕強調了：「過多的話語，還不如做得好！說得少！」有時「身教」、「境教」之功效，遠比「言教」來得更重要也影響更大。

孔子也明白此點的重要性，是以在〈公冶長第五・第十章〉中藉著宰予白天睡大覺之事提醒眾人：「始吾於人也，聽其言而信其行。今吾於人也，聽其言而。於予與改是。」〔註583〕表明欲知道一個人之品德修養如何，只是「聽其言」就「信其行」是不足的，必然需「聽其言」且「觀其行」，才能眞正知道其爲人。雖然就其先進弟子，孔子對「德行：顏淵、閔子騫、冉伯牛、仲弓。言語：宰我、子貢。政事：冉有、季路。文學：子游、子夏。」〔註584〕

〔註578〕同註2，（魏）何晏注、（宋）邢昺疏《論語・爲政第二》，頁16。
〔註579〕同註2，（魏）何晏注、（宋）邢昺疏《論語・爲政第二》，頁17。
〔註580〕同註2，（魏）何晏注、（宋）邢昺疏《論語・爲政第二》，頁17。
〔註581〕同註2，（魏）何晏注、（宋）邢昺疏《論語・爲政第二》，頁17。
〔註582〕同註28，（晉）王弼著、（唐）陸德明釋文《老子道德經注・第二章》，頁2
〔註583〕同註2，（魏）何晏注、（宋）邢昺疏《論語・公冶長第五》，頁43。
〔註584〕同註2，（魏）何晏注、（宋）邢昺疏《論語・先進第十一》，頁96。

等四科弟子有所稱譽，然而由此四科的排列順序，與孔子所謂之：「有德者必有言，有言者不必有德。」〔註585〕來看，顯示孔子心中具「德行」者是優且高於「言語」的。

再就「行為」與「語言」上來看，孔子始終認為：「君子恥其言而過其行。」〔註586〕強調一個真實的人當要「先行其言，而後從之。」〔註587〕甚而強調：「古者言之不出，恥躬之不逮也。」〔註588〕對於一個真實存在的人，如果言過其行，而無法身體力行，那就是十分可恥的。就孔子而言，因為他了解「為之難，言之得無訒乎？」〔註589〕之道理，是以要人在言語處事上「敏於事而慎於言」，〔註590〕甚而在〈里仁第四・第二十四章〉中直說：「君子欲訥於言，而敏於行。」〔註591〕

最後，吾人另就一個正人君子為人處事的身教效益上而言，孔子不僅在〈子路第十三・第六章〉提出：「其身正，不令而行；其身不正，雖令不從。」〔註592〕也在〈子路第十三・第十三章〉中提示：「苟正其身矣，於從政乎何有？不能正其身，如正人何？」〔註593〕在治理國家事務上，當政者如果自身端正，那麼人民百姓自然信服而容易順遂，反之當政者自身無法端正，那麼上樑不正下樑歪，百姓又如何能心悅誠服？是以，就如同孔子在〈顏淵第十二・第十九章〉中所說：「子欲善，而民善矣！君子之德風，小人之德草；草上之風，必偃。」〔註594〕吾人教育學子，若不能自己先端正言行、整治個人德行，那麼學子如何得以心服口服？且又該教學子何以適從呢？

（五）擅用「分別對照」

由於人們對於道德常流於認知化、形式化概念而不去實踐，是以老子多以「去彼取此」樣貌蘊含其道德律則，以使人們經由深一層的探求、覺知，而真正地去反省實踐與採取作為。

〔註585〕同註2，（魏）何晏注、（宋）邢昺疏《論語・憲問第十四》，頁123。
〔註586〕同註2，（魏）何晏注、（宋）邢昺疏《論語・憲問第十四》，頁128。
〔註587〕同註2，（魏）何晏注、（宋）邢昺疏《論語・為政第二》，頁18。
〔註588〕同註2，（魏）何晏注、（宋）邢昺疏《論語・里仁第四》，頁38。
〔註589〕同註2，（魏）何晏注、（宋）邢昺疏《論語・顏淵第十二》，頁106。
〔註590〕同註2，（魏）何晏注、（宋）邢昺疏《論語・學而第一》，頁8。
〔註591〕同註2，（魏）何晏注、（宋）邢昺疏《論語・里仁第四》，頁38。
〔註592〕同註2，（魏）何晏注、（宋）邢昺疏《論語・子路第十三》，頁116。
〔註593〕同註2，（魏）何晏注、（宋）邢昺疏《論語・子路第十三》，頁117。
〔註594〕同註2，（魏）何晏注、（宋）邢昺疏《論語・顏淵第十二》，頁109。

而則，孔子見到了社會現實中之虛假不實，不僅禮壞樂崩，且種種德行因人性之虛假而虛假，是以亟欲在此失道、失德的世代中，提醒世人真誠面對人當有所為之仁義禮信諸德行，以維護人之倫理、與社會之有儀有則，是故《論語》中便不復見「去彼取此」之語，而採較為直接明白之「分別對照」方式，如：

Ⅰ、君子（好的德行之人）是Ｆ（怎樣的善行），小人（不好的德行之人），則不Ｆ（不做怎樣的善行或做怎樣的惡行）。

Ⅱ、作何事（或何種人、何種德行）是Ｆ（怎樣的善行），且他方面也是Ｇ（另一種善行）。

由於孔子所講以直接而明白方式，分別對照「君子」與「小人」諸善、惡之德行，故一般人在德行修業上，自然是可以步步依循孔子所說方式而致道。而此種「分別對照」、相互比較之模式，亦廣泛應用於教育現場中，諸如：語言辯論、歷史分析、自然科學比較實驗……等方面，藉由此一比較對照模式應用，更可加強「去惡揚善」之實質成效。

（六）力行「自省篤踐」

孔子亦講求「即知即行」、「知行合一」之教育良效，認為唯有人真誠面對此一世界，真正謙恭與不斷反省、篤行一切對自我、對他、對此一世界之善行意志與作為（仁），才能成為一真實的人（君子），才能使此一生命真正立於所存在之價值本體中。刻就此一力行「自省篤踐」上，說明如下列幾項要點：

1、「內省與自覺」

德行實踐之所以能夠恆久持續，需透過人類自我本身（本我）與道德意志（超我）的不斷對話（此即「自省」），藉由篤行實踐所得到的生命價值體悟（此即「自覺」），而逐步提升與形成超越現實所有之自我實現理想與情操後，方能保持此一意念之不變與恆續（志於道）。是以，論語在〈學而第一·第一章〉揭櫫「學而時習之」〔註595〕之總綱，與〈第二章〉、〈第三章〉分別揭櫫人倫、為事之道後，接著於〈學而第一·第四章〉提出：「吾日三省吾身：為人謀，而不忠乎？與朋友交，而不信乎？傳，不習乎？」〔註596〕此一「自省」之要則；期望透過個人內心的自我反省與對話，能更深刻體會人之為善、

〔註595〕同註2，（魏）何晏注、（宋）邢昺疏《論語·學而第一》，頁5。
〔註596〕同註2，（魏）何晏注、（宋）邢昺疏《論語·學而第一》，頁6。

爲人所不足之處，進而反求諸己，方能立己於此世界中。

而則，光是「自省」是不夠的，還要有所「自覺」，因爲吾人此一形體受到現實世界物質之引誘後，七情六慾便容易隨逐於此，而將不由自主的改變其向善之意志與作爲，如在〈陽貨第十七・第二十一章〉中宰我與孔子的對話：

> 宰我問：「三年之喪，期已久矣！君子三年不爲禮，禮必壞；三年不爲樂，樂必崩。舊穀既沒，新穀既升，鑽燧改火，期可已矣。」子曰：「食夫稻，衣夫錦，於女安乎？」曰：「安！」「女安，則爲之！夫君子之居喪，食旨不甘，聞樂不樂，居處不安，故不爲也。今女安，則爲之！」宰我出。子曰：「予之不仁也！子生三年，然後免於父母之懷。夫三年之喪，天下之通喪也，予也，有三年之愛於其父母乎？」〔註597〕

此中就宰我的角度來看，他認爲君王三年之喪會使整個國家禮壞樂崩，不如依著自然界中如稻穀的循環規律守喪一年就好了，此一看法顯然受到世俗價值與物質生活之影響，以致個人內心悖離了人性之眞實（父母養育之恩），是以當孔子反問他內心是否眞能安心、而其仍堅定回答其心安之際，孔子當然說他「不仁」；因爲在孔子看來，生命存在之根本價值，端在於此心、此一善性，宰我受世俗與物質世界之影響，其意念上顯然失去了對自己的心、對父母（他人）的心、對人性之自然（善）、其對人性所當作爲（善行）的自我覺察與醒悟能力，那麼依此所產生之作爲，必然非依於人心、善性之眞實，而定然走向虛僞、不實之行爲舉止，那麼當然便不再是一眞實而具存在價值意義之人矣。

是以，在〈學而第一・第十五章〉子貢與孔子的對話中，〔註598〕吾人可以發覺到，子貢所反省到的「貧而無諂，富而無驕」只是個人面對世界物質所有，所產生源自於自我內心的省悟，但這並非眞實的「自覺」，因爲他仍帶有消極的成分、仍有可能成爲虛僞不實的，所以孔子進一步引導他除了依於個人內心、善性之眞實，更積極對應他人之內心、善性來眞實實踐「貧而樂，

〔註597〕同註2，（魏）何晏注、（宋）邢昺疏《論語・陽貨第十七》，頁157～158。

〔註598〕〈學而第一・第十五章〉原文：「子貢曰：貧而無諂，富而無驕，何如？子曰：可也。未若貧而樂，富而好禮者也。子貢曰：詩云：『如切如磋，如琢如磨。』其斯之謂與？子曰：賜也，始可與言詩已矣！告諸往而知來者。」因前已在「貧而樂，富而好禮」乙節中探討，故此僅節其要點、不再細論。同註2，（魏）何晏注、（宋）邢昺疏《論語・學而第一》，頁8。

富而好禮」,〔註 599〕如此才是一眞實價值與生命之存在,也才是眞正的在生命歷程中表現出個體眞正的「自覺」與眞誠對待現實生命的「善」的作爲。

　　2、「躬行君子」

　　人之所以能成爲一眞實者,就在於生活中不斷地篤行實踐爲人所當有的品德學識,就老子眼中所看到的社會現實,係其所謂之:「上士聞道,勤而行之;中士聞道,若存若亡;下士聞道,大笑之。」〔註 600〕而孔子則跳脫此一旁觀者之立場,但就其本身而言:「文,莫吾猶人也。躬行君子,則吾未之有得!」〔註 601〕之所以有如此截然不同之看法,當然就在於老子之「人需法道」〔註 602〕與孔子之「人能弘道」〔註 603〕此種對根本之道認知的相異,以致造成對人之德業實踐方向,發展出不同之進路。

　　就孔子之「文,莫吾猶人也。」〔註 604〕來看,孔子雖表示其謙恭之態度,但仍就其所努力後之成就,表達適切之自我肯定;再就「躬行君子,則吾未之有得!」〔註 605〕來看,則顯示出,孔子以躬行實踐爲一生之職志,雖足讓弟子發出「仰之彌高,鑽之彌堅」〔註 606〕之喟嘆,而則對孔子而言,除非「死而後已」,〔註 607〕否則對其一生所樂、所志之「仁道」,任是「無終食之間違仁」〔註 608〕的篤行實踐,而依然於自我生命歷程中謙卑而不自滿的認爲,永遠都不可能達成此一目標。

　　是以,在〈學而第一‧第六章〉中孔子方如是表明道:「弟子入則孝,出則弟,謹而信,泛愛眾,而親仁。行有餘力,則以學文。」〔註 609〕對德行的不斷自我眞實篤行實踐,永遠比學習知識典籍之「文」來得重要,亦如同子

〔註 599〕同註 2,(魏)何晏注、(宋)邢昺疏《論語‧學而第一》,頁 8。
〔註 600〕同註 28,(晉)王弼著、(唐)陸德明釋文《老子道德經注‧第四十一章》,頁 26。
〔註 601〕同註 2,(魏)何晏注、(宋)邢昺疏《論語‧述而第七》,頁 65。
〔註 602〕老子於《道德經‧第二十五章》提到:「人法地,地法天,天法道,道法自然。」,是以人所法之根本仍在「道」。同註 28,(晉)王弼著、(唐)陸德明釋文《老子道德經注‧第二十五章》,頁 14。
〔註 603〕同註 2,(魏)何晏注、(宋)邢昺疏《論語‧衛靈公第十五》,頁 140。
〔註 604〕同註 2,(魏)何晏注、(宋)邢昺疏《論語‧述而第七》,頁 65。
〔註 605〕同註 2,(魏)何晏注、(宋)邢昺疏《論語‧述而第七》,頁 65。
〔註 606〕同註 2,(魏)何晏注、(宋)邢昺疏《論語‧子罕第九》,頁 79。
〔註 607〕同註 2,(魏)何晏注、(宋)邢昺疏《論語‧泰伯第八》,頁 71。
〔註 608〕同註 2,(魏)何晏注、(宋)邢昺疏《論語‧里仁第四》,頁 36。
〔註 609〕同註 2,(魏)何晏注、(宋)邢昺疏《論語‧學而第一》,頁 7。

夏在〈學而第一・第七章〉所說:「賢賢易色,事父母能竭其力,事君能致其身,與朋友交,言而有信,雖曰未學,吾必謂之學矣。」〔註610〕能真正篤行實踐於對自我、對父母尊親、對他人、對此世間所有一切之德行善舉的人,是比只知而不行的書呆子,更為真實而更有價值意義的。

3、「克己復禮」

對於事件微細變化「防患未然」的觀念,老子抱持著「為之於未有,治之於未亂。」〔註611〕的作為,在一切變化未起之前先加以消融、打散。就此一點,因為孔子看到了「未見好德如好色者也!」〔註612〕的現實社會景況,許多人不僅行為舉止上、甚至心志上,常被物質世界聲色所引發的慾念所把持,此種常常導致「放於利而行,多怨。」〔註613〕只為追逐物質聲色犬馬享樂小利之欲望,而遭來他人的怨憾的後果,是以他在〈衛靈公第十五・第十一章〉提示吾人:「人無遠慮,必有近憂。」〔註614〕之概念,提醒人們,於任何舉止動念之前均當深思熟慮,是否符合善行意念?是否危害他人?以自我真實履踐的德行來面對現實所有一切,才不致造成自我在現實生活中的擾攘不安。

那麼,該如何為?在〈顏淵第十二・第一章〉中,有一段顏回與孔子的對話:

> 顏淵問仁。子曰:「克己復禮為仁。一日克己復禮,天下歸仁焉。為仁由己,而由人乎哉?」顏淵曰:「請問其目?」子曰:「非禮勿視,非禮勿聽,非禮勿言,非禮勿動。」顏淵曰:「回雖不敏,請事斯語矣!」〔註615〕

吾人試譯其意:顏淵請問孔子什麼是人所當有真實履踐之德行。孔子回答他:「約束自己貪婪無德的慾望,並使自己所有的行為舉止都合乎於禮,這便是人所當有真實履踐之德行。如果每個人一旦約束自己而使行為舉止都合於禮,那麼天下所有一切也就歸於仁道了。修養此一仁德全靠自己發自內心真

〔註610〕同註2,(魏)何晏注、(宋)邢昺疏《論語・學而第一》,頁7。
〔註611〕同註28,(晉)王弼著、(唐)陸德明釋文《老子道德經注・第六十四章》,頁39。
〔註612〕同註2,(魏)何晏注、(宋)邢昺疏《論語・衛靈公第十五》,頁139。
〔註613〕同註2,(魏)何晏注、(宋)邢昺疏《論語・里仁第四》,頁37。
〔註614〕同註2,(魏)何晏注、(宋)邢昺疏《論語・衛靈公第十五》,頁139。
〔註615〕同註2,(魏)何晏注、(宋)邢昺疏《論語・顏淵第十二》,頁106。

正誠實的去篤行實踐，這根本無法憑藉別人、或要求別人就能夠修持好的！」顏淵再問：「請問更深一層的具體方法與作為。」孔子則回答：「不符合禮的事不去看，不符合禮的話不去聽，不符合禮的言語不去說，不符合禮的行為不去做。」顏淵說；「我顏回雖然駑鈍，但我願意遵循您的話語來實踐它！」

此中顯示，孔子強調對應外在世界的所有，仍以自己內心中是否願意真誠的篤行實踐良善作為為一切之依歸，重點不在於他人所為之事物是否合乎禮、合乎良善，而在反求諸己於自己的言行舉止是否先做到善的意念與作為，當大家都能做到這一點，那麼又何需去要求別人，自然天下就太平了。

在〈衛靈公第十五·第十四章〉中孔子說到：「躬自厚，而薄責於人，則遠怨矣！」〔註616〕此即是「克己復禮」態度的實踐，如果人人皆能「律己以嚴、待人以寬」以應對他人，那麼別人還有什麼可以抱怨的呢？而在〈衛靈公第十五·第十七章〉孔子所說：「君子義以為質，禮以行之，孫以出之，信以成之，君子哉！」〔註617〕以「義」、「禮」為行為準則，以「謙」、「信」為言語基準，這不就是「克己復禮」態度言行的實踐作為，如此一來不是更積極的消弭禍患呢？

是以，教育學子除了以老子「為之於未有，治之於未亂。」〔註618〕的方法隨時觀察的學生言行舉止、思想態度與及時引導外，教師亦當以「人師」之作為，反求諸己真實於「克己復禮」的言行實踐中，如能做到「律己以嚴、待人以寬」的話，那麼學生必為此一真實作為所感化，而願意始終於積極向上矣。

4、「循循善誘」

教育乃百年大計，須依大處著眼、小處著手，腳踏實地、循序向前之步驟而為之；如只圖方便急就而不按部就班，恐只落得偃苗助長而一事無成之下場。是以老子提示：「合抱之木，生於毫末；九層之臺，起於累土；千里之行，始於足下。」〔註619〕

在《論語》中，孔子似乎並未提出此種具體主張，而則，果真如是？孔

〔註616〕同註2，（魏）何晏注、（宋）邢昺疏《論語·衛靈公第十五》，頁139。
〔註617〕同註2，（魏）何晏注、（宋）邢昺疏《論語·衛靈公第十五》，頁139。
〔註618〕同註28，（晉）王弼著、（唐）陸德明釋文《老子道德經注·第六十四章》，頁39。
〔註619〕同註28，（晉）王弼著、（唐）陸德明釋文《老子道德經注·第六十四章》，頁39。

子弟子顏回在〈子罕第九・第十章〉如此稱道：

夫子循循然善誘人：博我以文，約我以禮。〔註620〕

其中，顏回所謂之「循循然善誘人」顯然即是指孔子在教育上具有「循循善誘」之方法；那麼孔子又如何實施「循循善誘」的具體作為呢？當然就是顏回後面接著所說的「博我以文，約我以禮」了。

孔子不僅以「博文約禮」來循序教導弟子，他也一再向弟子們提示「博文約禮」的重要性，如〈雍也第六・第二十五章〉孔子提到：「君子博學於文，約之以禮，亦可以弗畔矣夫！」〔註621〕而在〈顏淵第十二・第十五章〉中又提及：「博學於文，約之以禮，亦可以弗畔矣夫。」〔註622〕此皆顯示出，「博文約禮」是使一個人真正成為一個「君子」最重要的方法手段。

就「文」、「禮」二義而言，因〈述而第七・第十七章〉有言：「子所雅言：詩、書、執禮，皆雅言也。」〔註623〕故此中當是以《詩》、《書》作為博學之「文」之基本教材，而以「執禮」為約束言行舉止之所依，如同〈季氏第十六・第十三章〉中，孔子對兒子伯魚所言：「不學詩，無以言！」與「不學禮，無以立！」〔註624〕二者之例。而在〈陽貨第十七・第九章〉孔子說道：「詩，可以興，可以觀，可以群，可以怨；邇之事父，遠之事君；多識於鳥、獸、草、木之名。」〔註625〕此表明藉《詩》之「文」可學到「興」、「觀」、「群」、「怨」、「事父」、「事君」、「多識於鳥、獸、草、木之名」等諸事，亦藉此「文」而學到如何「執禮」，是故顯然可見「文」、「禮」二者，當由「博學於文」中再進而「約之以禮」。

另外，在〈述而第七・第八章〉中孔子說道：「不憤不啟。不悱不發。舉一隅不以三隅反，則不復也。」〔註626〕其意指：「不到學生意欲明白而卻不明白之際，是不去啟發他的；不到學生欲言卻不知如何說出之際，是不去引導他說的；教導學生一部分的知識，他卻不能反推出其他三方面的知識，也就不再去重複教他了。」此中亦意謂，教學上需順著學生的經驗、思路一步步

〔註620〕同註2，（魏）何晏注、（宋）邢昺疏《論語・子罕第九》，頁79。
〔註621〕同註2，（魏）何晏注、（宋）邢昺疏《論語・雍也第六》，頁55。
〔註622〕同註2，（魏）何晏注、（宋）邢昺疏《論語・顏淵第十二》，頁109。
〔註623〕同註2，（魏）何晏注、（宋）邢昺疏《論語・述而第七》，頁62。
〔註624〕同註2，（魏）何晏注、（宋）邢昺疏《論語・季氏第十六》，頁150。
〔註625〕同註2，（魏）何晏注、（宋）邢昺疏《論語・陽貨第十七》，頁156。
〔註626〕同註2，（魏）何晏注、（宋）邢昺疏《論語・述而第七》，頁61。

加以誘導，讓學生在學識德業上能藉由認真學習而能逐步自覺、與領悟所得後，才繼續予以指導修正，那麼自然而然會達成教學的成效；而如果學生自身並無意於學識德業的認真學習，且毫無自覺、與領悟所得的話，那麼師長的勸導往往會流於「說教」，而終究圖勞而無功的。

（七）注重「師生之道」

就師生相處之道來看，《論語》中亦提示吾人二項要點：

1、「成人之美」

老子在《道德經・第四十九章》提及：「聖人無常心，以百姓心爲心。善者吾善之，不善者吾亦善之，德善。信者吾信之，不信者吾亦信之，德信。」〔註627〕認爲一個聖人在教育子民之時，要發揮「教育愛」的大愛精神，自己無有私心、私意、私情，而以百姓之心爲心；且不論是善者抑或不善者，都一體善待之；不論是信者或不信者，都一體信任之。這種「教育愛」，當然亦成爲現代專業、敬業教師們所需要的最根本條件，當教師以同理心來善待、信任所有的學生，那麼學生自然受教師德行的薰陶影響，而逐步向善。

與之相較，孔子則進一步以務實積極的態度出發，除了在〈衛靈公第十五・第三十八章〉提出：「有教無類。」〔註628〕主張教育對象不當以物質上之貴賤、貧富而分別之的「教育機會均等」外，更積極提示吾人：任何人只要積極向學，身爲教師者是不能任意剝奪、或取消學生向學機會的；就如同〈述而第七・第二十八章〉中孔子接受互鄉童子的學習理由一般，童子既「潔己以進」，身爲教師者便當要積極的：「與其進也，不與其退也。」〔註629〕

其次，在學生的學習過程中，孔子也提示教師們，要積極的做到：「成人之美」與「不成人之惡」，〔註630〕使學生在德業、學識上能夠盡量成就其至善、至眞、至美之意念與作爲，而非阻擾學生使之成就其向惡之意念與作爲。那麼如何成就呢？

在〈述而第七・第三十一章〉中如是寫著：

〔註627〕同註 28，（晉）王弼著、（唐）陸德明釋文《老子道德經注・第四十九章》，頁 29～30。

〔註628〕同註 2，（魏）何晏注、（宋）邢昺疏《論語・衛靈公第十五》，頁 141。

〔註629〕同註 2，（魏）何晏注、（宋）邢昺疏《論語・述而第七》，頁 64。

〔註630〕〈顏淵第十二・第十六章〉：「子曰：君子成人之美，不成人之惡；小人反是。」
同註 2，（魏）何晏注、（宋）邢昺疏《論語・顏淵第十二》，頁 109。

子與人歌而善，必使反之，而後和之。〔註631〕

就音樂而言，孔子對於音樂的深入了解與造詣可以說極為擅長與專精，但是當孔子與他人一起歌唱時，卻常不自居於其所長，在別人唱得好時，請他人再唱一遍，然後謙下的以另一與別人所唱主旋律相輔相成的輔旋律來「和之」，使歌聲因此起伏迴蕩、而達到更和諧、愉悅之境界。這其中顯然提示著我們：身為一個教師並非以個人的至善為目標，而在於從「己欲立而立人，己欲達而達人」〔註632〕中，去幫助學生達到他們的至善目標。所謂：「青出於藍而勝於藍。」學生能夠在德行學業的成就上超過老師，是每個教師所該有的真正抱負與理想，也才是每位老師真正的驕傲；是以當隨時從細微言行舉止處，去發覺學子的優美與其理想抱負，並時時加以輔助、導引之，那麼學生自能因其所欲之成就而積極向學。

其次，在〈公冶長第五‧第九章〉中孔子與子貢就顏回「回也聞一以知十」而自嘆：「弗如也，吾與女弗如也。」〔註633〕與孔子在〈雍也第六‧第九章〉一再地稱讚顏回：「賢哉回也！一簞食，一瓢飲，在陋巷，人不堪其憂，回也不改其樂。賢哉回也！」〔註634〕顯見孔子對於弟子之賢德，是樂見其超過孔子本身的。又就〈先進第十一‧第二章〉中所列舉的孔子諸弟子們的成就：「德行：顏淵、閔子騫、冉伯牛、仲弓。言語：宰我、子貢。政事：冉有、季路。文學：子游、子夏。」〔註635〕更可證實，孔子一再的以言語行動來告訴吾人：身為教師，更要積極的做到：「成人之美」與「不成人之惡」，〔註636〕讓學生在德業、學識上能夠真實完美的成就，當是身為教師者最大之成就與榮譽。

就如同在〈為政第二‧第二十章〉中孔子所說：「舉善而教不能，則勸。」〔註637〕與在〈子張第十九‧第三章〉中子張提及所聽聞到之：「君子尊賢而容眾，嘉善而矜不能。」〔註638〕積極的對學生個人的「成人之美」，不僅可成就學生的德業學識，在另一方面，也因教師積極所成就的楷模、積極容納學生的多樣發展，更能帶動與感動所有其他的學生積極追尋自我真實的善行意

〔註631〕同註2，（魏）何晏注、（宋）邢昺疏《論語‧述而第七》，頁65。
〔註632〕同註2，（魏）何晏注、（宋）邢昺疏《論語‧雍也第六》，頁55。
〔註633〕同註2，（魏）何晏注、（宋）邢昺疏《論語‧公冶長第五》，頁42。
〔註634〕同註2，（魏）何晏注、（宋）邢昺疏《論語‧雍也第六》，頁53。
〔註635〕同註2，（魏）何晏注、（宋）邢昺疏《論語‧先進第十一》，頁96。
〔註636〕同註2，（魏）何晏注、（宋）邢昺疏《論語‧顏淵第十二》，頁109。
〔註637〕同註2，（魏）何晏注、（宋）邢昺疏《論語‧為政第二》，頁18～19。
〔註638〕同註2，（魏）何晏注、（宋）邢昺疏《論語‧子張第十九》，頁171。

念，那麼這最後的結果不是更令人愉悅而感動不已的嗎？

2、「何常師之有」

在《論語》書中，有許多孔子與諸弟子間相處論道之篇章，就篇章中來看，孔子極少以權威姿態來壓服弟子，〔註639〕師生之間相處以禮、而真誠、平等對待之，是以師生關係可謂之「亦師亦友」。

對於弟子好的品德言行，孔子會不吝於稱讚之；如在〈公冶長第五・第四章〉稱讚子貢如美玉（瑚璉）一般、〔註640〕在〈雍也第六・第一章〉也稱讚仲弓：「雍也，可使南面。」〔註641〕相對於弟子不好的品德言行，孔子也不會忘了提醒他們，如：〈子罕第九・第二十六章〉孔子先是稱讚子路：「衣敝縕袍，與衣狐貉者立，而不恥者，其由也與！『不忮不求，何用不臧？』」〔註642〕但見到子路以此自滿時，又提醒他：「是道也，何足以臧？」；又如在〈雍也第六・第十章〉中聽到冉有說：「非不說子之道，力不足也。」而提醒他：「力不足者，中道而廢，今女畫。」〔註643〕不要以藉口自我設限。諸如此類的篇章，在《論語》書中可謂不勝枚舉。

孔子教導弟子，總是光明正大而從來不曾有所隱瞞，如他在〈述而第七・第二十三章〉說道：「二三子以我為隱乎？吾無隱乎爾！吾無行而不與二三子者，是丘也。」〔註644〕而陳亢在〈季氏第十六・第十三章〉中所言：「又聞君子之遠其子也。」〔註645〕亦可證之。與弟子們在一起，總是心平氣和、無所私

〔註639〕除了在〈公冶長第五・第十章〉中因為宰予的言行不一，且在白天睡大覺，是以孔子才罵他：「朽木不可雕也，糞土之牆，不可杇也。於予與何誅！」與「始吾於人也，聽其言而信其行。今吾於人也，聽其言而觀其行。於予與改是。」等諸句，提示弟子要做一位表裡合一的真實君子。同註2，（魏）何晏注、（宋）邢昺疏《論語・公冶長第五》，頁43。

〔註640〕〈公冶長第五・第四章〉：「子貢問曰：賜也何如？子曰：女器也。曰：何器也？曰：瑚璉也。」同註2，（魏）何晏注、（宋）邢昺疏《論語・公冶長第五》，頁41。

〔註641〕同註2，（魏）何晏注、（宋）邢昺疏《論語・雍也第六》，頁51。

〔註642〕〈子罕第九・第二十六章〉：「子曰：衣敝縕袍，與衣狐貉者立，而不恥者，其由也與！『不忮不求，何用不臧？』子路終身誦之。子曰：是道也，何足以臧？」同註2，（魏）何晏注、（宋）邢昺疏《論語・子罕第九》，頁81。

〔註643〕〈雍也第六・第十章〉：「冉求曰：非不說子之道，力不足也。子曰：力不足者，中道而廢，今女畫。」同註2，（魏）何晏注、（宋）邢昺疏《論語・雍也第六》，頁53。

〔註644〕同註2，（魏）何晏注、（宋）邢昺疏《論語・述而第七》，頁63。

〔註645〕同註2，（魏）何晏注、（宋）邢昺疏《論語・季氏第十六》，頁150。

心的共同討論，以抒發及誘導弟子們的心志，如：〈公冶長第五·第二十六章〉：

> 顏淵、季路侍。子曰：「盍各言爾志？」子路曰：「願車馬、衣（輕）
> 裘，與朋友共，敝之而無憾。」顏淵曰：「願無伐善，無施勞。」子
> 路曰：「願聞子之志！」子曰：「老者安之，朋友信之，少者懷之。」
> 〔註646〕

此中與顏淵、子路談談各自的志向，也談自己的心志；在討論中孔子與弟子
各言各別志向，也恭敬的聽聞他人志向，沒有地位高低或貧富貴賤之別，而
只有相互的尊重欣賞。又如在〈先進第十一·第二十五章〉中，和子路、曾
皙、冉有、公西華等人的共同討論亦是如此。〔註647〕

弟子有所不滿時，可以及時提出來，或許有時會有些輕率而無禮，但孔子
也能體諒且坦白真誠的表達自己的見解，如：在〈雍也第六·第二十六章〉中：
「子見南子。子路不說。夫子矢之曰：予所否者，天厭之！天厭之！」〔註648〕
與〈陽貨第十七·第五章〉中：「公山弗擾以費畔，召，子欲往。子路不說，曰
末之也已，何必公山氏之之也？子曰：夫召我者，而豈徒哉？如有用我者，吾
其為東周乎！」〔註649〕及〈陽貨第十七·第七章〉中：「佛肸召，子欲往。子
路曰：昔者由也聞諸夫子曰：『親於其身為不善者，君子不入也。』佛肸以中牟
畔，子之往也如之何？子曰：然，有是言也。不曰堅乎？磨而不磷。不曰白乎？
涅而不緇。吾豈匏瓜也哉？焉能繫而不食！」〔註650〕等篇章，或許因為南子、
公山弗擾、佛肸等人皆屬虛偽不實之亂臣賊子、淫亂之人，以致子路都以不悅
的態度向孔子直率表達，但孔子總能坦然接受且據實以回答子路的詰問。此中
所看到的，就是師生之間平等而真誠的對待，是以當然能有亦師亦友的良性關
係發展。

此外，因為孔子畢生所主張的、所教導的，就在於讓一個人透由不斷地
真實篤行而成為一個真正具有至善之作為與意念的人，所以對孔子來說，如
果弟子能夠在「仁道」的實踐與體悟上，想得更深入而透徹的話，有時孔子
甚至會有「依道不依人」之提示。如：〈雍也第六·第一章〉中：

> 子曰：「雍也，可使南面。」仲弓問子桑伯子。子曰：「可也，簡。」

〔註646〕同註2，（魏）何晏注、（宋）邢昺疏《論語·公冶長第五》，頁46。
〔註647〕同註2，（魏）何晏注、（宋）邢昺疏《論語·先進第十一》，頁100～101。
〔註648〕同註2，（魏）何晏注、（宋）邢昺疏《論語·雍也第六》，頁55。
〔註649〕同註2，（魏）何晏注、（宋）邢昺疏《論語·陽貨第十七》，頁154～155。
〔註650〕同註2，（魏）何晏注、（宋）邢昺疏《論語·陽貨第十七》，頁155。

仲弓曰：「居敬而行簡，以臨其民，不亦可乎？居簡而行簡，無乃大

簡乎？」子曰：「雍之言然。」〔註651〕

對於仲弓提出「居敬而行簡」而非「居簡而行簡」的看法，孔子是表示贊同
的。另如〈陽貨第十七‧第四章〉中：

子之武城，聞弦歌之聲。夫子莞爾而笑曰：「割雞焉用牛刀？」子游

對曰：「昔者，偃也聞諸夫子曰：『君子學道則愛人，小人學道則易

使也。』」子曰：「二三子！偃之言是也。前言戲之耳！」〔註652〕

雖教化百姓之法當以「禮」為首要、而非以「樂」為先（故「割雞焉用牛刀」），
但因子游所提「君子學道則愛人，小人學道則易使也。」（「學道而行」）的看
法是真實不虛，故其方法雖不切實際，但孔子仍然承認說：「偃之言是也。前
言戲之耳！」同樣地在〈公冶長第五‧第九章〉中：

子謂子貢曰：「女與回也孰愈？」對曰：「賜也何敢望回？回也聞一以

知十，賜也聞一以知二。」子曰：「弗如也，吾與女弗如也。」〔註653〕

由於顏回「聞一以知十」認真求學的態度，不僅子貢自嘆不如，就連孔子也
自嘆不如。

是以，孔子以真實的言行教導學生依止於「仁道」之真實，而不要依止
於對孔子個人學識修養的崇拜，如〈衛靈公第十五‧第三十五章〉中孔子所
言：「當仁不讓於師。」〔註654〕即是如此。既為人、便不免於言行上會有過失，
不管是老師抑或學生，重點在於犯錯之後是否有真實地面對過失，去「觀過」、
「改過」且「不二過」，如果不能真實以對，那就不是一真實的「正人君子」，
那又有何面目堪此「教師」之責？

就如同〈述而第七‧第二十一章〉孔子所稱：「三人行，必有我師焉。擇
其善者而從之；其不善者而改之。」〔註655〕所謂善者，便在於其真實面對且
為人之所當為之言行舉止、之善行意志，每個人都有其良善之德行，這就是
我們所要學習之所在，至於虛偽不實之處，則又是吾人據以反恭自省的地方
了。是以，在〈子張第十九‧第二十二章〉中，子貢方如此回答公孫朝：「文
武之道，未墜於地，在人。賢者識其大者，不賢者識其小者，莫不有文武之

〔註651〕同註2，（魏）何晏注、（宋）邢昺疏《論語‧雍也第六》，頁51。
〔註652〕同註2，（魏）何晏注、（宋）邢昺疏《論語‧陽貨第十七》，頁154。
〔註653〕同註2，（魏）何晏注、（宋）邢昺疏《論語‧公冶長第五》，頁42。
〔註654〕同註2，（魏）何晏注、（宋）邢昺疏《論語‧衛靈公第十五》，頁141。
〔註655〕同註2，（魏）何晏注、（宋）邢昺疏《論語‧述而第七》，頁63。

道焉。夫子焉不學，而亦何常師之有？」〔註656〕不僅孔子自身「何常師之有？」他也在日常生活之中，真實地教導弟子：要在人世間做一個真實篤行實踐於仁道的正人君子，而這凡能真實篤行對自我、對他人、對此世間所有一切事物之善的作為與意念的人，就是我們所要依止、學習的老師了。

（八）闡揚「為人之德」

老子於《道德經‧第六十七章》中論及：「我有三寶，持而保之：一曰慈，二曰儉，三曰不敢為天下先。」〔註657〕主張人人保持「慈」（慈愛）、「儉」（儉省）及「不敢為天下先」（謙讓）等「生活三寶」。就此三德來看，「儉」在自我的身體力行實踐，「讓」則是自我面對外界情境時所表現謙卑態度與行為，而「慈」則是發乎內心而對外在人事物的真誠關愛；是以，重己亦重人、立己亦立人，無我亦無私。

而就孔子來說，人既為人，就當真真實實的為人，不管對己、對他、對外界事物，均當如此；是以，孔子期許自我與所有的人都當：「志於道，據於德，依於仁」〔註658〕不管在意志力上、在知性上、在情感上，都能真實的發自內心且堅持地來實踐「仁道」。

在〈學而第一‧第十章〉中有如是的一段對話：

> 子禽問於子貢曰：「夫子至於是邦也，必聞其政，求之與？抑與之與？」子貢曰：「夫子溫、良、恭、儉、讓以得之。夫子之求之也，其諸異乎人之求之與！」〔註659〕

其意約為：「子禽對於孔子到任何國家中，都能聽聞到該國的政事而感到很奇異，是以便問子貢此一能力是否為孔子自己對人所求而來，還是別人自動提供孔子的？子貢回答他：孔子以溫和、善良、恭敬、節儉、謙讓的態度與行為對待他人，是以獲得別人信賴而自願提供消息。這種的求取方法，是與一般人的求取方式不同的。」此中意謂著，一般人會為了權位、功名、利祿或其他物質因素，而採用種種正當或不正當的手段來求取所需，而孔子是不同於一般人的，因其所採用的方式並非不善或是有所傷害的：因溫和而能循序

〔註656〕同註2，（魏）何晏注、（宋）邢昺疏《論語‧子張第十九》，頁173。
〔註657〕同註28，（晉）王弼著、（唐）陸德明釋文《老子道德經注‧第六十七章》，頁41。
〔註658〕同註2，（魏）何晏注、（宋）邢昺疏《論語‧述而第七》，頁60。
〔註659〕同註2，（魏）何晏注、（宋）邢昺疏《論語‧學而第一》，頁7。

漸進、因善良而無絲毫之不正當作爲、因恭敬而不驕而不使人忿疾、因節儉而能不貪圖求取、因謙讓而能爲他人而非爲己；是以其態度、手段、對人、處事及其自身之所欲取之目的，一皆不同於他人，而如此眞實而美善，如其所言之「不忮不求」〔註660〕一般，那麼又有何而不能得聞呢？

此亦揭露出，吾人爲求生存所當採取之意念與作爲，即此孔子所行「溫、良、恭、儉、讓」〔註661〕之五德，比諸於老子之「慈、儉、讓」是更爲積極且眞實的。而則，孔子所講求之德不僅止於此，在〈陽貨第十七・第六章〉中，子張與孔子的對話中，孔子也提到：「恭、寬、信、敏、惠」〔註662〕從政者之五德，在其他篇章中，更提到忠、恕、孝、悌、信……等諸德行，對孔子而言，行德才是行道、才是行仁，不僅在「己立立人、己達達人」、「推己及人」之眞實實踐，更在將「人」之存在價值，眞眞實實的體現於此一世間，而相對的，惟透過人的眞實行道、行德與行仁，此一世界才具有眞實性的意義可言，也才能成爲人眞實所存在的太平世界。

第五節　本章小結：《論語》教育思想概觀

透由《論語》全書中所蘊含之教育意義、教育目的、教育方法、教育內容等四小節教育內容之探討後，吾人今仍就將此簡略歸納，以求提綱挈領之效。

一、《論語》之教育意義

（一）《論語》亦主張「求智」、「求學」

透由對於《論語》教育意義之探析，吾人了解到：《論語》一書以其淺顯、易懂、易行之教育理念，而成爲數千年來文治教化之「顯學」經典。而經由分析了解中，仍可發覺其與老子《道德經》所主張之教育理念仍極相近，其因如下：

1、就「智」而言：《論語》提示「智」係在於幫助、了解且實踐「仁」，要求「惡徼以爲知者」〔註663〕不造假、不虛飾且要長期不斷練習，此表明其

〔註660〕同註2，（魏）何晏注、（宋）邢昺疏《論語・子罕第九》，頁81。
〔註661〕同註2，（魏）何晏注、（宋）邢昺疏《論語・學而第一》，頁7。
〔註662〕同註2，（魏）何晏注、（宋）邢昺疏《論語・陽貨第十七》，頁155。
〔註663〕同註2，（魏）何晏注、（宋）邢昺疏《論語・陽貨第十七》，頁159。

對「智」非全盤肯定而係有條件性的。對照於《道德經》所強調「要去除"多智巧詐"之智」,兩者並未有所悖離。

2、就「知」而言:《論語》對於「知道」、「了解(欣賞)」、「體悟」、「知識」、……等不僅積極肯定,且更期望以不作假、虛飾且眞實的學習態度,不斷地求知、實踐與反省。此與老子《道德經》之不全面反對「知」亦無所異。

3、就「學」而言:《論語》爲學首要在於「篤行實踐」,誠實而認眞的對待自己的學習才是一切學習的基礎。其「謀道不謀食」、[註664]「憂道不憂貧」[註665]的學習態度與老子《道德經》所反對爲「功名利祿」而做的「學習」無異乎!

4、就整個《論語》篇章來看,孔子有條件性的求「智」、求「知」、求「學」,其所「積極肯定」與主張之教育思想,與老子《道德經》係相輔相成無異!

(二)《論語》之教育主張

就《論語》全書中含有「教」字之內容章句加以分析,吾人得知其教育主張如下二點:

1、《論語》中透露教育的意義與價值,在於能由實際生活體驗中,去改變個人品德、行爲與變化氣質;且由個人自己,而影響及他人、國家,讓大家眞實的去對待自己、也眞誠的對待他人、他物,此即實現孔子所言之「仁道」。

2、《論語》透露孔子以「文,行,忠,信。」[註666]四個方向教育子弟,揭露其普通而且平實的教育內容;又以「有教無類。」[註667]來宣揚其平民化、普遍化之教育理念。是以孔子所開之學派當然成爲春秋戰國時代之「顯學」,也當然成就了《論語》之所以在中國歷代政治教化扮演重要角色之功勞。

二、《論語》之教育目的

藉由探討《論語》思想體系中心所在之「孔子之『道』的教育哲理」,及論析「《論語》中理想之人格」與「《論語》中理想之國家」等要點後,吾人勾勒出《論語》之教育目的概況如下。

〔註664〕同註2,(魏)何晏注、(宋)邢昺疏《論語·衛靈公第十五》,頁140～141。
〔註665〕同註2,(魏)何晏注、(宋)邢昺疏《論語·衛靈公第十五》,頁140～141。
〔註666〕同註2,(魏)何晏注、(宋)邢昺疏《論語·述而第七》,頁63。
〔註667〕同註2,(魏)何晏注、(宋)邢昺疏《論語·衛靈公第十五》,頁141。

（一）孔子之「道」中之教育哲理

吾人藉由《論語》中孔子之道的「道」諸性格中，來探詢其論「道」與「人」相關之教育意涵，得到其教育哲理之重點如下：

1、孔子的「道」非自然存在之「天道」，而係人為之「道」——「仁道」。「仁道」實踐之行為在「孝悌」、在「忠恕」、在人類對於自己、他人乃至遍及天下之所有他物所行「真實、至誠、無愧之一切善行、作為」。

2、「道」是人人所求之至極，而人人皆可因「學」而達「道」。惟由行住坐臥中隨時隨地真誠地去實踐「道」，方能成為一個真正為大家所尊崇的「君子」。

3、修道之實踐工夫在「無終食之間違仁」，面對真實物質生活之引誘或壓力始終保持著客觀且超然的態度，堅持惟有「行道（行仁）」才是「學道」者所要之「至真」。

（二）《論語》中理想之人格

《論語》全書自〈學而第一·第一章〉起至〈堯曰第二十·第三章〉止，均談到「君子」之德，且全書中「君子」一詞計出現凡 107 次，是以可確定「君子」為《論語》書中之理想人格。其要點如下：

1、「君子」所重之個人修為：在面對自我時，要做到「躬行實踐」、「反求諸己」、「學以致道」、「博文約禮」、「文質彬彬」、「動容貌、正顏色、出辭氣」……等。在對待他人，要做到「真知真行」、「言行篤實」、「敏行納言」、「和睦謙讓」、「尊賢容眾」、「依道而行」、「不偏袒徇私」、「以友輔仁」、「成人之美」、……等。在處世作為上，要能不為物質生活之所惑、所限，行所當行、止所當止。此諸標準，皆在要求一個人若要成為一「真實的君子」，惟由自己真誠之「自覺」出發，真實對自我、他人、他物而作為（「行仁」），才有真實存在於此世界之價值性，亦才能顯現生命之所以在此時空中為一生命之尊貴真實性（「仁道的世界」）。

2、「君子」之外在治國德行標準計有：守禮、守節、修己、修德、行義、合禮、忠信、無私、恭敬、「尊五美、屏四惡」……等諸修養，此與其平時之內在修為要求亟為一致。另外，君子注重教化之功能，亦可幫助國家長治久安。

3、「真實的君子」，不管是對自己、對他人、對處世、對治國等方面，都要求以「真實」為最基本要件，強調以真誠的自我來面對此世界中的他人、他物，而所有一切德行、言語與作為，才會有真實存在之價值性。一切內外德行，亦皆與孔子「仁道」所展開之諸性格，以及「仁道」之教育意義與價

值……等一致而無悖離。

4、除了「君子」以外，《論語》中對於「士」的人格亦有所要求期盼，在「士」的個人、待人、處世、為官等方面之人格要求，都與對「君子」的要求一般而無異。是以孔子的教育之理想人格培養目的，當在使人真實的面對自己、面對他人、面對世界並誠實的行其當有之善的意念與作為，以成就至真、至善、至美太平世界理想。

（三）《論語》中理想之國家

《論語》書中之理想國家重要概念如次：

1、不論是為國、為邦亦或為天下之道，理想之國家對外以「禮讓」為先，不在「用兵瀆武」，而重「濟弱扶傾」，此與老子所主張之「下流」、「去兵」、「尚慈」等概念之用意係殊途而同歸。

2、理想之國家對子民之治理，消極上先求「均無貧」、「和無寡」，積極上則講求「敬」、「信」、「節」、「愛」、「用賢」、「行禮樂」等諸「文德之治」。

3、就理想上，「聖人治國」方是孔子心目中理想國家之致極實現；而現實環境中，當是由孔子心中之「君子」、「士」依循「孔子之仁道」所治理的國度，方是孔子真正念茲在茲的理想國家。

三、《論語》之教育內容

《論語》之思想體系純為一實現其「仁道之治」之教育理想、目標而編纂成，而因其究竟非以「成器」之專門技藝、學科為編輯所要，是故論對於現今之教育內容、方法，亦僅能由其顯明篇章內容中加以探析組織條列。

（一）生存的知能

《論語》書中關於生理健康、心理健康、以及種族延續的各種知識和能力之「生存的知能」，約略如下三點：：

1、「積極而剛健」：孔子一反老子態度，意欲藉由周文的復興、禮樂之治的大化，使人回到堯、舜、禹、湯而至周朝文王、武王、周公時天下大安，百姓安康的局勢，是以他採取剛健不息的態度與明知不可為而為之的堅持意念，來面對、承擔此一重責大任，在其「君子」、「士」諸般理想的人格，在其所倡之仁道中，便均蘊含此一種「積極而剛健」之特質。

2、「學以致其道」：孔子於反思中看到了人之所以能為人的光明面，那就

是「學」。透由「文，行，忠，信」〔註668〕的教育實質內容學習，每個人只要肯學，都可以藉由「下學而上達」〔註669〕的方式，由踏實而積極的學習實踐中，真正的成人、成士、成君子、甚而成聖賢。

3、「君子無所爭」：人與人之所以能長久互利共存之道，關鍵就在「謙和而無爭」的態度上；面對人與人間來往不可避免的種種事務，正人君子所要採取的作為，在於對己要求莊重而自守，不與人相爭；待人則求和諧相處，而不結黨營私。由真誠的自我出發、而待人、而處世，那麼這會是一個和睦相處、和平共榮的大同世界，而非一個爾虞我詐、爭鬥虛假的黑暗世界。

（二）生活之知能

面對於提昇生活之品質，所需要在食、衣、住、行、育、樂與謀生（職業）之技能等方面知識、技能與理念，《論語》中提示吾人者約略如下四種：：

1、「食無求飽，居無求安」：孔子在對治人性之貪婪上，仍強調以禮樂為優先，忠實地在人的行為規則上，合理地講求對生活週遭「食」、「衣」、「住」、「行」、「育」、「樂」上一切所需的「無求」態度與作為。因個人現實物質環境不一，富貴貧賤並非每個人一夕之間就可改變的，是以不必要去「過度的索求」。

2、「貧而樂，富而好禮」：日常生活中表現「無求」的態度與作為，只是孔子心中個人最基本的為人之道。在面對他人之際，能夠積極的實踐「貧而樂，富而好禮」，才是個體在生命歷程中表現出真正的「自覺」，能「自覺」於「貧」而「樂之」、「自覺」於「富」而仍「禮之」，這即是個體真誠對待現實生命的「善」，也才是真正符合於「仁」的作為。

3、「君子不器」：一個真實的人，當不受現實物質、外在事物價值之所限制；如果只知追求功名利祿，迷戀於科技物質所帶與人的效率與工具性，那麼終將只會把一生之生命、感情耗費於無感情生命之物質與機械中，而不再知覺有「人」、有「他人」、有「人性」與「人文」的真實與美感價值，受物器所役而自限，成了一非真實之「人」。

4、「子以四教：文、行、忠、信」：孔子終其一生所實踐者，與終其一生所教育者，只在：「學習《詩》、《書》等典籍、學會一切基本德行（含「禮」）、忠實應對（且實踐）他人之善而所為、使自己成為一真實可信之人」等「文、

〔註668〕同註2，（魏）何晏注、（宋）邢昺疏《論語·述而第七》，頁63。
〔註669〕同註2，（魏）何晏注、（宋）邢昺疏《論語·憲問第十四》，頁129。

行、忠、信」四者。雖極為普通且平實，但卻也代表了人之所以為人、所以存在於此世間，而能自覺、無愧之真正價值之所在；亦即是整個孔子時代的真正教育理念重心所在。

（三）道德及精神修養的理念和方法

人所學之各種學科與技能知識，如未能及時與道德、美感結合，那麼不僅無法長久，更將使所學無用。就此一要項，《論語》提示吾人者約略如下四點：

1、「慎言、力行」：「學」乃是人能致道的重要依據，學習之內容在「文，行，忠，信」四大項，而其達成之手段則在「慎言」與「力行」；人透過「學」之得以「致其道」，惟在「慎言」而「力行不輟」。

2、「君子懷德」：孔子體認其「道」為人之所志，「人能弘道、非道弘人」，故求「剛健」以對，要人「力行實踐」以求致道。人之道之所未致之因在於「德之不修」，人欲真實面對於德行修養，不僅止於反省實踐，而更要在內心深處時時心懷仁德，以仁德為依據，積極且自然而真實的對己、對他人、對萬物，行幫助自己、幫助他人、幫助萬物之真實善行，如此才能成就人德之圓滿，並進而致道、弘道。

3、「以直報怨」：對於民怨、或他人之怨，最好的辦法仍是以公平正直、無私無我、真實篤行的態度來面對他人，能發之於內心的真誠、行之於禮義的準則，才是真實的「以直報怨」。而積極作為上，有仁德之人，因其一切所為本就依於真實的內心、而發乎於真確篤實的善行善念，是以其所處、所為均為真而毫無虛假，故為行之也德、而人報之也德之「以德報德」。

4、「學而時習之」：萬種諸德惟在「學而時習之」，惟有「學以致其道」方是君子之所當為。當吾人立志成為一真實之人時，便代表人對此生存所在時空所有知覺之始，而為實踐此一生命、人格之真，便惟有真實面對一切所有，以真實篤行的態度時時學習與實踐對己、對他人、對萬物之種種善行與作為。

（四）社會服務的正確觀念和做法

吾人分就個人、國家、天下三方向來探討《論語》中社會性、政治性的廣義道德觀念與做法，計下列三要點：

1、「為政以德」：人之所以能為「政」之事，非因藉由法律所令定之權利與力量來對待他人，如此將使人陷入「物化」之險地；故為「政」之道，仍

在於以人的立場，來對待所有之他人、他物，由根源於自心之「自覺」上，眞實的面對自己、他人與一切所有，藉由德行之光明，帶動賢士之輔佐，照耀眾人、且成就眾人之向善與行善，藉由行德以眞正行「政」之道，如此才是「爲政以德」根本意義之所在。

2、「禮讓爲國」：治理國家的根本在「禮讓」，人之治國、國與國間如能以實際行動平等和諧、眞誠而謙虛的對待，那麼必能在互信互諒的基礎下創立出彼此共存共榮的大同世界；反之，如你不讓我、我不讓你，定將走向你爭我奪、互相殘殺的局面，不僅國家衰敗，更讓百姓無以平安維生。

3、「天下有道」：實現「聖人治國」是孔子心目中天下太平之理想，但因於諸侯、大夫、家臣的竊國竊位，使天下不得安寧、百姓不得安康，是以天下太平之景不易存在於現實生活中；而則，如能對個人行一己之眞實，以眞實的態度篤行實踐善的德行與作爲，於自己、於待他、於處世、於治國、於天下一切，先盡己、而推己及人，而仍無以改變其善念與作爲，這對於孔子來說，即是其仁道的終極。

（五）合理的人生觀與世界觀

來說，一個具有完整體系思想之「人生觀」與「世界觀」，是對人類眞、善美、之至極生活追求；惟當透由不斷的「學而時習之」，才能眞實呈現此一生命於此世間。《論語》中所含攝之人生觀、世界觀於下：

1、人生觀：孔子所器重之「人」爲一「學以致道者」，惟透由「學而時習之」的篤行實踐而具有：（1）能自覺並實踐順時應變、承先啓後二特質之「時際人」；（2）文質彬彬、內外雙全，完整且完全之「全人」；（3）表現「行其所當行」之顯，坦蕩光明、樂觀開朗、積極進取、恒毅剛強等四像貌與行爲特徵之「太陽人」；（4）藉由正名使人安立於「仁」與「禮」兩塊社會公德奠基石中，使社會趨於和諧之「公德奠基人」。上等四種特質者，方是孔子心中奠基於人文化成之「學以致道者」。

2、世界觀：《論語》全書中亦未見任何一「世界」或「宇宙」之詞句，但仍有其特有之世界觀。其世界觀主由道、天、天下（人間世）、人間構成，注重於吾人現在所有之此一「人的世界」，而非其他萬事萬物。人並非要「依循」道，而是要「實踐」道，且人之生命與意義價值重點就在於實踐這一個「道」（「仁道」）。就《論語》來看，此一人間雖不完美，但亦有達致完美之可能性。

四、《論語》之教育方法

吾人所了解《論語》之教育方法內涵，依其所依據之教育原則、與教育方法分述如下：

（一）《論語》之教育原則

依據《論語》之全書內容，吾人臚列其所符應之教育原則如下：

1、準備原則：孔子在〈學而第一・第一章〉即已言明：「學而時習之，不亦說乎？」〔註670〕人之所以存在，便在能以真誠篤行實踐其善的作為與意念面對此人間，而為善、為人之基礎無他，就在「學而時習之！」另依孔子所言：「不憤不啓。不悱不發。」〔註671〕也說明學習真正的要素，就在於人本身是否真正做好了要學習的身、心準備，如果自己不願意，那學習是無法有效的。

2、類化原則：孔子直接而明白的勸喻弟子，其語句形式多以：（1）君子是F（善行），小人則不F（不做怎樣的善行或做怎樣的惡行）；（2）作何事（德行）是F（善行），且他方面也是G（另一善行）。二類型出現，此即類化原則。另孔子也強調真正的學習要能觸類旁通、「舉一反三」，此亦是類化原則。

3、興趣原則：教學首重引發學生學習動機以促成其積極之學習，此即興趣原則。孔子藉「詩，可以興，……」〔註672〕以《詩經》諸多優點引發學生學習意願；也藉「不有博弈者乎？為之，猶賢乎已！」〔註673〕鼓勵棋藝之學習；更藉「學而時習之，不亦說乎？」〔註674〕教導弟子悅於學習。

4、自動原則：孔子藉由互鄉童子的「潔己以進」〔註675〕來教育其他弟子要自動自發向學；也藉由讚譽顏回的好學來勉勵其他弟子。而則「不憤不啓。不悱不發」〔註676〕弟子們如能「每日三省」，便能達到「自動自發」的真切學習了。

〔註670〕同註2，（魏）何晏注、（宋）邢昺疏《論語・學而第一》，頁5。
〔註671〕同註2，（魏）何晏注、（宋）邢昺疏《論語・述而第七》，頁61。
〔註672〕同註2，（魏）何晏注、（宋）邢昺疏《論語・陽貨第十七》，頁156。
〔註673〕同註2，（魏）何晏注、（宋）邢昺疏《論語・陽貨第十七》，頁158。
〔註674〕同註2，（魏）何晏注、（宋）邢昺疏《論語・學而第一》，頁5。
〔註675〕〈述而第七・第二十八章〉原文：「互鄉難與言。童子見，門人惑。子曰：與其進也，不與其退也。唯何甚？人潔己以進，與其潔也，不保其往也！」同註2，（魏）何晏注、（宋）邢昺疏《論語・述而第七》，頁64。
〔註676〕同註2，（魏）何晏注、（宋）邢昺疏《論語・述而第七》，頁61。

5、個別適應原則：孔子針對學生才智性情之個別差異，分別予以適性化之教學。如依子路、冉有不同的個性，分別提示「有父兄在」〔註 677〕與「聞斯行之」〔註 678〕的行動準則；也依弟子們不同的個性，分別指導「孝」、「仁」、「勇」、「智」等德行之實踐方法。

6、社會化原則：學習不僅在於「學而時習之」、〔註 679〕「為人孝弟」、〔註 680〕「三省吾身」〔註 681〕等的「己立」、「己達」功夫修養，也在於能「道千乘之國」、〔註 682〕「泛愛眾，而親仁」〔註 683〕等的「立人」、「達人」功夫之實踐，是以仁道即是將「盡己之忠」與「推己及人之恕」真實如理的實踐。孔子所教導的各種德性，就是使人成為此一社會、人間中之真實者的最根本基準所在。

7、熟練原則：孔子強調「溫故而知新」。〔註 684〕要人在為學、為人處世上始終「無終食之間違仁」〔註 685〕並不斷地自我要求與實踐「多聞」、「慎言」、「多見」、「慎行」〔註 686〕與「自省」，〔註 687〕才能成為一個真正頂天立地、不愧天地、父母之的正人君子。

8、同時學習原則：「子以四教」〔註 688〕表明孔子並非只就單一的「文」、「行」、「忠」、「信」來教導弟子，而係要求學生能觸類旁通、「舉一而反三」，四種內容或各有其重點所在，而孔子仍注重學生全方位學習發展與成效的「同時學習原則」。如：「歲寒，然後知松柏之後彫也。」〔註 689〕不僅在於表面文字上之天寒而看到松柏最後凋謝，也代表天下無道之際、君子之堅強與毅力，更代表一真實的人對仁道之追求與實踐亦當有「任重而道遠」而仍「堅毅而不拔」之志節與情操。

〔註 677〕同註 2，（魏）何晏注、（宋）邢昺疏《論語・先進第十一》，頁 99。
〔註 678〕同註 2，（魏）何晏注、（宋）邢昺疏《論語・先進第十一》，頁 99。
〔註 679〕同註 2，（魏）何晏注、（宋）邢昺疏《論語・學而第一》，頁 5。
〔註 680〕同註 2，（魏）何晏注、（宋）邢昺疏《論語・學而第一》，頁 5。
〔註 681〕同註 2，（魏）何晏注、（宋）邢昺疏《論語・學而第一》，頁 6。
〔註 682〕同註 2，（魏）何晏注、（宋）邢昺疏《論語・學而第一》，頁 6。
〔註 683〕同註 2，（魏）何晏注、（宋）邢昺疏《論語・學而第一》，頁 7。
〔註 684〕同註 2，（魏）何晏注、（宋）邢昺疏《論語・為政第二》，頁 17。
〔註 685〕同註 2，（魏）何晏注、（宋）邢昺疏《論語・里仁第四》，頁 36。
〔註 686〕同註 2，（魏）何晏注、（宋）邢昺疏《論語・為政第二》，頁 18。
〔註 687〕同註 2，（魏）何晏注、（宋）邢昺疏《論語・學而第一》，頁 6。
〔註 688〕同註 2，（魏）何晏注、（宋）邢昺疏《論語・述而第七》，頁 63。
〔註 689〕同註 2，（魏）何晏注、（宋）邢昺疏《論語・子罕第九》，頁 81。

（二）《論語》之教育方法

《論語》中符應「最經濟」、「最大目標」與「最小不良副作用」三要件之教育方法，如下八項：

1、強調「正面積極」：對於為人處世、甚而修齊治平諸事，孔子一皆是以正面而積極的態度去務實以面對；孔子並非不知曉事物的正反、盈虛，但因其正面積極的態度，故而能在現實社會現實中實務的退而求之。在自我教學或日常生活上，要求弟子：「為之不厭，誨人不倦」；〔註690〕在教學內容上，相對於「怪、力、亂、神」〔註691〕的虛假、荒誕，傳授並要求學生對「文，行，忠，信」〔註692〕的學習與眞實履踐，便成為孔子正面務實的教學內容。

2、重視「下學上達」：透由「學」的教育實質成果，每個人只要肯學，都可以藉由「下學而上達」的方式，而眞正的能成人、成士、君子、甚而成聖賢。「人能弘道，非道弘人。」〔註693〕「道」的發皇在於「人」，也唯有「人」才能忠實實踐「道」於此世間。

3、倡導「因材施教」：孔子之「因材施教」可分為二，一者乃依賢智愚鈍類別而施之，二者乃依個人才質而施之；二種因材施教，皆立基於「知人」之上而後成。良師如能於瞭解學生個人才質後，依學生之諸般條件而授與適性之品德、知識，則學習成果必能在「知之」、後「好之」、甚而「樂之」於進德修業中，成為一眞眞實實的「仁人」。

4、講求「愼言篤行」：欲知道一個人之品德修養，必然需「聽其言」且「觀其行」〔註694〕才能眞實了解。孔子心中具「德行」者是優且高於「言語」的，一個眞實的人當要能做到「先行其言」、〔註695〕「古者言之不出，恥躬之不逮」、〔註696〕「敏於事而愼於言」〔註697〕等要求。教育學子當知「君子之德風」，〔註698〕在言行舉止上「身正」學生自然能夠「不令而行」。〔註699〕

〔註690〕同註2，（魏）何晏注、（宋）邢昺疏《論語・述而第七》，頁60及頁65。
〔註691〕同註2，（魏）何晏注、（宋）邢昺疏《論語・述而第七》，頁63。
〔註692〕同註2，（魏）何晏注、（宋）邢昺疏《論語・述而第七》，頁63。
〔註693〕同註2，（魏）何晏注、（宋）邢昺疏《論語・衛靈公第十五》，頁140。
〔註694〕同註2，（魏）何晏注、（宋）邢昺疏《論語・公冶長第五》，頁43。
〔註695〕同註2，（魏）何晏注、（宋）邢昺疏《論語・為政第二》，頁18。
〔註696〕同註2，（魏）何晏注、（宋）邢昺疏《論語・里仁第四》，頁38。
〔註697〕同註2，（魏）何晏注、（宋）邢昺疏《論語・學而第一》，頁8。
〔註698〕同註2，（魏）何晏注、（宋）邢昺疏《論語・顏淵第十二》，頁109。
〔註699〕同註2，（魏）何晏注、（宋）邢昺疏《論語・子路第十三》，頁116。

5、擅用「分別對照」：孔子見到了社會現實中之虛假不實，故而以直接明白之「分別對照」方式，提醒世人眞誠面對且眞實實踐人所當爲之仁義禮信諸德行。而藉由此種「分別對照」、相互比較之模式，廣泛應用於教育現場如：語言辯論、歷史分析、自然科學比較實驗⋯⋯等方面教學，更可加強「去惡揚善」之實質成效。

6、力行「自省篤踐」：孔子認爲唯有人眞誠面對此一世界，眞正謙恭與不斷反省、篤行一切對自我、對他、對此一世界之善行意志與作爲（仁），才能成爲一眞實的人（君子），才能使此一生命眞正立於所存在之價値本體中。其力行「自省篤踐」上，有下列幾項要點：

（1）「內省與自覺」：德行實踐之所以能夠恆久持續，需透過人類自我本身（本我）與道德意志（超我）的不斷對話（即「自省」），藉由篤行實踐所得到的生命價値體悟（即「自覺」），而逐步提升與形成超越現實所有之自我實現理想與情操後，方能保持此一意念之不變與恆續（志於道）。一眞實價値與生命之存在，就在於生命歷程中能眞正的「自省」與「自覺」後，眞誠實踐出對待現實生命的「善」的作爲與意念。

（2）「躬行君子」：孔子以躬行實踐爲一生之職志，他認爲對德行的不斷自我眞實篤行實踐，永遠比學習知識典籍之「文」來得重要。能眞正篤行實踐於對自我、對父母尊親、對他人、對此世間所有一切之德行善舉的人，是比只知而不行的書呆子，更爲眞實而更有價値意義的。

（3）「克己復禮」：人在行爲舉止、甚至心志上，常被物質世界聲色所引發的慾念所把持，而導致「放於利而行，多怨。」〔註700〕教師如能以「義」、「禮」爲行爲準則，以「謙」、「信」爲言語基準，來眞誠實踐「人師」所當有「律己以嚴、待人以寬」之「克己復禮」的作爲，那麼學生必爲此一眞實作爲所感化，而願意始終於積極向上、向學矣。

（4）「循循善誘」：孔子以「博我以文，約我以禮。」〔註701〕之方式與作爲來「循循善誘」弟子的學習。且提出「不憤不啓。不悱不發。舉一隅不以三隅反，則不復也。」〔註702〕觀點，提示教學需依學生的經驗、思路一步步加以誘導，使其在學識德業上藉由認眞學習而能逐步自覺、與領悟所得後，再繼續

〔註700〕同註2，（魏）何晏注、（宋）邢昺疏《論語・里仁第四》，頁37。
〔註701〕同註2，（魏）何晏注、（宋）邢昺疏《論語・子罕第九》，頁79。
〔註702〕同註2，（魏）何晏注、（宋）邢昺疏《論語・述而第七》，頁61。

予以指導修正，如果學生自身並無意於學識德業的認真學習，且毫無自覺、與領悟所得的話，那麼師長的勸導往往會流於「說教」，而終究圖勞而無功的。

7、注重「師生之道」：就師生相處之道，《論語》中提示吾人二項要點：

（1）「成人之美」：孔子除了提出：「有教無類。」〔註703〕主張教育對象不當以物質上之貴賤、貧富而分別之的「教育機會均等」外，更積極提示：任何人只要「潔己以進」〔註704〕積極向學，身為教師者是不能任意剝奪、或取消學生向學機會。其次，教師當以「和之」態度，隨時從細微言行舉止處，去發覺學子的優美與其理想抱負，並時時加以輔助、導引之，那麼學生自能因其所欲之成就而積極向學；「成人之美」〔註705〕不僅可成就學生的德業學識，也會因教師積極所成就的楷模、容納學生的多樣發展，更帶動與感動所有其他的學生積極追尋自我真實的善行意念。

（2）「何常師之有」：孔子極少以權威姿態來壓服弟子，師生之間相處以禮、而真誠、平等對待之，故師生關係可謂「亦師亦友」。對於弟子好的品德言行，孔子會不吝於稱讚之；相對於弟子不好的品德言行，孔子也不會忘了提醒他們。如果弟子能夠真實在「仁道」的實踐與體悟上，想得更深入而透徹的話，孔子甚至會有「依道不依人」之提示；此一態度，即是告訴吾人，教師當在日常生活中，真實地教導弟子：要在人世間做一個真實的的正人君子，而凡能真實篤行對自我、對他人、對此世間所有一切事物之善的作為與意念的人，都是我們所要依止、學習的老師了。

8、闡揚「為人之德」：孔子認為人既為人，就當真真實實的為人，不管對己、對他、對外界事物，在意志力、知性、情感上，都當要能真實的發自內心且堅持地來實踐「仁道」。不管是為求生存所當行之「溫、良、恭、儉、讓」〔註706〕五德，或是從政者所需「恭、寬、信、敏、惠」〔註707〕等五德，甚而整個《論語》中所揭櫫忠、恕、孝、悌、信⋯⋯等諸德行，惟透過人的真實行道、行德與行仁，此一世界才具有真實性的意義可言，也才能成為人真實所存在的太平世界。教導學生亦在此，惟有大家真正的力行實踐各種為

〔註703〕同註2，（魏）何晏注、（宋）邢昺疏《論語・衛靈公第十五》，頁141。
〔註704〕同註2，（魏）何晏注、（宋）邢昺疏《論語・述而第七》，頁64。
〔註705〕〈顏淵第十二・第十六章〉：「子曰：君子成人之美，不成人之惡；小人反是。」
　　　　同註2，（魏）何晏注、（宋）邢昺疏《論語・顏淵第十二》，頁109。
〔註706〕同註2，（魏）何晏注、（宋）邢昺疏《論語・學而第一》，頁7。
〔註707〕同註2，（魏）何晏注、（宋）邢昺疏《論語・陽貨第十七》，頁155。

人之德，這個人間才會眞實、且更圓滿。

綜合《論語》全書所蘊含之教育意義、教育目的、教育內容、教育方法等項探討結論，吾人彙整《論語》教育思想體系概要如下表：

表五：《論語》教育思想體系概要

主題	要　　項	重　　點　　內　　涵
教育意義	一、《論語》亦主張「求智」、「求學」	1. 對「智」非全盤肯定而係有條件性的。 2. 亦不全面反對「知」。 3. 除反對爲「功名利祿」而做的「學習」外，其他並不反對。 4. 有條件性的求「智」、求「知」、求「學」，其「積極肯定」與主張之教育思想，與老子《道德經》係相輔相成無異。
教育意義	二、《論語》之教育主張	1. 教育的意義與價值，在改變個人品德、行爲與變化氣質；且由個人自己而影響及他人、國家，即是實現孔子之「仁道」。 2. 孔子以「文，行，忠，信」的教育內容來教育子弟，又以「有教無類」來宣揚其平民化、普遍化之教育理念，是以成爲春秋戰國時代之「顯學」。
教育目的	一、「道」中之教育哲理	1. 「道」非自然存在之「天道」，而係人爲之「道（仁道）」。其實踐之行爲在「孝悌」、「忠恕」，在人類對己、對他人、他物所行「眞實、至誠、無愧之一切善行、作爲與意念」。 2. 「道」是人人所求之至極，而人人皆可因「學」而達「道」。 3. 修道之實踐工夫在「無終食之間違仁」，堅持惟有「行道（行仁）」才是「學道」者所要之「至眞」。
教育目的	二、理想之人格——「君子」	1. 「君子」所重之個人修爲：在要求由自己眞誠之「自覺」出發，眞實對自我、他人、他物而作爲（「行仁」），才有眞實存在於此世界之價值性，亦才能顯現生命之所以在此時空中爲一生命之尊貴眞實性（「仁道的世界」）。 2. 「君子」之外在治國德行：此與其平時之內在修爲要求亟爲一致。另外，亦注重教化之功能。 3. 一切內外德行，亦皆與孔子「仁道」所展開之諸性格，以及「仁道」之教育意義與價值……等一致而無悖離。 4. 在「士」的個人、待人、處世、爲官等方面之人格要求，都與對「君子」的要求一般而無異。故孔子教育之理想人格培養目的，當在使人眞實的面對自己、面對他人、面對世界並誠實的行其當有之善的意念與作爲，以成就至眞、至善、至美太平世界理想。

教育目的	三、理想之國家	1. 理想之國家對外以「禮讓」為先，不在「用兵瀆武」，而重「濟弱扶傾」。 2. 對子民之治理，消極上求「均無貧」、「和無寡」，積極上則求「敬」、「信」、「節」、「愛」、「用賢」、「行禮樂」等諸「文德之治」。 3. 「聖人治國」是孔子心目中理想國家之致極實現；而
教育目的	三、理想之國家	現實環境中，則是由孔子心中之「君子」、「士」依循「孔子之仁道」所治理的國度。
教育內容	一、生存的知能	1. 「積極而剛健」 2. 「學以致其道」 3. 「君子無所爭」
	二、生活之知能	1. 「食無求飽，居無求安」 2. 「貧而樂，富而好禮」 3. 「君子不器」 4. 「子以四教：文、行、忠、信」
	三、道德及精神修養的理念和方法	1. 「慎言、力行」 2. 「君子懷德」 3. 「以直報怨」 4. 「學而時習之」
	四、社會服務的正確觀念和做法	1. 「為政以德」 2. 「禮讓為國」 3. 「天下有道」
	五、合理的人生觀與世界觀	1. 人生觀：惟具有（1）能自覺並順時應變、承先啓後；（2）文質彬彬、內外雙全；（3）坦蕩光明、樂觀開朗、積極進取、恒毅剛強（4）安立於「仁」與「禮」兩塊社會公德奠基石中……等四種特質者，方是孔子心中奠基於人文化成之「學以致道者」。 2. 世界觀：主由道、天、天下（人間世）、人間構成，注重「人的世界」而非其他萬物。人非「依循」道而要「實踐」道，且人之生命與價值就在實踐「道」（「仁道」）。此人間雖不完美，但亦有達致完美之可能性。
教育方法	一、教育原則	1. 準備原則：為善、為人之基礎無他，就在「學而時習之」。另「不憤不啓。不悱不發。」如果自己不願意，那學習是無法有效的。 2. 類化原則：孔子以「分別對照」方式直接而明白的勸喻弟子德行，另也強調學習跪在觸類旁通、「舉一反三」。 3. 興趣原則：孔子藉談論《詩經》諸多優點引發學生學習意願；也鼓勵休閒時對棋藝之學習；更藉「學而時習之，不亦說乎？」教導弟子悅於學習。

教 育 方 法	一、教育原則	4. 自動原則：藉由互鄉童子的「潔己以進」與讚譽顏回的好學來勉勵其他弟子自動自發向學。也說「不憤不啓。不悱不發」要弟子們「每日三省」。 5. 個別適應原則：孔子針對學生才智、性情、個性之個別差異，分別予以適性化之教學與德行之實踐方法。 6. 社會化原則：學習不僅在「己立」、「己達」的修養，也在「立人」、「達人」之實踐，將「盡己之忠」與「推己及人之恕」眞實如理的實踐，使人成爲此一社會、人間中之眞實者。 7. 熟練原則：強調「溫故而知新」，始終「無終食之間違仁」並不斷地「多聞」、「愼言」、「多見」、「愼行」與「自省」。 8. 同時學習原則：要求學生能觸類旁通、「舉一而反三」，注重其方位學習發展與成效。「歲寒，然後知松柏之後彫也。」不僅在文字表達，更在君子「任重而道遠」而「堅毅而不拔」之志節與情操。
	二、教育方法	1. 強調「正面積極」 2. 重視「下學上達」 3. 倡導「因材施教」 4. 講求「愼言篤行」 5. 擅用「分別對照」 6. 力行「自省篤踐」：(1)「內省與自覺」；(2)「躬行君子」；(3)「克己復禮」；(4)「循循善誘」。 7. 注重「師生之道」：(1)「成人之美」；(2)「何常師之有」。 8. 闡揚「爲人之德」。

第五章　結　論

　　在第三章、第四章裡分別就老子《道德經》與《論語》二書各自探討其教育意義、目的、內容、方法等實質教育思想之後，本章即就老子《道德經》與《論語》二書教育思想之異同加以分析比較，並於最後提出本書總結。

第一節　老子《道德經》與《論語》教育思想之異同

　　本節中亦循教育意義、目的、內容、方法等實質內涵思想次第，分析比較老子《道德經》與《論語》二書教育思想之異同。

一、老子《道德經》與《論語》教育意義之異同

（一）教育主張

　　就老子《道德經》所主張之「絕聖棄智」與「無為」來看，似乎老子是反對「智」與「教育」，而經過深入探析其文章後，吾人了解此中並非如是，乃因：

　　1、就「反智」而言：一般人認為老子的「絕聖棄智」含「反智的」觀點，這是錯誤的看法。老子所反對的只是「多智巧詐」的「智詐」。

　　2、就「知」而言：老子對於「知道」、「知識」、「了解」、「知足」……等並未抱持否定的態度，他不全面反對「知」。

　　3、就「學」而言：同樣的，一般人認為老子的「絕學無憂」是「反教育的」論點也是錯誤。他雖然反對某些「學」，但並非全面的學，也贊成某些「學」的。

4、吾人就整個《道德經》篇章來看，老子不反「德」、不反「知」、不反「學」，因此「不反」，即蘊含「積極肯定」與主張，故而老子根本不反「教育」。

而就《論語》一書似乎全面主張「求智」、「求學」來看，亦經吾人深入探討，發覺並非全然如此，此因：

1、就「智」而言：《論語》提示「智」係在於幫助、了解且實踐「仁」，要求「惡徼以為知者」〔註1〕不造假、不虛飾且要長期不斷練習，此表明其對「智」非全盤肯定而係有條件性的。

2、就「知」而言：《論語》對於「知道」、「了解（欣賞）」、「體悟」、「知識」、……等不僅積極肯定，且更期望以「知之為知之，不知為不知」、〔註2〕「人而無信，不知其可也。」〔註3〕等不作假、虛飾且真實的學習態度，不斷地求知、實踐與反省。

3、就「學」而言：《論語》為學首要在於「篤行實踐」，誠實而認真的對待自己的學習才是一切學習的基礎。更積極的還要做到「謀道不謀食」、〔註4〕「憂道不憂貧」〔註5〕的學習態度。

4、就整個《論語》篇章來看，孔子係於「積極肯定」的教育主張中，有條件的限制不當且負面的「智」、「知」與「學」。

此中可以看到老子《道德經》與《論語》之教育主張結果如下：

1、就「智」而言：《道德經》所反對的只是「多智巧詐」的「智詐」；《論語》亦要求不造假、不虛飾且要長期不斷練習（「巧言令色，鮮矣仁。」〔註6〕）。那麼表明兩者對「智」皆非全盤肯定而均反對「虛假」、「不實」。

2、就「知」而言：《道德經》不全面反對「知」；《論語》亦不全面反對「知」。那麼表明兩者對「知」的態度亦如「智」般非全盤肯定、而均反對「虛假」、「不實」。

3、就「學」而言：《道德經》所反對為「功名利祿」而做的「學習」；《論

〔註1〕 參見（魏）何晏注、（宋）邢昺疏《十三經注疏13 論語　孝經》，頁159，臺北市：藝文印書館，1968年2月初版。

〔註2〕 同註1，（魏）何晏注、（宋）邢昺疏《論語・為政第二》，頁18。

〔註3〕 同註1，（魏）何晏注、（宋）邢昺疏《論語・為政第二》，頁19。

〔註4〕 同註1，（魏）何晏注、（宋）邢昺疏《論語・衛靈公第十五》，頁140～141。

〔註5〕 同註1，（魏）何晏注、（宋）邢昺疏《論語・衛靈公第十五》，頁140～141。

〔註6〕 同註1，（魏）何晏注、（宋）邢昺疏《論語・學而第一》，頁5～6。

語》要人積極做到「謀道不謀食」、〔註7〕「憂道不憂貧」〔註8〕的學習態度。那麼兩者所反對「只爲功名利祿而學」是一樣的,對於其他的「學」兩者均不反對。

4、整個《道德經》既不反「德」、不反「知」、不反「學」,因此「不反」,故此根本不反「教育」;而就整個《論語》篇章來看,孔子有條件性的求「智」、求「知」、求「學」,更是「積極肯定」與主張之「教育」。

是以,兩者之皆蘊含「積極肯定」之教育主張,但老子《道德經》強調其對「虛假」、「不實」的反對,《論語》則於積極主張中提示其對「虛假」、「不實」的厭棄。

(二) 教育理念

老子《道德經》之教育理念藉「正言若反」之辯證方式表現之,透由《道德經》字裡行間所表現之涵義,時刻提醒世人不要過度執著於「教育爲何?」「仁義道德爲何?」,而應眞正回歸於「如何」來實踐教育理念、目標,讓教育能發揮其最大功效。

《論語》之教育理念,則主張教育的意義與價值,在於教育內容「眞實」地實現一個「眞實的人(君子)」與「眞實的社會(大同世界)」;其教育內容在平實的「文,行,忠,信。」;〔註9〕教育對象則以「有教無類。」〔註10〕來宣揚其平民化、普遍化之教育理念。

如第二章所探討,兩者之教育理念皆奠基於對當時時空背景上「周文疲弊」、「禮壞樂崩」思考的對反:但老子《道德經》從「正言若反」的否定中,提醒世人眞正回歸於「如何」來實踐教育理念、目標,讓教育能發揮其最大功效;而《論語》則在「積極務實」的教育內容與平民化、普遍化的教育對象中,主張教育理想的「眞實」實踐與實現。

綜合以上對「教育主張」、「教育理念」比較,吾人試彙整二者教育意義之異同比較如下表:

〔註7〕 同註1,(魏)何晏注、(宋)邢昺疏《論語‧衛靈公第十五》,頁140~141。
〔註8〕 同註1,(魏)何晏注、(宋)邢昺疏《論語‧衛靈公第十五》,頁140~141。
〔註9〕 同註1,(魏)何晏注、(宋)邢昺疏《論語‧述而第七》,頁63。
〔註10〕 同註1,(魏)何晏注、(宋)邢昺疏《論語‧衛靈公第十五》,頁141。

表六：老子《道德經》與《論語》之教育意義異同比較

書名 異同		老子《道德經》	《論語》
教育主張	同	1、就「智」而言：兩者對「智」皆非全盤肯定而均反對「虛假」、「不實」。 2、就「知」而言：兩者對「知」的態度亦如「智」般非全盤肯定、而均反對「虛假」、「不實」。 3、就「學」而言：兩者所反對「只爲功名利祿而學」是一樣的，對於其他的「學」兩者均不反對。 4、兩者既不反「德」、不反「知」、不反「學」，因此「不反」，故根本不反「教育」。	
	異	強調其對「多智巧詐」之「虛假」、「不實」的反對，但由「不反德」、「不反知（一般之知識）」、「不反學（學問）」中而蘊含其對教育「積極肯定」之主張。	於「積極主張」之「學以致其道」中，仍提示「巧言令色，鮮矣仁」主張，以顯示對「虛假」、「不實」的厭惡。
教育理念	同	皆奠基於對當時時空背景上「周文疲弊」、「禮壞樂崩」思考的對反	
	異	從「正言若反」的否定中，提醒世人眞正回歸於「如何」來實踐教育理念、目標，讓教育能發揮其最大功效。	在「積極務實」的教育內容與平民化、普遍化的教育對象中，主張教育理想的「眞實」實踐與實現。

二、老子《道德經》與《論語》教育目的之異同

（一）「道」中之教育哲理

老子《道德經》書中所闡述「老子之道」的教育哲理重點如下：

1、「道」爲萬物之本源，且爲人、天地、萬物之楷模，惟有除去人類之妄作，才能回歸於天地萬物之源、回歸於道。

2、老子雖認同「人」異於萬物而居四大之一，但「人之道」畢竟仍有缺損，故人之修道當取法且依循「道」之規律指標才是。

3、修道之實踐工夫在「致虛守靜」，要想擺脫一切執著和事物之羈絆，惟有透由「致虛守靜」方得達成身心合一、摶氣柔和、心無雜念、感官柔靜、知曉四方等目標，也方能經由「復命」、而「知常」、而「洞明」，最後契入「道」之境界中。

而《論語》書中所闡述「孔子之道」之教育哲理重點如下：

1、孔子的「道」非自然存在之「天道」，而係人爲之「道」──「仁道」。「仁道」實踐之行爲在「孝悌」、在「忠恕」、在人類對於自己、他人乃至遍

及天下之所有他物所行「眞實、至誠、無愧之一切善行、作爲」。

2、「道」是人人所求之至極，而人人皆可因「學」而達「道」。惟由行住坐臥中隨時隨地眞誠地去實踐「道」，方能成爲一個眞正爲大家所尊崇的「君子」。

3、修道之實踐工夫在「無終食之間違仁」，面對眞實物質生活之引誘或壓力始終保持著客觀且超然的態度，堅持惟有「行道（行仁）」才是「學道」者所要之「至眞」。

此中顯示二者有下之異同點：

1、老子講自然而然的「天道」，人要依循道、而回歸「天道」中，展現由上而下之修道進路；孔子講人爲化成的「人道」，由人眞實篤行的去「弘道」，展現由下而上的修道進路。兩者都講求人道合一、「天人合一」的境界，但進路做法卻大不同。

2、兩者皆注重「人」的實踐功夫，但老子講尊道而行、孔子講篤行實踐此道。

3、兩者皆要求人不爲現象世界的物質慾望所惑，而忠實的去實踐，但老子提出「致虛守靜」的實踐態度作爲，孔子則強調「無終食之間違仁」的實踐態度作爲。

（二）教育之理想人格

在老子《道德經》中，以「聖人」爲其心目中最理想之人格。其要點如下：

1、聖人之內在修爲德行標準計有：無爲、無私、無欲、守道、沖虛、素樸、持重、守靜、善救人、善救物、不自是、不自炫、不莽勇、去甚、去奢、去泰、與人而不取人、方而不割、廉而不劌、直而不肆、光而不耀……等。

2、聖人之外在治國德行標準計有：「無爲之治」、「無我無私」、「不好高騖大」、「謙沖爲懷」、「受國垢辱」……等諸德行。

3、一切內、外德行，皆與老子之「道」的諸性格不謀而合；是以對老子而言，教育之理想人格培養的眞正目的，當在使人回歸於「自然無爲」的老子之「道」中。

4、老子使用「嬰兒」一詞，並非要人眞正身形回歸「嬰兒」之狀態，而係藉嬰兒以形容、補充「道」之純眞、無邪、質樸等性格；其心目中理想人

格仍在「聖人」中。

而《論語》全書中，則以「君子」為其理想人格。其要點如下：

1、君子所重之個人修為計有：躬行實踐、反求諸己、學以致道、博文約禮、文質彬彬、言行篤實、和睦謙讓、不偏袒徇私、以友輔仁、成人之美、行所當行、止所當止……等。皆在要求真誠的「自覺」，與真實的作為（「行仁」）。

2、君子之外在治國德行計有：守禮、守節、修己、修德、行義、合禮、忠信、無私、恭敬、……等，與其內在修為要求亟為一致。另外，亦注重教化之功。

3、不管是對任何方面，都要求以「真實篤行」為最基本要件，一切內外德行亦皆與孔子「仁道」所展開之諸性格，以及「仁道」之教育意義與價值……等一致而無悖離。

4、另外，對於「士」的人格、德行要求，也都與對「君子」的要求無異。故孔子的教育之理想人格培養目的，當在使人真實的面對自己、面對他人、面對世界並誠實的行其當有之善的意念與作為，以成就至真、至善、至美太平世界理想。

由此中來看有下列幾點異同處：

1、老子以理想中之「聖人」為其理想人格，重「自然無為」、「妙然天成」；孔子則以現實中之「君子」為其理想人格，重「積極有為」、「盡其在我」。

2、對理想人格的所要修養之德行，有不少相同之德行，如「儉」、「謙恭」、「公」、「無私」……等。但老子理想人格的德行要點在「反璞歸真」如「嬰孩赤子」一般；而孔子則講求「人文化成」要成為「文質彬彬」的君子。故如「謙恭」之德：在老子而言係因看到「水善利萬物而不爭」、〔註11〕「柔弱勝剛強」，〔註12〕而欲人行此自然之道；在孔子而言則係看到「恭近於禮，遠恥辱也」，〔註13〕而欲使人真實的實踐禮義於彼此相待間。

3、對老子而言，教育之理想人格培養的真正目的，當在使人回歸於「自然無為」的老子之「道」中，「依道」而「行德」，身即道德；而對孔子來說，

〔註11〕參見（晉）王弼著、（唐）陸德明釋文《老子道德經注・第八章》，頁4，臺北：世界書局，2001年8月初版十一刷。

〔註12〕同註11，（晉）王弼著、（唐）陸德明釋文《老子道德經注・第三十六章》，頁21。

〔註13〕同註1，（魏）何晏注、（宋）邢昺疏《論語・學而第一》，頁8。

則在於「眞實篤行」實踐出孔子的「仁道」,「行德」而「弘道」,行成道德。

（三）教育之理想國家

在老子《道德經》中理想國家的重要概念如下:

1、老子強調「大、小國都要謙下靜柔」且「大國更要謙下於小國」。

2、「小國寡民」之場景,只意味著老子期望人們回到「簡單」、「樸實」的「道」的生活,並非老子所主張的理想國度。

3、老子重視「以道治天下」,不論大、小國一皆以「道」來治理,而非「背道而馳」;是以老子心中眞正的理想國度,乃是「聖人」依「老子的道」所治理的國度。

而《論語》全書中理想國家之重要概念則如次:

1、不論是爲國、爲邦亦或爲天下之道,理想之國家對外以「禮讓」爲先,不在「用兵瀆武」,而重「濟弱扶傾」。

2、理想之國家對子民之治理,消極上先求「均無貧」、「和無寡」,積極上則講求「敬」、「信」、「節」、「愛」、「用賢」、「行禮樂」等諸「文德之治」。

3、就理想上,「聖人治國」方是孔子心目中理想國家之致極實現;而現實環境中,當是由孔子心中之「君子」、「士」依循「孔子之仁道」所治理的國度,方是孔子眞正念茲在茲的理想國家。

由此中來看有下列幾點異同處:

1、兩者皆強調國與國間「禮讓」爲先,不在「用兵瀆武」,而重「濟弱扶傾」。其概念、用意可謂殊途而同歸。

2、老子只期望國家治理可使人們回到「簡單」、「樸實」的「道」的生活;而孔子則在消極上先求「均無貧」、「和無寡」,積極上則講求敬、信、節、愛、用賢、行禮樂等諸「文德之治」。

3、兩者皆以「聖人治國」爲心中理想國度;但老子是實現「聖人」依「老子的道」所治理的國度;對孔子則體認「聖人治國」無法實現,現實世界只能要求實現由「君子」、「士」依循「孔子之道」所治理的國度。

綜合以上對「道之教育原理」、「教育之理想人格」、「教育之理想國家」三方面之比較,吾人試彙整老子《道德經》與《論語》之教育目的異同比較如下表::

表七：老子《道德經》與《論語》之教育目的異同比較

書名 異同		老子《道德經》	《論語》
道中之教育哲理	同	1、都講求人道合一、「天人合一」的境界。 2、皆注重由「人」的實踐功夫。 3、皆要求人不爲現象世界的物質慾望所惑，而忠實的去實踐。	
	異	1、講自然而然的「天道」，人要依循道、而回歸「天道」中，展現由上而下之修道進路。 2、講尊道而行。 3、提出「致虛守靜」的實踐態度作爲。	1、講人爲化成的「人道」，由人眞實篤行的去「弘道」，展現由下而上的修道進路。 2、講篤行實踐此道。 3、強調「無終食之間違仁」的實踐態度作爲。
教育之理想人格	同	1、對理想人格的所要修養之德行，有不少相同之德行，如「儉」、「謙恭」、「公」、「無私」……等。	
	異	1、以理想中之「聖人」爲其理想人格，重「自然無爲」、「妙然天成」。 2、講求「反璞歸眞」如「嬰孩赤子」一般。 3、理想人格眞正目的，在回歸於「自然無爲」的老子之「道」中，「依道」而「行德」，身即道德。	1、以現實中之「君子」爲其理想人格，重「積極有爲」、「盡其在我」。 2、講求「人文化成」要成爲「文質彬彬」的君子。 3、理想人格眞正目的，在於「眞實篤行」實踐出孔子的「仁道」，「行德」而「弘道」，行成道德。
教育之理想國家	同	1、兩者皆強調國與國間「禮讓」爲先，不在「用兵瀆武」，而重「濟弱扶傾」，其概念、用意可謂殊途而同歸。 2、兩者皆以「聖人治國」爲心中理想國度	
	異	1、只期望國家治理可使人們回到「簡單」、「樸實」的「道」的生活。 2、期望實現「聖人」依「老子的道」所治理的國度。	1、國家治理在消極上先求「均無貧」、「和無寡」，積極上則講求敬、信、節、愛、用賢、行禮樂等諸「文德之治」。 2、體認「聖人治國」無法實現，現實世界只能要求實現由「君子」、「士」依循「孔子之道」所治理的國度。。

三、老子《道德經》與《論語》教育內容之異同

　　吾人依循現代課程教育之五重點方向，略爲探析老子《道德經》與《論語》二書教育內容之異同所在。

（一）生存的知能

在老子《道德經》中提示吾人「生存的知能」的重要概念如下三點：

1、「柔弱勝剛強」：「堅強」並非無敵，由於其彰顯外溢，往往自暴其短而無法持久；「柔弱」者由於含藏內斂，更富生命之韌性，是以老子視之為久存處世之道。

2、「反非智」、「反非學」：老子反對人偽造假、巧詐奸惡之「知」與「學」，教育重在力行實踐而不執著，主張「絕學無憂」〔註14〕且「身教」勝於「言教」是最要之道。

3、「無爭故無尤」：事物之有無、難易、美醜……等皆是人類主觀認知之慾念，除了相續不斷煩惱、爭奪外，又有什麼？惟有無為、無爭方能保其不去而無尤。

而《論語》書中所提示者亦如下三點：

1、「積極而剛健」：孔子一反老子態度，意欲藉由周文的復興、禮樂之治的大化，使人回到堯、舜、禹、湯而至周朝文王、武王、周公時天下大安，百姓安康的局勢，是以他採取剛健不息的態度與明知不可為而為之的堅持意念，來面對、承擔此一重責大任，在其「君子」、「士」諸般理想的人格，在其所倡之仁道中，便均蘊含此一種「積極而剛健」之特質。

2、「學以致其道」：孔子於反思中看到了人之所以能為人的光明面，那就是「學」。透由「文，行，忠，信」〔註15〕的教育實質內容學習，每個人只要肯學，都可以藉由「下學而上達」〔註16〕的方式，由踏實而積極的學習實踐中，真正的成人、成士、成君子、甚而成聖賢。

3、「君子無所爭」：人與人之所以能長久互利共存之道，關鍵就在「謙和而無爭」的態度上；面對人與人間來往不可避免的種種事務，正人君子所要採取的作為，在於對己要求莊重而自守，不與人相爭；待人則求和諧相處，而不結黨營私。由真誠的自我出發、而待人、而處世，那麼這會是一個和睦相處、和平共榮的大同世界，而非一個爾虞我詐、爭鬥虛假的黑暗世界。

由此中來看二書有下列幾點異同處：

1、老子看到「堅強」者之暴短而無以持久，「柔弱」者之內斂而更韌性，

〔註14〕同註11，（晉）王弼著、（唐）陸德明釋文《老子道德經注·第二十章》，頁10。
〔註15〕同註1，（魏）何晏注、（宋）邢昺疏《論語·述而第七》，頁63。
〔註16〕同註1，（魏）何晏注、（宋）邢昺疏《論語·憲問第十四》，頁129。

是以視「柔弱勝剛強」為人們久存處世之道；而孔子則採取剛健不息的態度與明知不可為而為之的堅持意念以處世，是以「積極而剛健」。

2、二者皆認同「求知」與「學教育」，且皆反對「虛偽」、「不實」的學習，注重力行實踐、「身教」勝於「言教」等。但老子特重「不執著」於教育外表而內求其本身之「絕學無憂」主張；孔子則看到透由「學」使人之所以能為人的光明面，故而積極重視「學以致其道」、務使人「下學而上達」。

3、二者皆認同人心對物質慾望「相爭」所產生的無窮禍患，故皆取「無爭」。但老子採「無為」、「無爭」在保其不去而無尤，故消極對待；孔子面對現實而採「謙和而無爭」之和諧處世態度，故積極對應。

（二）生活之知能

在老子《道德經》書中對「生活知能」約略提示如下四點概念：

1、「見素抱樸，少私寡欲」：物質生活的優渥不僅使人奢華、浪費，更導致百病、心靈空虛、匱乏；唯有「少私寡欲」方能回歸自然、尋回本心且長視久生。

2、「為腹不為目，去彼取此」：過度放縱「慾望」，只會讓心靈向外馳逐而永無休止，甚而發狂取死；唯有「知足」方能回歸自我心靈深處，安寧、長樂且長生。

3、「吾之有大患，為吾有身」：人之憂患乃因血肉之軀受到外在環境誘惑，而引起無止之慾望與連綿不絕之苦；面對誘惑如能「去甚、去奢、去泰」、「知足」且「知止」，便能控制欲望而不為所制，進而免諸煩惱、斷除大患。

4、「我有三寶，持而保之」：當人人具足對萬物無私無我之「慈」、對自我刻苦要求之「儉」與對萬物謙卑胸懷之「讓」且力行不輟此三寶時，那麼再大的災難來臨都能勇而無懼。

而《論語》書中則對「生活知能」約略提示如次：

1、「食無求飽，居無求安」：孔子在對治人性之貪婪上，仍強調以禮樂為優先，忠實地在人的行為規則上，合理地講求對生活週遭「食」、「衣」、「住」、「行」、「育」、「樂」上一切所需的「無求」態度與作為。因個人現實物質環境不一，富貴貧賤並非每個人一夕之間就可改變的，是以不必要去「過度的索求」。

2、「貧而樂，富而好禮」：日常生活中表現「無求」的態度與作為，只是孔子心中個人最基本的為人之道。在面對他人之際，能夠積極的實踐「貧而樂，富而好禮」，才是個體在生命歷程中表現出真正的「自覺」，能「自覺」

於「貧」而「樂之」、「自覺」於「富」而仍「禮之」，這即是個體眞誠對待現實生命的「善」，也才是眞正符合於「仁」的作爲。

3、「君子不器」：一個眞實的人，當不受現實物質、外在事物價值之所限制；如果只知追求功名利祿，迷戀於科技物質所帶與人的效率與工具性，那麼終將只會把一生之生命、感情耗費於無感情生命之物質與機械中，而不再知覺有「人」、有「他人」、有「人性」與「人文」的眞實與美感價值，受物器所役而自限，成了一非眞實之「人」。

4、「子以四教：文、行、忠、信」：孔子終其一生所實踐者，與終其一生所教育者，只在：「學習《詩》、《書》等典籍、學會一切基本德行（含「禮」）、忠實應對（且實踐）他人之善而所爲、使自己成爲一眞實可信之人」等「文、行、忠、信」四者。雖極爲普通且平實，但卻也代表了人之所以爲人、所以存在於此世間，而能自覺、無愧之眞正價值之所在；亦即是整個孔子時代的眞正教育理念重心所在。

由此中來看二書有下列幾點異同處：

1、兩者皆對物質生活所造成的社會亂象、心靈匱乏同有所感，故均要人「節欲」、「知足」、「寡欲」。但老子由「少私寡欲」中讓人回歸自然、尋回本心且長視久生；孔子則以禮義爲優先，不僅要人在日常生活中「無求」，且要透由「自覺」而積極面對「貧、富」，以眞誠實現個體生命中的「善（仁）」。

2、二者皆對人受物質生活誘惑，而致使人心慾望追逐於功名利祿之享樂，卻迷失掉眞實的本性皆有同感。老子要人去除，從「去甚、去奢、去泰」、「知足」且「知止」中，控制欲望而不爲所制，進而免諸煩惱、斷除大患；孔子則進一步提出「君子不器」，要求人直視人的眞實存在價值，不當受現實物質、外在事物價值之所限制。

3、老子因於自然無爲之道，而感悟天地無私「慈、儉、讓」三寶之德，要人行之以保身。孔子則因於人文化成之仁道，而注重人平實而眞切之進德修業功夫，要人實踐以成人。

（三）道德及精神修養的理念和方法

在成就教育內容「求善」、「求美」之向度上，老子《道德經》提示吾人如下四概念：

1、「致虛守靜」：人惟有常保虛靜境界，才能開闊心靈、廣納眾理，進而取捨、領悟，方能層由「明心」、「復性」而最後達至與萬物合一的「洞明」之境。

2、「涵養水德」：上善者若水一般，能滋養萬物而不爭，居眾人所惡而卑下，故不招任何怨尤與過患。人當扮好自己角色，各盡其責而不計較，才是社會生生不息的安定力量。

3、「報怨以德」：真正的善，在保有自然之和諧；解怨的根本在於無怨，而非大怨已生再求和解。一如嬰兒般無心的天真，不執著於分別、比較，就不知感恩、報怨，自然無怨。

4、「去彼取此」：道德實踐的真正重點不在「是什麼？」而在「如何做？」德行不該停滯於形式化的認知，而要經深一層的探求、覺知，並真正地反省、實踐道德於真實生活中才是至善。是以「去彼取此」不僅直指人人那本有具足：清靜、純正、誠懇、無負擔、不佔有的「心」，更在回歸「自然無為」之道。

而《論語》書中提示吾人者約略如下四點：

1、「慎言、力行」：「學」乃是人能致道的重要依據，學習之內容在「文，行，忠，信」四大項，而其達成之手段則在「慎言」與「力行」；人透過「學」之得以「致其道」，惟在「慎言」而「力行不輟」。

2、「君子懷德」：孔子體認其「道」為人之所志，「人能弘道、非道弘人」，故求「剛健」以對，要人「力行實踐」以求致道。人之道之所未致之因在於「德之不修」，人欲真實面對於德行修養，不僅止於反省實踐，而更要在內心深處時時心懷仁德，以仁德為依據，積極且自然而真實的對己、對他人、對萬物，行幫助自己、幫助他人、幫助萬物之真實善行，如此才能成就人德之圓滿，並進而致道、弘道。

3、「以直報怨」：對於民怨、或他人之怨，最好的辦法仍是以公平正直、無私無我、真實篤行的態度來面對他人，能發之於內心的真誠、行之於禮義的準則，才是真實的「以直報怨」。而積極作為上，有仁德之人，因其一切所為本就依於真實的內心、而發乎於真確篤實的善行善念，是以其所處、所為均為真而毫無虛假，故為行之也德、而人報之也德之「以德報德」。

4、「學而時習之」：萬種諸德惟在「學而時習之」，惟有「學以致其道」方是君子之所當為。當吾人立志成為一真實之人時，便代表人對此生存所在時空所有知覺之始，而為實踐此一生命、人格之真，便惟有真實面對一切所有，以真實篤行的態度時時學習與實踐對己、對他人、對萬物之種種善行與作為。

此中來看二書有下列幾點異同處：

1、老子強調自然無為之「致虛守靜」心靈境界，人以此方能層由「明心」、

「復性」而最後達至與萬物合一的「洞明」之境；孔子則強調人文化成之「愼言、力行」實踐功夫，人惟透過「學」方得以「弘道」、「致道」。

2、兩者同樣注重德行之修養。但老子以自然之水滋養萬物而不爭、居眾人所惡而卑下之德行而要人「涵養水德」；而孔子則體認「人能弘道、非道弘人」，故求「剛健」以對，故要人積極於「君子懷德」、不斷「力行反省實踐」以求致道。

3、兩者皆求人與人間互相「無怨」之和諧相處。但老子重在「報怨以德」，要人不執著於分別、比較，且如嬰兒般無心的天眞，則自然無怨產生。孔子則積極於「以直報怨」、「以德報德」，要人以公平正直、無私無我、眞實篤行的態度來面對他人，則自能解怨。

4、兩者皆注重道德之自覺、反省與實踐。但老子認爲眞正重點不在「是什麼？」而在「如何做？」，故由「去彼取此」直指人心，提示德行不當滯於形式化的認知，惟有經深一層的探求、覺知，並眞正地反省、實踐才能回歸「自然無爲」之道；孔子則主張「學而時習之」方是君子之所當爲，惟透由學習方能使人立志、自覺於此一生命、人格之眞，方能「學以致其道」以行眞實之至善與作爲。

（四）社會服務的正確觀念和做法

在老子《道德經》全書中「治國、平天下」的理想概念，約略如下三要點：

1、「聖人不仁」：理想的政治領導者並非「麻木不仁」，而係無一己之私、以百性之心爲其心，能擔當國家重責大任、且謙沖爲懷；以「道」來治理天下、講求「無爲而治」，所以眞正實踐了「無爲而無所不爲」的治國理想。

2、「大國下流」：老子期望聖人以「道」治理國家，使國與國間「謙下」相待，當國與國、人與鬼、聖人與百姓間皆自然而然兩不相傷害時，世界即充滿了和平，百姓便不會再過顛沛流離的日子。

3、「天下有道」：人的「有爲」與「操持」只有導致國家「敗亡」、天下永無太平；唯有聖人以「道」治國，國與國間以「道德」相待，才有「卻走馬以糞」的太平景象。

而《論語》書中相關性之概念則如次三點：

1、「爲政以德」：人之所以能爲「政」之事，非因藉由法律所令定之權利與力量來對待他人，如此將使人陷入「物化」之險地；故爲「政」之道，仍在於以人的立場，來對待所有之他人、他物，由根源於自心之「自覺」上，

眞實的面對自己、他人與一切所有，藉由德行之光明，帶動賢士之輔佐，照耀眾人、且成就眾人之向善與行善，藉由行德以眞正行「政」之道，如此才是「爲政以德」根本意義之所在。

2、「禮讓爲國」：治理國家的根本在「禮讓」，人之治國、國與國間如能以實際行動平等和諧、眞誠而謙虛的對待，那麼必能在互信互諒的基礎下創立出彼此共存共榮的大同世界；反之，如你不讓我、我不讓你，定將走向你爭我奪、互相殘殺的局面，不僅國家衰敗，更讓百姓無以平安維生。

3、「天下有道」：實現「聖人治國」是孔子心目中天下太平之理想，但因於諸侯、大夫、家臣的竊國竊位，使天下不得安寧、百姓不得安康，是以天下太平之景不易存在於現實生活中；而則，如能對個人行一己之眞實，以眞實的態度篤行實踐善的德行與作爲，於自己、於待他、於處世、於治國、於天下一切，先盡己、而推己及人，而仍無以改變其善念與作爲，這對於孔子來說，即是其仁道的終極。

由此中來看二書有下列幾點異同處：

1、老子在治國上強調「聖人不仁」，並非指領導者「麻木不仁」，而係指無一己之私、且謙沖爲懷之德行，講求「無爲而治」之道而眞正實踐「無爲而無所不爲」的治國理想。孔子則強調「爲政以德」，不以法律之權利與力量來對人以免陷入「物化」之險，要以根源於人心「自覺」之立場上，來對待所有一切，並藉由德行之光明，帶動賢士、照耀眾人、且成就眾人之向善與行善。

2、兩者皆主張國與國間「謙下」相待，以促成世界和平，人民安定。但老子特重於「大國下流」，要求大國不可侵奪小國；孔子則更重「禮讓爲國」，要彼此以實際行動平等和諧、眞誠而謙虛的對待。

3、兩者皆期望實現「聖人治國」理想，使「天下有道」、人民百姓方能安居樂業。但老子認爲世人的「有爲」與「操持」，只有導致國家「敗亡」、天下永無太平，故要治國者「無爲而治」。孔子則體認天下太平之景不易存在於現實生活中，只能要求治國者以眞實的態度篤行實踐善的德行與作爲，盡己而後推己及人、及於天下。

（五）合理的人生觀與世界觀

在老子《道德經》中所含攝之人生觀、世界觀於下：

1、人生觀：老子所器重之「人」爲一「善爲道者」，惟具有：（1）超越時空境界之「太空人」；（2）回復本性最眞之「眞人」；（3）陰柔、內斂而不

光燿的之「月亮人」；（4）獨特超俗而不為名利所桎梏之「心靈自由人」；上等四種特質者方是老子心中的「善為道者」，而此亦構成其人生觀的特質。

2、世界觀：老子《道德經》全書中雖未見任何「世界」或「宇宙」詞句，但仍蘊含豐富之世界觀。其世界觀由其道觀、天地觀、萬物觀與人間觀所組合成，道、天地、萬物、人間皆屬一個宇宙中，且全部依「道」的原理在生成。唯一特殊的是，老子的「人」在其「世界觀」中顯然並非完美，且仍有極大空隙而未言明出。

而《論語》全書中《論語》中所含攝之人生觀、世界觀於下：

1、人生觀：孔子所器重之「人」為一「學以致道者」，惟透由「學而時習之」的篤行實踐而具有：（1）能自覺並實踐順時應變、承先啓後二特質之「時際人」；（2）文質彬彬、內外雙全，完整且完全之「全人」；（3）表現「行其所當行」之顯，坦蕩光明、樂觀開朗、積極進取、恒毅剛強等四像貌與行為特徵之「太陽人」；（4）藉由正名使人安立於「仁」與「禮」兩塊社會公德奠基石中，使社會趨於和諧之「公德奠基人」。上等四種特質者，方是孔子心中奠基於人文化成之「學以致道者」。

2、世界觀：《論語》全書中亦未見任何一「世界」或「宇宙」之詞句，但仍有其特有之世界觀。其世界觀主由道、天、天下（人間世）、人間構成，注重於吾人現在所有之此一「人的世界」，而非其他萬事萬物。人並非要「依循」道，而是要「實踐」道，且人之生命與意義價值重點就在於實踐這一個「道」（「仁道」）。就《論語》來看，此一人間雖不完美，但亦有達致完美之可能性。

此中二書之人生觀、世界觀有下列幾點異同處：

1、就人生觀來看：老子所器重之「人」為：具有超越時空境界、回復本性之最真、陰柔內斂而不光燿、獨特超俗而不為名利所桎梏……等四種特質者，方是老子心中的「善為道者」。孔子則器重「人」透由「學而時習之」的篤行實踐而具：能順時應變與承先啓後、文質彬彬且內外雙全、表現光明樂觀且開朗進取而剛強、安立於仁與禮中……等四種特質者，方是孔子心中之「學以致道者」。

2、就世界觀來看：兩者皆雖未見任何「世界」或「宇宙」詞句，但仍蘊含豐富而獨特之世界觀。《道德經》中世界由道、天地、萬物、人間所組成，所有皆在同一宇宙、且全部依「道」的原理在生成，「人」在老子「世界觀」

中並非完美且仍有極大空隙而未言明。《論語》全書中世界由道、天、天下（人間世）、人間構成，注重於「人的世界」而非其他萬事萬物，人要「實踐道」且生命與意義價值重點就在此，此一人間雖不完美，但亦有達致完美之可能性。

綜合以上對「生存的知能」、「生活之知能」、「道德及精神修養的理念和方法」、「社會服務的正確觀念和做法」與「合理的人生觀與世界觀」等五方面之探討比較，吾人試彙整老子《道德經》與《論語》二書之教育內容異同比較如下表：

表八：老子《道德經》與《論語》之教育內容異同比較

書名 異同		老子《道德經》	《論語》
生存的知能	同	1、皆認同「求知」與「學教育」，且皆反對「虛偽」、「不實」的學習，注重力行實踐、「身教」勝於「言教」……等。 2、二者皆認同對物質慾望「爭」的禍患，二者皆認同人心對物質慾望「相爭」所產生的無窮禍患，故皆取「無爭」。	
	異	1、看到「堅強」者之短促與「柔弱」者之韌性，故主「柔弱勝剛強」以處世。 2、特要人「不執著」於教育育外表而內求其本身之「絕學無憂」主張。 3、採「無為」、「無爭」在保其不去而無尤，故消極對待。	1、採取剛健不息之態度與明知不可為而為之的堅持意念以處世，是以「積極而剛健」。 2、看到透由「學」使人之為人的光明面，故而積極重視「學以致其道」、務使人「下學而上達」。 3、面對現實而採「謙和而無爭」之和諧處世態度，故積極對應。
生活之知能	同	1、皆對物質生活所造成的社會亂象、心靈匱乏同有所感，故均要人「節欲」、「知足」、「寡欲」。。 2、皆對人受物質生活誘惑，而致使人心慾望追逐於功名利祿之享樂，卻迷失掉真實的本性皆有同感。	
	異	1、由「少私寡欲」中讓人回歸自然、尋回本心且長視久生。 2、要人去除欲望，從「去甚、去奢、去泰」、「知足」且「知止」中，控制欲望而不為所制，進而免諸煩惱、斷除大患。 3、老子因於自然無為之道，而感悟天地無私「慈、儉、讓」三寶之德，要人行之以保身。	1、以禮義為優先，不僅要人在日常生活中「無求」，且要透由「自覺」而積極面對「貧、富」，以真誠實現個體生命中的「善（仁）」。 2、進一步提出「君子不器」，要求人直視人的真實存在價值，不當受現實物質、外在事物價值之所限制。 3、孔子則因於人文化成之仁道，而注重人平實而真切之「文、行、忠、信」進德修業功夫。

道德及精神修養的理念和方法	同	1、同樣注重德行之修養功夫。 2、皆求人與人間互相「無怨」之和諧相處。。 3、皆注重道德之自覺、反省與實踐。	
	異	1、強調自然無爲之「致虛守靜」心靈境界，人透過此方能「明心」、「復性」達至「洞明」之境。 2、以自然之水滋養萬物而不爭、居眾人所惡而卑下之德行而要人「涵養水德」。 3、重在「報怨以德」，要人不執著於分別、比較，且如嬰兒般無心的天眞，則自然無怨產生。 4、認爲德行實踐眞正重點在於「如何做？」，故由「去彼取此」直指人心，提示惟有經深一層的探求、覺知，並眞正地反省、實踐才能回歸「自然無爲」之道。	1、強調人文化成之「愼言、力行」實踐功夫，人惟透過「學」方得以「弘道」、「致道」。 2、體認「人能弘道、非道弘人」，故要人積極於「君子懷德」、不斷「力行反省實踐」以求致道。 3、積極於「以直報怨」、「以德報德」，要人以公平正直、無私無我、眞實篤行的態度來面對他人，則自能解怨。 4、主張「學而時習之」方是君子之所當爲，惟透由學習方能使人立志、自覺於此一生命、人格之眞，方能「學以致其道」以行眞實之至善與作爲。
社會服務的正確觀念和做法	同	1、兩者皆主張國與國間「謙下」相待，以促成世界和平，人民安定。 2、皆期望實現「聖人治國」理想，使「天下有道」、人民百姓方能安居樂業。	
	異	1、在治國上強調「聖人不仁」，非指「麻木不仁」，而係指無一己之私、且謙沖爲懷之德行，講求「無爲而治」，而眞正實踐「無爲而無所不爲」的治國理想。 2、老子特重於「大國下流」，要求大國不可侵奪小國。 3、認爲世人的「有爲」與「操持」，只有導致國家「敗亡」、天下永無太平，故要治國者「無爲而治」。	1、強調「爲政以德」，不以法律之權力來對人，要以根源於人心之「自覺」立場來對待所有，並藉德行之光明，帶動賢士、眾人，以成就眾人之向善與行善。 2、孔子更重「禮讓爲國」，要彼此以實際行動平等和諧、眞誠而謙虛的對待。 3、體認天下太平之景不易存在於現實生活中，只能退而求治國者以篤行實踐善的德行與作爲，盡己而後推己及人、及於天下。
合理的人生觀與世界觀	同	1、就世界觀來看：兩者皆雖未見任何「世界」或「宇宙」詞句，但仍蘊含豐富而獨特之世界觀。	
	異	1、就人生觀來看：器重之「人」，需具有超越時空境界、回復本性之最眞、陰柔內斂而不光耀、獨特超俗而不爲名利所桎梏……等特質者，方是「善爲道者」。 2、就世界觀來看：世界由道、天地、萬物、人間所組成，所有皆在同一宇宙、且全部依「道」的原理在生成，「人」在老子「世界觀」中並非完美且仍有極大空隙而未言明。	1、就人生觀來看：器重「人」透由「學而時習之」的篤行實踐，而具能順時應變與承先啟後、文質彬彬且內外雙全、表現光明樂觀且開朗進取而剛強、安立於仁與禮中……等特質者，方是「學以致道者」。 2、就世界觀來看：世界由道、天、天下（人間世）、人間構成，注重於「人的世界」而非其他萬事萬物，人要「實踐道」且生命與意義價值重點就在此，此一人間雖不完美，但亦有達致完美之可能性。

四、老子《道德經》與《論語》教育方法之異同

吾人就老子《道德經》與《論語》二書中所依據之教育原則、與教育方法略為探析其異同所在如下：

（一）教育原則

老子《道德經》深具教育義涵，其所符應之教育原則如下八種：

1、準備原則：老子開宗明義所云：「道可道，非常道。」〔註17〕即言明其整個教育思想體系中心皆在其「道」字中，所有一切教育意義、目的、內容甚而教育方法等，一皆以「道」為中心而次第展開。

2、類化原則：老子對於吾人所指示之道德律則，多以「去彼取此」之「正言若反」樣貌出現，此種「道是（怎樣怎樣），（所以）人，尤其是聖人「應該」是（怎樣怎樣）」之語句形式，即屬之類化原則。

3、興趣原則：老子透由「正言若反」之超越思維，引發世人研究之興趣，要窮盡、透析老子之「道」，惟由不斷力行實踐的，方有達成至眞、至善境界之可能。

4、自動原則：老子所申明：「吾言甚易知，甚易行。天下莫能知，莫能行。」〔註18〕即指出自動學習原則重點在能夠主動與積極的學習，方能達成教育持久改變之成效。

5、個別適應原則：老子言：「物或行或隨，或歔或吹，或強或羸，或挫或隳。」〔註19〕萬物之態勢不一，各具其差異性與獨特性，唯「行不言之教。」〔註20〕方是「因材施教」之良方。

6、社會化原則：老子之「道」具「挫其銳，解其紛，和其光，同其塵。」〔註21〕特性，人常保赤子之心，且力行不輟三寶（慈、儉、讓），便能與萬物和諧生長而共榮共存。

7、熟練原則：老子強調始終如一、「愼終如始」〔註22〕與「學不學，復

〔註17〕 同註11，（晉）王弼著、（唐）陸德明釋文《老子道德經注・第一章》，頁1。
〔註18〕 同註11，（晉）王弼著、（唐）陸德明釋文《老子道德經注・第七十章》，頁42。
〔註19〕 同註11，（晉）王弼著、（唐）陸德明釋文《老子道德經注・第二十九章》，頁17。
〔註20〕 同註11，（晉）王弼著、（唐）陸德明釋文《老子道德經注・第二章》，頁2。
〔註21〕 同註11，（晉）王弼著、（唐）陸德明釋文《老子道德經注・第四章》，頁3。
〔註22〕 同註11，（晉）王弼著、（唐）陸德明釋文《老子道德經注・第六十四章》，頁39。

眾人之所過。」〔註23〕之看法，唯有不斷在生活情境中力行「觀察、思惟與實踐」，方能真正的成「道」、得「道」。

8、同時學習原則：老子提示「有之以爲利，無之以爲用。」〔註24〕此表示「利」是「有限的用」，而「用」是「無限的用」。學習不僅只有學到有限地單純之知識、技能，教師的潛移默化中亦影響學生態度、理想、興趣與價值等的學習。

而依據《論語》之全書內容，吾人亦探析出其所符應之教育原則如下：

1、準備原則：孔子在〈學而第一・第一章〉即已言明：「學而時習之，不亦說乎？」〔註25〕人之所以存在，便在能以真誠篤行實踐其善的作爲與意念面對此人間，而爲善、爲人之基礎無他，就在「學而時習之！」另依孔子所言：「不憤不啓。不悱不發。」〔註26〕也說明學習真正的要素，就在於人本身是否真正做好了要學習的身、心準備，如果自己不願意，那學習是無法有效的。

2、類化原則：孔子直接而明白的勸喻弟子，其語句形式多以：（1）君子是F（善行），小人則不F（不做怎樣的善行或做怎樣的惡行）；（2）作何事（德行）是F（善行），且他方面也是G（另一善行）。二類型出現，此即類化原則。另孔子也強調真正的學習要能觸類旁通、「舉一反三」，此亦是類化原則。

3、興趣原則：教學首重引發學生學習動機以促成其積極之學習，此即興趣原則。孔子藉「詩，可以興，……」〔註27〕以《詩經》諸多優點引發學生學習意願；也藉「不有博弈者乎？爲之，猶賢乎已！」〔註28〕鼓勵棋藝之學習；更藉「學而時習之，不亦說乎？」〔註29〕教導弟子悅於學習。

4、自動原則：孔子藉由互鄉童子的「潔己以進」〔註30〕來教育其他弟子要自動自發向學；也藉由讚譽顏回的好學來勉勵其他弟子。而則「不憤不啓。不悱不發」〔註31〕弟子們如能「每日三省」，便能達到「自動自發」的真切學

〔註23〕同註11，（晉）王弼著、（唐）陸德明釋文《老子道德經注・第六十四章》，頁39。

〔註24〕同註11，（晉）王弼著、（唐）陸德明釋文《老子道德經注・第十一章》，頁6。

〔註25〕同註1，（魏）何晏注、（宋）邢昺疏《論語・學而第一》，頁5。

〔註26〕同註1，（魏）何晏注、（宋）邢昺疏《論語・述而第七》，頁61。

〔註27〕同註1，（魏）何晏注、（宋）邢昺疏《論語・陽貨第十七》，頁156。

〔註28〕同註1，（魏）何晏注、（宋）邢昺疏《論語・陽貨第十七》，頁158。

〔註29〕同註1，（魏）何晏注、（宋）邢昺疏《論語・學而第一》，頁5。

〔註30〕同註1，（魏）何晏注、（宋）邢昺疏《論語・述而第七》，頁64。

〔註31〕同註1，（魏）何晏注、（宋）邢昺疏《論語・述而第七》，頁61。

習了。

5、個別適應原則：孔子針對學生才智性情之個別差異，分別予以適性化之教學。如依子路、冉有不同的個性，分別提示「有父兄在」與「聞斯行之之」〔註32〕的行動準則；也依弟子們不同的個性，分別指導「孝」、「仁」、「勇」、「智」等德行之實踐方法。

6、社會化原則：學習不僅在於「學而時習之」、〔註33〕「爲人孝弟」、〔註34〕「三省吾身」〔註35〕等的「己立」、「己達」功夫修養，也在於能「道千乘之國」、〔註36〕「泛愛眾，而親仁」〔註37〕等的「立人」、「達人」功夫之實踐，是以仁道即是將「盡己之忠」與「推己及人之恕」眞實如理的實踐。孔子所教導的各種德性，就是使人成爲此一社會、人間中之眞實者的最根本基準所在。

7、熟練原則：孔子強調「溫故而知新」。〔註 38〕要人在爲學、爲人處世上始終「無終食之間違仁」〔註39〕並不斷地自我要求與實踐「多聞」、「愼言」、「多見」、「愼行」〔註40〕與「自省」，〔註41〕才能成爲一個眞正頂天立地、不愧天地、父母之的正人君子。

8、同時學習原則：「子以四教」〔註42〕表明孔子並非只就單一的「文」、「行」、「忠」、「信」來教導弟子，而係要求學生能觸類旁通、「舉一而反三」，四種內容或各有其重點所在，而孔子仍注重學生全方位學習發展與成效的「同時學習原則」。如：「歲寒，然後知松柏之後彫也。」〔註 43〕不僅在於表面文字上之天寒而看到松柏最後凋謝，也代表天下無道之際、君子之堅強與毅力，更代表一眞實的人對仁道之追求與實踐亦當有「任重而道遠」而仍「堅毅而不拔」之志節與情操。

〔註32〕同註1，（魏）何晏注、（宋）邢昺疏《論語·先進第十一》，頁 99。
〔註33〕同註1，（魏）何晏注、（宋）邢昺疏《論語·學而第一》，頁 5。
〔註34〕同註1，（魏）何晏注、（宋）邢昺疏《論語·學而第一》，頁 5。
〔註35〕同註1，（魏）何晏注、（宋）邢昺疏《論語·學而第一》，頁 6。
〔註36〕同註1，（魏）何晏注、（宋）邢昺疏《論語·學而第一》，頁 6。
〔註37〕同註1，（魏）何晏注、（宋）邢昺疏《論語·學而第一》，頁 7。
〔註38〕同註1，（魏）何晏注、（宋）邢昺疏《論語·爲政第二》，頁 17。
〔註39〕同註1，（魏）何晏注、（宋）邢昺疏《論語·里仁第四》，頁 36。
〔註40〕同註1，（魏）何晏注、（宋）邢昺疏《論語·爲政第二》，頁 18。
〔註41〕同註1，（魏）何晏注、（宋）邢昺疏《論語·學而第一》，頁 6。
〔註42〕同註1，（魏）何晏注、（宋）邢昺疏《論語·述而第七》，頁 63。
〔註43〕同註1，（魏）何晏注、（宋）邢昺疏《論語·子罕第九》，頁 81。

　　由此中老子《道德經》與《論語》來看二書有下列幾點異同處：

　　1、二者皆有符應於準備、類化、興趣、自動、個別適應、社會化、熟練、同時學習……等八種教育原則之方法依據，顯見兩者皆講求實質之教育方法。

　　2、而則二者亦皆從其各自之「道」的教育哲理爲基礎，來開展其教育原則。如老子講自然而然的「天道」，人要依循道、而回歸「天道」，其教育主張一皆以「正言若反」的否定方式，提醒世人眞正回歸於「教育本身」來實踐教育，使之發揮其最大功效。而孔子講人爲化成的「人道」，人要眞實篤行的去「弘道」，其教育主張則一皆在「明白且對立」的眞實肯定中，要人由「眞實學習」中去篤行實踐與反省其進德修業，去實踐教育理想。

（二）教育方法

　　在老子《道德經》中符應「最經濟」、「最大目標」與「最小不良副作用」等三要件之教育方法，概有八大項：

　　1、強調「正反相成」：正、反兩面係相輔相成，相依相隨而缺一不可，包含教育在內所有一切學問、道理，皆須注意到有無、正反兩面之成效。課程教材、教法上，更需順應時空之變化作「因、革、損、益」之調整，非以「一成不變」之模式來「框架住」學生之學習歷程與成果。

　　2、重視「絕學求眞」：妄知、虛詐的假學問，只會導致民生凋弊、戰爭頻繁與社會人心極度不安之結局；惟有執道、保道才能使社會、國家復歸於淳樸、安定之生活。「爲學」眞有益？抑只是「爲學日益，爲道日損」？吾人必須就此「爲學」之必然性與必要性，審慎思考一個問題：如果教育的「爲學」悖離了「道」、悖離了原始質樸的「眞」，那就只是「爲學日益，爲道日損」！

　　3、提倡「自然無爲」：以「自然無爲」之手段，讓教育回歸於「質樸眞實」的「道」中，才是教育的終極呈現。遵循自然之天道而不妄作，因應每一位學生身心狀況、智能發展之個別差異，順其自然本性加以誘導啟發，不放任其自生自滅或妄加無理限制，才是教育之最要。

　　4、講求「不言之教」：過多的話語，還不如做得好！說得少！「潛在課程」中之「身教」、「境教」即是「不言之教」，其效益上遠比「言教」來得更重要也影響更大。一切教育作爲皆以「愛」爲出發點，以裨益其身心發展爲依歸，在言行舉止上，時時展現「愛」的熱忱與行動，學生們必能耳濡目然、潛移默化而自然歸善。

　　5、擅用「去彼取此」：如果德行只流於形式、認知的概念而不去實踐便

只是空談，唯有經過深一層的探求、覺知，才會眞正地去反省實踐與採取作為。「非Ｑ即Ｐ」之邏輯推理思維，在教育領域諸多方面均可廣加應用，吾人皆可藉由「去彼取此」之應用，而得到「損惡益善」之功效。

6、力行「反省實踐」：教育講究「即知即行」、「知行合一」，唯有眞正的力行「反省實踐」，「知識」才能成為吾人之「智慧」。老子的力行「反省實踐」上，有下列幾項要點：

（1）「致虛守靜」：改變與控制外在「環境」因素，減少學習環境的不利誘因，進而增加學習動機、興趣，激發專注力、理解力，而達成有效的、長期的學習，此種教學歷程作為，即是與「致虛守靜」異曲同工。

（2）「勤而行之」：學問要靠日積月纍的實踐、勤行，才會有所成就。學習效果的評鑑，平日的形成性評量遠比最後的總結性評量重要，如此才能眞正了解學生所學是否眞實有效。

（3）「防患未然」：要培養學生良好品格、道德情操，就要隨時注意觀察學生日常生活表現之言行舉止與思想態度，經由不斷細心考察、愼重對待與及時引導，自然能「防患未然」而使之不斷向善。

（4）「循序漸進」：事物的難和易是互相轉化的，凡事從容易、細小之事著手，以耐心、毅力持之以恒，則必能竟其功；只圖方便而操之過急、又不按部就班，就只有落得偃苗助長而一事無成。

7、注重「師生關係」：近年教育研究始闡揚「師生關係」之實務重點，然其部份要義已於老子《道德經》中有所陳述：

（1）「吾亦信之」：教師如無「教育愛」，其所謂專業、敬業皆是空談。當教師全般信任、公平對待所有學生，那麼所有學生也會全般信賴教師，如此所有學生都因教育愛而積極向善，便能達到人盡其才、遷惡向善的教育目標。

（2）「貴師、愛師」：學習不僅要向好人學習，還要向不好的人學習；向好人學習其成功關鍵所在，向不好的人學習、了解其錯誤所在，吸取其教訓、並引之為借鑒，便不會重蹈覆轍。如果不珍貴老師、不愛惜借鑒，那麼這種人雖有智巧自以為聰明，其實是個大迷糊，而這也就是老子主張「貴師」、「愛師」的智慧所在。

8、闡揚「生活三寶」：透過力行實踐老子「慈、儉、讓」生活三寶的功夫，使學生在潛移默化中受到薰陶影響，學生道德品行在教育愛中得到陶冶、在眞摯誠懇中得到滋長、在自由天眞中活潑充分發展他們的至善，那麼必能

培育出安邦定國的優異人才。

　　而《論語》書中符應「最經濟」、「最大目標」與「最小不良副作用」三要件之教育方法，亦如下八項：

　　1、強調「正面積極」：對於為人處世、甚而修齊治平諸事，孔子一皆是以正面而積極的態度去務實以面對；孔子並非不知曉事物的正反、盈虛，但因其正面積極的態度，故而能在現實社會現實中實務的退而求之。在自我教學或日常生活上，要求弟子：「為之不厭，誨人不倦」；〔註44〕在教學內容上，相對於「怪、力、亂、神」〔註45〕的虛假、荒誕，傳授並要求學生對「文，行，忠，信」〔註46〕的學習與真實履踐，便成為孔子正面務實的教學內容。

　　2、重視「下學上達」：透由「學」的教育實質成果，每個人只要肯學，都可以藉由「下學而上達」的方式，而真正的能成人、成士、君子、甚而成聖賢。「人能弘道，非道弘人。」〔註47〕「道」的發皇在於「人」，也唯有「人」才能忠實實踐「道」於此世間。

　　3、倡導「因材施教」：孔子之「因材施教」可分為二，一者乃依賢智愚鈍類別而施之，二者乃依個人才質而施之；二種因材施教，皆立基於「知人」之上而後成。良師如能於瞭解學生個人才質後，依學生之諸般條件而授與適性之品德、知識，則學習成果必能在「知之」、後「好之」、甚而「樂之」於進德修業中，成為一真真實實的「仁人」。

　　4、講求「慎言篤行」：欲知道一個人之品德修養，必然需「聽其言」且「觀其行」〔註48〕才能真實了解。孔子心中具「德行」者是優且高於「言語」的，一個真實的人當要能做到「先行其言」、〔註49〕「古者言之不出，恥躬之不逮」、〔註50〕「敏於事而慎於言」〔註51〕等要求。教育學子當知「君子之德風」，〔註52〕在言行舉止上「身正」學生自然能夠「不令而行」。〔註53〕

〔註44〕同註1，（魏）何晏注、（宋）邢昺疏《論語・述而第七》，頁60及頁65。
〔註45〕同註1，（魏）何晏注、（宋）邢昺疏《論語・述而第七》，頁63。
〔註46〕同註1，（魏）何晏注、（宋）邢昺疏《論語・述而第七》，頁63。
〔註47〕同註1，（魏）何晏注、（宋）邢昺疏《論語・衛靈公第十五》，頁140。
〔註48〕同註1，（魏）何晏注、（宋）邢昺疏《論語・公冶長第五》，頁43。
〔註49〕同註1，（魏）何晏注、（宋）邢昺疏《論語・為政第二》，頁18。
〔註50〕同註1，（魏）何晏注、（宋）邢昺疏《論語・里仁第四》，頁38。
〔註51〕同註1，（魏）何晏注、（宋）邢昺疏《論語・學而第一》，頁8。
〔註52〕同註1，（魏）何晏注、（宋）邢昺疏《論語・顏淵第十二》，頁109。
〔註53〕同註1，（魏）何晏注、（宋）邢昺疏《論語・子路第十三》，頁116。

5、擅用「分別對照」：孔子見到了社會現實中之虛假不實，故而以直接明白之「分別對照」方式，提醒世人眞誠面對且眞實實踐人所當爲之仁義禮信諸德行。而藉由此種「分別對照」、相互比較之模式，廣泛應用於教育現場如：語言辯論、歷史分析、自然科學比較實驗……等方面教學，更可加強「去惡揚善」之實質成效。

6、力行「自省篤踐」：孔子認爲唯有人眞誠面對此一世界，眞正謙恭與不斷反省、篤行一切對自我、對他、對此一世界之善行意志與作爲（仁），才能成爲一眞實的人（君子），才能使此一生命眞正立於所存在之價値本體中。其力行「自省篤踐」上，有下列幾項要點：

（1）「內省與自覺」：德行實踐之所以能夠恆久持續，需透過人類自我本身（本我）與道德意志（超我）的不斷對話（即「自省」），藉由篤行實踐所得到的生命價値體悟（即「自覺」），而逐步提升與形成超越現實所有之自我實現理想與情操後，方能保持此一意念之不變與恆續（志於道）。一眞實價値與生命之存在，就在於生命歷程中能眞正的「自省」與「自覺」後，眞誠實踐出對待現實生命的「善」的作爲與意念。

（2）「躬行君子」：孔子以躬行實踐爲一生之職志，他認爲對德行的不斷自我眞實篤行實踐，永遠比學習知識典籍之「文」來得重要。能眞正篤行實踐於對自我、對父母尊親、對他人、對此世間所有一切之德行善舉的人，是比只知而不行的書呆子，更爲眞實而更有價値意義的。

（3）「克己復禮」：人在行爲舉止、甚至心志上，常被物質世界聲色所引發的慾念所把持，而導致「放於利而行，多怨。」〔註54〕教師如能以「義」、「禮」爲行爲準則，以「謙」、「信」爲言語基準，來眞誠實踐「人師」所當有「律己以嚴、待人以寬」之「克己復禮」的作爲，那麼學生必爲此一眞實作爲所感化，而願意始終於積極向上、向學矣。

（4）「循循善誘」：孔子以「博我以文，約我以禮。」〔註55〕之方式與作爲來「循循善誘」弟子的學習。且提出「不憤不啓。不悱不發。舉一隅不以三隅反，則不復也。」〔註56〕觀點，提示教學需依學生的經驗、思路一步步加以誘導，使其在學識德業上藉由認眞學習而能逐步自覺、與領悟所得後，

〔註54〕同註1，（魏）何晏注、（宋）邢昺疏《論語・里仁第四》，頁37。

〔註55〕同註1，（魏）何晏注、（宋）邢昺疏《論語・子罕第九》，頁79。

〔註56〕同註1，（魏）何晏注、（宋）邢昺疏《論語・述而第七》，頁61。

再繼續予以指導修正，如果學生自身並無意於學識德業的認真學習，且毫無自覺、與領悟所得的話，那麼師長的勸導往往會流於「說教」，而終究圖勞而無功的。

7、注重「師生之道」：就師生相處之道，《論語》中提示吾人二項要點：

（1）「成人之美」：孔子除了提出：「有教無類。」〔註 57〕主張教育對象不當以物質上之貴賤、貧富而分別之的「教育機會均等」外，更積極提示：任何人只要「潔己以進」〔註 58〕積極向學，身為教師者是不能任意剝奪、或取消學生向學機會。其次，教師當以「和之」態度，隨時從細微言行舉止處，去發覺學子的優美與其理想抱負，並時時加以輔助、導引之，那麼學生自能因其所欲之成就而積極向學；「成人之美」〔註 59〕不僅可成就學生的德業學識，也會因教師積極所成就的楷模、容納學生的多樣發展，更帶動與感動所有其他的學生積極追尋自我真實的善行意念。

（2）「何常師之有」：孔子極少以權威姿態來壓服弟子，師生之間相處以禮、而真誠、平等對待之，故師生關係可謂「亦師亦友」。對於弟子好的品德言行，孔子會不吝於稱讚之；相對於弟子不好的品德言行，孔子也不會忘了提醒他們。如果弟子能夠真實在「仁道」的實踐與體悟上，想得更深入而透徹的話，孔子甚至會有「依道不依人」之提示；此一態度，即是告訴吾人，教師當在日常生活中，真實地教導弟子：要在人世間做一個真實的的正人君子，而凡能真實篤行對自我、對他人、對此世間所有一切事物之善的作為與意念的人，都是我們所要依止、學習的老師了。

8、闡揚「為人之德」：孔子認為人既為人，就當真真實實的為人，不管對己、對他、對外界事物，在意志力、知性、情感上，都當要能真實的發自內心且堅持地來實踐「仁道」。不管是為求生存所當行之「溫、良、恭、儉、讓」〔註 60〕五德，或是從政者所需「恭、寬、信、敏、惠」〔註 61〕等五德，甚而整個《論語》中所揭櫫忠、恕、孝、悌、信……等諸德行，惟透過人的真實行道、行德與行仁，此一世界才具有真實性的意義可言，也才能成為人真實所存在的太平世界。教導學生亦在此，惟有大家真正的力行實踐各種為

〔註 57〕同註 1，（魏）何晏注、（宋）邢昺疏《論語‧衛靈公第十五》，頁 141。

〔註 58〕同註 1，（魏）何晏注、（宋）邢昺疏《論語‧述而第七》，頁 64。

〔註 59〕同註 1，（魏）何晏注、（宋）邢昺疏《論語‧顏淵第十二》，頁 109。

〔註 60〕同註 1，（魏）何晏注、（宋）邢昺疏《論語‧學而第一》，頁 7。

〔註 61〕同註 1，（魏）何晏注、（宋）邢昺疏《論語‧陽貨第十七》，頁 155。

人之德，這個人間才會真實、且更圓滿。

由此中來看老子《道德經》與《論語》二書之教育方法約略有下列幾點異同處：

1、二者皆看到了所有事物（含教育）之「積極」與「正面」。但老子更看到反面的特性，強調「正反相成」兩者相依相隨而缺一不可，教育上不僅要注意且更要順應時空變化作「因革損益」調整；孔子則強調「正面積極」之特性，並非不知事物之正反、盈虛，但因其正面積極的篤行實踐，故偶能在社會現實中視時務的退而求之。

2、兩者皆重視人在道德上的真實履踐。但老子體認妄知、虛詐的假學問，只會導致「為學日益，為道日損」，而使百姓人心極度不安，故提出「絕學求真」主張；而孔子認為透由「學」的教育實質，能使每個人在真實篤行中真正的能成人、成君子、甚而成聖賢，故而主張「下學上達」以致道。

3、二者皆注重因應每一位學生身心狀況、智能發展之個別差異，實施「因材施教」。但老子提倡以「自然無為」之手段，讓教育回歸於「質樸真實」的「道」中，順其自然本性加以誘導啟發而不妄作，不任其自生自滅或妄加無理限制。孔子仍強調「積極有為」之手段，立基於「知人」之上，而後依賢智愚鈍類別與個人才質分別施之，務使學生在「知之」、「好之」而「樂之」於進德修業中成為一真真實實的「人」。

4、二者皆講求道德實踐之功夫，與教師身教之潛移默化實質影響。但老子強調「不言之教」，過多言語不如「不說」還更好。孔子則講求「慎言篤行」，真實的人當做到「先行其言」與「敏於事而慎於言」等要求。

5、《道德經》語詞擅用「去彼取此」形式，使人經過深一層的探求、覺知，而真正地反省實踐與「去惡揚善」。《論語》語詞則擅用「分別對照」形式，直接明白告知善、惡所別，讓世人真誠面對且實踐人所當為之善的德行。

6、兩者皆力行「反省實踐」，講究「即知即行」與「知行合一」，透過「勤而行之」與「循序漸進」，使人在篤行實踐中真正的「轉識成智」。但老子強調「致虛守靜」與「防患未然」，藉由平日不斷細心考察、慎重對待與及時引導，改變、控制與減少外在「環境」對學習之不利誘因，進而激發專注力、理解力、持續力，以達成長期有效的學習；孔子則強調以「義」、「禮」為行為準則，真誠實踐「律己以嚴、待人以寬」之「克己復禮」的作為來面對外物之引誘，透過學習使人不斷地經「內省」而「自覺」生命價值所在，方能

保持學習意念之不變與恆續。

7、二者皆注重「師生關係」與師生相處之道。但老子倡導教師無私的「教育愛」，要全般信任、公平對待所有學生；要學生「貴師、愛師」，向所有的人學習其成功所在，或了解其錯誤所在且引之爲鑒，如此不會重蹈覆轍。而孔子則倡導教師要能「成人之美」，不僅在「教育機會均等」外，更積極以「和之」的態度，誘導引發學生「成功的學習」；學生則當「依道不依人」，凡能眞實篤行對世間所有一切人物善的作爲與意念的人，都當是所要依止、學習的老師。

8、老子因於天之道而闡揚「慈、儉、讓」生活三寶之德行，讓學生在潛移默化中受到薰陶、在教育愛中得到陶冶、在眞摯誠懇中得到滋長、在自由天眞中活潑充分發展他們的至善德行。孔子因於人之道而闡揚各種「爲人之德」，要人正視人之爲人之價值與意義，發自內心而眞眞實實的行道、行德與行仁，不僅讓人眞實而圓滿，更讓此一人間眞實而圓滿。

表九：老子《道德經》與《論語》之教育方法異同比較

書名 異同		老子《道德經》	《論語》
教育原則	同	1、二者皆有符應於準備、類化、興趣、自動、個別適應、社會化、熟練、同時學習……等八種教育原則之方法依據，顯見兩者皆講求實質之教育方法。 2、二者亦皆從其各自之「道」的教育哲理爲基礎，來開展其教育原則。	
	異	1、老子講自然而然的「天道」，人要依循道、而回歸「天道」，其教育主張一皆以「正言若反」的否定方式，提醒世人眞正回歸於「教育本身」來實踐教育，使之發揮其最大功效。	1、孔子講人爲化成的「人道」，人要眞實篤行的去「弘道」，其教育主張則一皆在「明白且對立」的眞實肯定中，要人由「眞實學習」中去篤行實踐與反省其進德修業，去實踐教育理想。
教育方法	同	1、看到了所有事物（含教育）之「積極」與「正面」。 2、皆重視人在道德上的眞實履踐。 3、皆注重因應每一位學生身心狀況、智能發展之個別差異，實施「因材施教」。 4、皆講求道德實踐之功夫，與教師身教之潛移默化實質影響。 5、皆力行「反省實踐」，講究「即知即行」與「知行合一」，透過「勤而行之」與「循序漸進」，使人在篤行實踐中眞正的「轉識成智」。 6、二者皆注重「師生關係」與師生相處之道。	

教育方法	異	1、老子更看到事物反面的特性，強調「正反相成」兩者相依相隨而缺一不可，教育上不僅要注意且更要順應時空變化作「因革損益」調整。 2、老子體認妄知、虛詐的假學問，只會導致「為學日益，為道日損」，而使百姓人心極度不安，故提出「絕學求真」主張。 3、老子提倡以「自然無為」之手段，讓教育回歸於「質樸真實」的「道」中，順其自然本性加以誘導啟發而不妄作，不任其自生自滅或妄加無理限制。 4、老子強調「不言之教」，過多言語不如「不說」還更好。 5、《道德經》語詞擅用「去彼取此」形式，使人經過深一層的探求、覺知，而真正地反省實踐與「去惡揚善」。 6、老子強調「致虛守靜」與「防患未然」，藉由平日不斷細心考察、慎重對待及時引導，改變、控制與減少外在「環境」對學習之不利誘因，進而激發專注力、理解力、持續力，以達成長期有效的學習 7、老子倡導教師無私的「教育愛」，要全般信任、公平對待所有學生；要學生「貴師、愛師」，向所有的人學習其成功所在，或了解其錯誤所在且引之為鑒，如此不會重蹈覆轍。 8、老子因於天之道而闡揚「慈、儉、讓」生活三寶之德行，讓學生在潛移默化中受到薰陶、在教育愛中得到陶冶、在真摯誠懇中得到滋長、在自由天真中活潑充分發展他們的至善德行。	1、孔子則強調「正面積極」之特性，並非不知事物之正反、盈虛，但因其正面積極的篤行實踐，故偶能在社會現實中視時務的退而求之。 2、孔子認為透由「學」的教育實質，能使每個人在真實篤行中真正的成人、成君子、甚而成聖賢，故主張「下學上達」以致道。 3、孔子仍強調「積極有為」之手段，立基於「知人」之上，而後依賢智愚鈍類別與個人才質分別施之，務使學生在「知之」、「好之」而「樂之」於進德修業中成為一真真實實的「人」。 4、孔子則講求「慎言篤行」，真實的人當做到「先行其言」與「敏於事而慎於言」等要求。 5、《論語》語詞則擅用「分別對照」形式，直接明白告知善、惡所別，讓世人真誠面對且實踐人所當為之善的德行。 6、孔子強調以「義」、「禮」為行為準則，真誠實踐「律己以嚴、待人以寬」之「克己復禮」的作為來面對外物之引誘，透過學習使人不斷地經「內省」而「自覺」生命價值所在，方能保持學習意念之不變與恆續。 7、孔子倡導教師要能「成人之美」，不僅在「教育機會均等」外，更積極以「和之」的態度，誘導引發學生「成功的學習」；學生則當「依道不依人」，凡能真實篤行對世間所有一切人物善的作為與意念的人，都當是所要依止、學習的老師。 8、孔子因於人之道而闡揚各種「為人之德」，要人正視人之為人之價值與意義，發自內心而真真實實的行道、行德與行仁，不僅讓人真實而圓滿，更讓此一人間真實而圓滿。

第二節　總　結

自先秦開始至今，儒、道二家思想即深入影響國人政治、社會、教化等各方面之實質，雖漢代以後罷黜百家而獨尊儒家，然則歷史潮流上卻一再重複著儒、道二家思想相互影響、批判、激盪，甚而彼此滲透、補充之事實，是以於今科技昌明、人心不古之際，吾人有必要重新深省儒、道二家思想之源頭。

本研究主在探討老子《道德經》與《論語》二書教育思想之比較，爲求完整了解，故進程上：先就老子《道德經》與《論語》二書之作者內容、及其時、空背景因素、思想內涵談起；其次分別探討老子《道德經》與《論語》二書教育意義、目的、內容、方法等實質教育內涵；最後則總結老子《道德經》與《論語》教育思想之異同所在後，進而本文之總結。依據吾人次第研究探析所獲，今發現如下：

（一）從老子《道德經》與《論語》二書之作者內容、及其時、空背景因素等可見：二者教育思想差異之所在，均根源於對周文化之對反而來。

老子《道德經》與《論語》皆成書於東周戰亂紛擾、民生凋弊之際，面對周文疲弊、禮壞樂崩、封建制度瓦解之窘，而發血斑之句、諍諍之言，以圖救百姓脫痛苦之淵、匡時政離暴虐之治。老子《道德經》顯現出老子之思想背景，而《論語》則顯現孔子之思想背景；二者在同時面對時代之不安、震盪時，之所以產生老子重「自然無爲」與孔子重「積極有爲」之不同面向，實應回溯及二人地域背景、歷史文化傳承、及對天人看法之差異。

老子之所以重「自然無爲」之思想性格，除個人所獨具之人格特質外，在地域背景上：因黃河以南溫暖豐饒、生活無虞，方成達觀、不屑實際、不重禮法、不拘經驗之玄理思想特質。在歷史文化背景上：老子之柱下吏職務與繼承華夏母系文化特質，使其能於飽覽古籍並親身觀察體驗中，不受政局擾亂而立足於更寬闊、高遠處，清楚辨析出「有爲之害」與「無爲之利」，與奠定其思想尙母、尙黑、尙水、尙質樸之特質。在天人關係上：源於對眞實世人之關懷、與現實社會之關愛，故不僅將天回歸於「自然之天」，且本於「自然之天」，更將之系統化而爲「自然無爲」之「天道」哲學系統論。是以，老子甚少受傳統文化牽絆，不重禮法而勇於批判，之所以「反」，就在反對周文桎梏人心之自由。

相對的，孔子之所以重「積極有爲」之思想性格，亦除個人所獨具之人

格特質外，在地域背景上：因黃河以北之氣候寒苛、物資貧乏，惟有重實務
與「禮樂文明」，方能在列強環伺下求生。在歷史文化背景上：雖然孔子深知
周文勢必因應時代而因革損益，然因繼承自堯、舜、禹、湯而至文、武、周
公此一脈相傳之禮樂道統責任，使其意欲振興周文精神內涵中所闡述出的「人
性真實之道（仁道）」。在天人關係上：繼承於《詩》、《書》及春秋時之神義
性觀點，使其由因於「天」對「人」之主宰與運命，轉向人必須成全「人道」
以完成「對人事」、「對自我實現」之積極要求與妥善處理，故「道德天」取
代「神性天」而能實踐「天人合一」之理想。是以，孔子重傳統與禮法，為
求建立「從心所欲，不踰矩」之人倫秩序，故「正」周文、且「積極有為」
的開展。

　　是故，就老子《道德經》與《論語》二書之作者內容、及其時、空背景
因素等探討可見：二者不論就地域背景、歷史文化背景、與天人關係角度言
之，皆根源於對「周文疲弊」之對反而來，其不同處則在老子採否定批判態
度，而孔子則採肯定順應角度；如此不同之態度，當然亦直接影響二書教育
思想之內涵。

　　（二）從老子《道德經》與《論語》二書之教育意義探討可現：二者雖
分別訴諸「絕聖棄智」之否定與「學而時習」之肯定，但「積極肯定」之教
育主張卻無二致。

　　老子《道德經》藉由「正言若反」之否定辯證方式，於字裡行間隱藏其
肯定教育之真意，時刻提醒世人不要過度執著於「教育為何？」「仁義道德為
何？」，而當真正回歸於「如何」實踐教育理念、目標，使教育能發揮其最大
功效。是以其「絕聖棄智」，實際在強調其對「虛假」、「不實」的「反」：反
對「多智巧詐」的「智詐」、反對為「功名利祿」而做的「學習」、反對一切
的「虛假」、「不實」；相對地，又由不反「德」、不反其他「知」、不反其他「學」
之「不反」主張中，吾人見到其對教育真正蘊含之「積極肯定」。

　　《論語》則在「積極務實」的教育態度中，以「真實」地實現一個「真
實的人（君子）」與「真實的社會（大同世界）」為其教育價值主張，在平實
的「文，行，忠，信」〔註62〕與「有教無類」〔註63〕中實踐其平民化、普遍
化的教育理想。而在其「學而時習」中，吾人亦見到其反對「巧言令色」、反

〔註62〕同註1，（魏）何晏注、（宋）邢昺疏《論語·述而第七》，頁63。
〔註63〕同註1，（魏）何晏注、（宋）邢昺疏《論語·衛靈公第十五》，頁141。

對「人而無信」、反對「恥惡衣惡食者」，那麼吾人又由其對教育「積極肯定」
中，見到有條件性之求「智」、求「知」與求「學」態度。

是故於教育意義上，老子《道德經》與《論語》二書皆具「積極肯定」
之教育主張；只是老子《道德經》以「絕聖棄智」強調其對「虛假」、「不實」
之極度厭惡，《論語》則以「學而時習」之積極主張中蘊含其對「虛假」、「不
實」之厭惡與排斥。

（三）從老子《道德經》與《論語》二書之教育目的探討可現：二者雖
分別主張「自然無爲」、「依道而行」與「積極有爲」、「踐道弘道」，但注重「人」
的實踐與「天下有道」、「天人合一」之理想境地卻異曲同工。

老子認爲「道」爲萬物根源，「人之道」有所缺損而當「依道而行」，惟
透過「致虛守靜」方能除去人類之妄作而回歸於道。「聖人」的人格培養眞正
日的，在使人回歸於「自然無爲」的「道」中，能「依道」而「行德」，此身
即道德。透由「人」的功夫實踐，才能達成「天人合一」的境界，也才能達
到聖人治國而知「禮讓」與不求「用兵濟武」那種「天下有道」的理想。

孔子則重在人所篤行實踐之「仁道」，透過「無終食之間違仁」之「踐道
弘道」實踐工夫，方能使人完成「眞實、至誠、無愧之一切善行、作爲」。由
「君子」的「眞實篤行」中，展現「積極有爲」的「自省」與「自覺」，如此
才能「據德」而「弘道」，此行即道德。在現實中透過「文質彬彬」之君子的
「文德之治」，方能經「人文化成」以達「大人合一」之境地，也方成「禮讓
爲先」與「濟弱扶傾」之「天下有道」理想。

是故，二者皆注重「人」的實踐與「天人合一」之境界，在具道德之理
想格格治理下，達成重「禮讓」與「濟弱扶傾」種種「天下有道」的理想。

（四）從老子《道德經》與《論語》二書之教育內容可現：「人」皆是二
者世界觀之重點，雖老子主張人要消極之「絕學」、「無爲」、「無爭」「去甚、
去奢、去泰」、「知足」且「知止」，孔子主張人要積極之「下學上達」、「剛健」、
「力行」、「愼言」，而則注重「身教」勝於「言教」、「精神」勝於「物質」、
與道德之「自覺、反省、實踐」態度卻仍一致。

老子在「生存的知能」上，講求「柔弱勝剛強」、「身教」勝於「言教」
與「無爭故無尤」；在「生活知能」上，講求「少私寡欲」、「知足」、「知止」
與「慈、儉、讓」；在「道德及精神修養」上，講求「致虛守靜」、「涵養水德」、
「報怨以德」與「去彼取此」；在「社會服務觀念和做法」上，講求「聖人不

仁」、「大國下流」與「天下有道」；在「人生觀與世界觀」上，講求「善為道者」與「依道而行」；此皆顯示「人」為教育最重要主體，能注重「身教」勝於「言教」、「精神」勝於「物質」、與道德之「自覺、反省、實踐」，才有成功教育之可能。

孔子則在「生存的知能」上，講求「積極而剛健」、「下學而上達」與「君子無所爭」；在「生活知能」上，講求「食、居無求」、「自覺而好之」、「君子不器」與「文、行、忠、信」四教；在「道德及精神修養」上，講求「慎言力行」、「君子懷德」、「以直報怨」與「學而時習之」；在「社會服務觀念和做法」上，講求「為政以德」、「禮讓為國」與「有道之治」；在「人生觀與世界觀」上，講求人文化成之「學以致道者」與「人能弘道」；此亦皆顯示教育之最重要主體在「人」，惟注重「身教」勝於「言教」，「精神」勝於「物質」，與道德之「自覺、反省、實踐」，教育理想才能達致。

是以，二者皆注重「人」在此一世界中教育之主體性，雖老子消極以應、孔子積極以對，但注重「身教」、講求「精神」層次修養、與達成道德之「自覺、反省、實踐」態度卻是一樣的。

（五）從老子《道德經》與《論語》二書之教育方法可現：雖然老子主張「正反相成」、「絕學求真」、「自然無為」、「不言之教」、「去彼取此」、「致虛守靜」與「貴師、愛師」，孔子強調「正面積極」、「下學上達」、「積極有為」、「慎言篤行」、「分別對照」、「克己復禮」與「依道不依人」等教育方法，而則在教育原則與手段上，兩者皆注重「因材施教」、「知行合一」、「勤而行之」、「循序漸進」與教育之大愛，更進而使人真正「轉識成智」的立場，是一致而無二的。

老子看到事物反面的特性而強調「正反相成」，體認妄知、虛詐的假學問而提出「絕學求真」主張，希望以「自然無為」讓教育回歸於「質樸真實」，強調「不言之教」重點所在，擅用「去彼取此」以使人「去惡揚善」，藉由「致虛守靜」與「防患未然」以達成長期有效的學習，倡導教師無私的「教育愛」與學生之「貴師、愛師」以求成功學習之可能，闡揚「慈、儉、讓」生活三寶以發展學生至善德行，這些都顯示教育之方法與原則，要注重全面與全方位的構思、實踐與發展，如果少了教師最基本的「教育愛」，則教育成功絕無可能。

孔子則由現實環境中看到「正面積極」之可能，體認透由「學」的真實

篤行才能「下學而上達」，希望以「積極有為」使學生進德修業中成為一真實的「人」，講求「愼言篤行」重點所在，擅用「分別對照」以使人「知惡向善」，藉由「克己復禮」與「守禮行義」以保持學習意念之恆續，倡導教師「成人之美」與學生之「依道不依人」以求學習之成功，闡揚各種「為人之德」以求人與人間之真實圓滿。這些也顯示在教育之方法與原則上，要讓學生學習與德行能全面地發展，除了「教育愛」外，若不真實篤行，則教育理想亦無法成功達致。

　　是以，在教育方法上可看到，二者在「因材施教」、「知行合一」、「勤而行之」、「循序漸進」與教育之大愛之重視，與使人能夠真正「轉識成智」的立場，是同一所求而別的。

參考書目

一、古　籍

1. （漢）司馬遷撰、（宋）裴駰集解、（唐）司馬貞索隱、（唐）張守節正義，《史記（一）、（二）、（三）、（四）》，臺北市：大申書局，1982 年 12 月修訂版。

2. （漢）董仲舒撰、（清）凌曙注《春秋繁露注》（楊家駱主編），臺北：世界書局，1975 年 3 月 3 版。

3. （漢）班固著，《漢書（上、下）》（百納本二十四史——三、四），臺北：臺灣商務印書館，1996 年 12 月臺一版第七次印刷。

4. （漢）劉熙撰，《釋名》，臺北：國民出版社，1959 年 10 月初版。

5. （漢）許慎撰、（清）段玉裁注，《說文解字注》，臺北：天工書局，1992 年 11 月 10 日再版。

6. （漢）劉安著，（漢）高誘注《淮南子》，臺北：世界書局，1974 年十版。

7. （漢）劉安著，陳麗桂校注《新編淮南子（上、下冊）》，臺北：國立編譯館，2002 年 4 月初版。

8. （魏）何晏注、（宋）邢昺疏《十三經注疏 13 論語　孝經》，臺北：藝文印書館，1968 年 2 月初版。

9. （晉）王弼著、（唐）陸德明釋文《老子道德經注》，臺北：世界書局，2001 年 8 月初版十一刷。

10. （唐）孔穎達疏，《禮記正義》（共四冊），臺北：臺灣中華書局，珍倣宋版印 1980 年 1 月臺三版。

11. （唐）孔穎達疏、（清）阮元校勘，《十三經注疏（一）・尚書》，臺北：新文豐出版公司，1968 年出版。

12. （唐）魏徵等撰《隋書（一）、（二）、（三）》，臺北：洪氏出版社，1974

年 7 月 1 日初版。

13. （宋）朱熹集註，《四書集註（甲種本）》，臺北：世界書局，1983 年 7 月二十七版。

14. （宋）朱熹註，《四書集注》，臺北：藝文印書館，1999 年 9 月初版七刷。

15. （宋）王十朋，《梅溪王先生文集》卷十三〈問策〉，臺北：臺灣商務印書館，1979 年初版。

16. （明）來知德註，《來註易經圖解》，臺北：武陵出版有限公司，2004 年 10 月二版七刷。

17. （清）何異孫著《十一經問對》（景印摛藻堂四庫全書薈要），臺北：世界書局，1988 年 2 月初版。

18. 王先謙著，《荀子集解》，臺北：藝文印書館，1957 年 6 月 30 日初版。

二、現代書籍著作

1. 丁四新著，《郭店楚墓竹簡思想研究》，北京：東方出版社，2000 年 10 月 1 日初版。

2. 丁原植著，《郭店竹簡老子釋析與研究》，臺北：萬卷樓圖書，1998 年 9 月 1 日增修版。

3. 尹振環著，《楚簡老子辨析——楚簡與帛書老子的比較研究》，北京：中華書局，2001 年 11 月 1 版北京 1 刷。

4. 方立天著，《中國古代哲學問題發展史》，臺北：洪葉文化，1995 年 4 月初版 1 刷。

5. 王中江著，《道家形而上學》，上海：上海文化出版社，2001 年 11 月初版 1 刷。

6. 王志躍著，《先秦儒學史概論》，臺北：文津出版社，1994 年初版。

7. 王邦雄著，《老子的哲學》，臺北：三民書局股份有限公司，1993 年 2 月 17 日初版。

8. 王財貴編訂，《老子莊子選》，臺北：讀經出版社，1996 年 1 月初版。

9. 王財貴編訂，《孟子》，臺北：讀經出版社，1996 年 1 月初版。

10. 王財貴編訂，《易經》，臺北：讀經出版社，1996 年 7 月初版。

11. 王財貴編訂，《詩經》，臺北：讀經出版社，1996 年 7 月初版。

12. 王財貴編訂，《學庸論語》，臺北：讀經出版社，1996 年 1 月初版。

13. 古棣著，《老子校詁》，吉林：吉林人民出版社，1999 年 12 月初版第 2 次印刷。

14. 任繼愈著，《老子新譯》，臺北：谷風出版社，1987 年 9 月初版。

15. 宇野精一主編，邱榮鐊譯，《中國思想（二）道家與道教》，臺北：幼獅文化出版有限公司，1994 年 7 月初版五印。

16. 朱謙之釋，任繼愈譯《老子釋譯》，臺北：里仁書局，1985 年 3 月初版。

17. 牟宗三著，《才性與玄理》，臺北：臺灣學生書局，2002 年 8 月修訂版九刷。

18. 牟宗三著，《中國哲學十九講》，臺北：臺灣學生書局，1995 年 3 月第六次印刷。

19. 牟宗三著，《中國哲學的特質》，臺北：臺灣學生書局，1990 年 10 月 1 日初版。

20. 牟宗三著，《理則學》，臺北：正中書局，2004 年 8 月臺二版。

21. 余英時著，《歷史與思想》，臺北：臺灣聯經出版事業股份有限公司，2004 年 11 月初版第二十四刷。

22. 余培林注譯，《新譯老子讀本》，臺北：三民書局股份有限公司，2003 年 2 月初版十七刷。

23. 吳汝鈞著，《老莊哲學的現代析論》，臺北：文津出版社，1998 年 6 月 1 刷

24. 吳怡著，《中國哲學的生命和方法》，臺北：東大圖書公司，1981 年 4 月初版。

25. 吳怡著，《新譯老子解義》，臺北：三民書局股份有限公司，1994 年 2 月 1 日初版。

26. 吳龍輝著，《原始儒家考述》，臺北：文津出版社，1995 年 5 月初版。

27. 李滌生著，《荀子集釋》，臺北：臺灣學生書局，1988 年 10 月初版第五次印刷。

28. 邱鎮京著《論語思想體系》，臺北：文津出版社有限公司，2001 年 9 月三版二刷。

29. 姜義華主編，章清、吳根樑編《中國哲學史・胡適學術文集下冊》，北京：中華書局，1991 年 12 月初版。

30. 胡適著，《中國古代哲學史》，臺北：遠流出版社，1993 年 1 月 1 日初版。

31. 胡適著，《中國哲學史大綱》，北京：東方出版社，1996 年初版。

32. 范壽康著，《中國哲學史綱要》，臺北：臺灣開明書局，1967 年 3 月二版。

33. 韋政通著，《中國思想史》（上）、（下），臺北：水牛出版社，1994 年 11 月 30 日十二版一刷。

34. 韋政通著，《孔子》，臺北：東大圖書股份有限公司，1997 年 4 月 3 日初版。

35. 唐君毅著，《中國哲學原論・導論篇》，臺北：臺灣學生書局，1993 年 5 月 15 日初版。

36. 孫以楷著，《老子通論》，合肥：安徽大學出版社，2004 年 6 月 1 日初版。

37. 徐志鈞校注，《老子帛書校注》，上海：學林出版社，2002 年 5 月初版 1 刷。

38. 徐復觀著《中國人性論史——先秦篇》，臺北：臺灣商務印書館，2003 年 10 月初版第十三次印刷。

39. 徐復觀著《中國思想史論集續篇》，臺北：時報文化，1985 年 11 月初版 2 刷。

40. 荊門市博物館編著，《郭店楚墓竹簡》，北京：文物出版社，1998 年 5 月初版。

41. 袁保新著，《老子哲學之詮釋與重建》，臺北：文津出版社，1997 年 12 月 15 日初版 2 刷。

42. 馬持盈註譯，《詩經今註今譯》，臺北：臺灣商務印書館，1988 年 10 月修訂四版。

43. 高明士著《中國教育史》，臺北：台灣大學出版中心，2004 年 9 月初版。

44. 高明著，《帛書老子校注》，北京：中華書局，2002 年 8 月北京 3 刷。

45. 張松如著，《老子說解》，高雄市：麗文文化，1993 年 10 月初版 1 刷。

46. 張智彥著，《老子與中國文化》，貴州：貴州人民出版社，1996 年 1 月初版一刷。

47. 張蔭麟著，《中國史綱——上古篇》，臺北：正中書局，1952 年 5 月臺二版。

48. 梁啓超著，《中國學術思想變遷之大勢》，臺北：華正書局有限公司，1981 年 10 月初版。

49. 許抗生著，《老子研究》，臺北：水牛出版社，1992 年 1 月 15 日初版。

50. 郭爲藩、高強華著，《教育學新論》，臺北：正中書局，1992 年 10 月臺初版第四次印行。

51. 陳大齊著，《孔子學說》，臺北：政治大學出版委員會出版，1964 年初版。

52. 陳迺臣著，《教育哲學》，臺北：心理出版社，1992 年 8 月再版一刷。

53. 陳鼓應、白奚合著，《老子評傳》，南京：南京大學出版社，1998 年初版。

54. 陳鼓應著，《老子今註今譯及評介》，臺北：臺灣商務印書館，1997 年 1 月二次修訂版第一次印刷。

55. 陳鼓應著，《老莊新論》，臺北：五南圖書出版股份有限公司，2007 年 2 月三版一刷。

56. 陳榮波著，《哲思之輪》，桃園縣：逸龍出版社，2003 年 9 月 3 日初版。

57. 陳榮波著，《墨家前後期思想研究》，桃園縣：繼福堂出版社，2001 年 8 月 27 日初版。

58. 陳榮捷著，《中國哲學文獻選編（上）》，臺北：巨流出版社，1993 年初版。

59. 陳德和著，《道家思想的哲學詮釋》，臺北：里仁書局，2005 年 1 月 10 日初版。

60. 陳錫勇著,《老子校正》,臺北:里仁書局,2003 年 9 月 15 日第二次增訂版。

61. 傅佩榮著,《傅佩榮解讀老子》,臺北:立緒文化公司,2005 年 4 月 29 日初版。

62. 傅佩榮著,《儒道天論發微》,臺北:臺灣學生書局,1985 年 10 月初版。

63. 勞思光著,《新編中國哲學史》(一)、(二),臺北:三民書局股份有限公司,2004 年 1 月重印三版三刷。

64. 曾爲惠著,《老子辯難》,高雄市:高雄文化出版社,1995 年 2 月初版。

65. 賀榮一著,《道德經註譯與析解》,臺北:五南圖書出版股份有限公司,1985 年月初版一刷。

66. 馮友蘭著《中國哲學史》(上、下冊),香港:三聯書店有限公司,2000 年 2 月香港第一版第三次印刷。

67. 馮滬祥著,《哲學與現代世界》,臺北:臺灣學生書局,1988 年 9 月初版第五次印刷。

68. 黃釗著,《帛書老子校注析》,臺北:臺灣學生書局,1999 年 9 月初版 2 刷。

69. 楊家駱編,《老子新考述略‧老子本義》,臺北:世界書局,1991 年 9 月四版。

70. 楊慧林著,《聖言‧人言》,上海:譯文出版社,2002 年 3 月第一次印刷。

71. 楊儒賓、黃俊傑編,《中國古代思維方式探索》,臺北:正中書局,1996 年 11 月臺初版。

72. 楊儒賓著,《先秦道家「道」的觀念的發展》,臺北:國立臺灣大學,1987 年 6 月初版。

73. 葉海煙著,《老莊哲學新論》,臺北:文津出版社,1997 年 9 月初版。

74. 葉慶炳著,《中國文學史》,臺北:臺灣學生書局,1987 年 8 月初版。

75. 廖名春著,《郭店楚簡老子校釋》,北京:清華大學出版社,2003 年 6 月第 1 版第一次印刷。

76. 熊鐵基、馬良懷及劉韶軍著,《中國老學史》,福州:福建人民出版社,1997 年出版。

77. 臺灣大學哲學系主編,《當代西方哲學與方法論》,臺北:東大圖書公司,1988 年 3 月初版。

78. 趙雅博著,《知識論》,臺北:幼獅文化,1980 年 7 月初版二印。

79. 劉光義著,《莊周與老聃——道家發生發展的兩哲人》,臺北:學富出版社,2000 年 11 月初版一刷。

80. 劉笑敢著,《老子:年代新考與思想新銓》,臺北:東大圖書股份有限公司,

2005 年 2 月，修訂二版一刷。

81. 劉福增著，《老子哲學新論》，臺北：東大圖書股份有限公司，1999 年 3 月初版。

82. 劉福增編著，《老子精讀》，臺北：五南圖書出版股份有限公司，2004 年 2 月初版一刷。

83. 蔣錫昌著，《老子校詁》，臺北：明倫出版社，1971 年 2 月初版。

84. 蔡仁厚著，《中國哲學史大綱》，臺北：臺灣學生書局，1999 年 9 月初版四刷。

85. 蔡明田著，《老子的政治思想》，臺北：藝文印書館，1976 年初版。

86. 錢穆著，《先秦諸子繫年》，臺北：東大圖書股份有限公司，1991 年 2 月 1 日初版。

87. 錢穆著，《莊老通辨》，臺北：東大圖書股份有限公司，1991 年 12 月 1 日初版。

88. 謝冰瑩、劉正浩、賴炎元、李鍌、邱燮友、陳滿銘等編譯，《新譯四書讀本》，臺北：三民書局股份有限公司，2003 年 5 月五版 4 刷。

89. 轟中慶著，《郭店楚簡老子研究》，北京：中華書局，2004 年初版。

90. 魏元珪著，《老子思想體系探索》（上、下），臺北：新文豐出版社有限公司，1997 年 8 月初版。

91. 羅立乾注譯・李振興校閱，《新譯文心雕龍》，臺北：三民書局，2002 年 6 月初版四刷。

92. 羅根澤編著，《古史辨》第四、六冊，香港：太平書局，1963 年 2 月版。

93. 譚宇權著，《老子哲學評論》，臺北：文津出版社，2000 年 5 月初版二刷。

94. 譚家哲著，《論語與中國思想研究》，臺北：唐山出版社，2006 年 11 月第一版第一刷。

95. 關永中著，《知識論（二）——近世思潮》，臺北：五南出版社，2002 年 8 月初版 2 刷。

96. 嚴靈峰著，《老子研讀須知》，臺北：正中書局，1996 年 5 月臺二版第二次印行。

三、學報、期刊

1. 王邦雄撰〈老子其人其書及其哲學問題〉，《華學月刊》第 3 卷第 1 期，頁 1～16，1997 年 1 月。

2. 王邦雄撰〈道家報怨以德的無爲思想〉，《宗教哲學》第 3 卷第 1 期，頁 1 ～16，1997 年 1 月。

3. 王宣曆撰〈老子「正言若反」之表述方式試探〉，《鵝湖月刊》第 317 期，

頁 38〜43，臺北：鵝湖出版社，2001 年 11 月。

4. 王博撰〈老子與夏族文化〉，《哲學研究》第 1 期，頁 43〜51，1989 年 1 月。

5. 王新春撰〈老子的人道理念——反璞歸真〉，《中國文化月刊》第 193 期，頁 18〜41，臺中市：中國文化月刊雜誌社，1996 年 1 月。

6. 伍至學撰〈老子論命名之偽〉，《哲學雜誌》第 13 期，頁 218〜243，臺北：業強出版社，1995 年 7 月。

7. 成復旺撰〈陸王心學與老莊思想——心的解放與老莊思想之一〉，《道家文化研究》第 4 期，頁 187〜179，香港道教學院主編，臺北：文史哲出版社，2000 年 8 月校訂 1 版。

8. 何俊青撰〈老子的教育思想在現代教育的意義〉，《哲學與文化》廿三卷第十一期，頁 2177〜2187，臺北：哲學與文化月刊社，1996 年 11 月。

9. 李軍撰〈孔子教育學說及其現代義蘊新探——兼評教育家孔子在中國文化史上的地位〉，《孔孟月刊》第 35 卷第 2 期，頁 9〜17。臺北：孔孟月刊社，1996 年 10 月。

10. 李軍撰〈老子教育思想再評價〉，《中國文化月刊》第 142 期，頁 85〜99，臺中市：中國文化月刊雜誌社，1991 年 8 月。

11. 杜方立撰〈試論老子的辯證思維〉，《鵝湖月刊》第 285 期，頁 44〜55，臺北：鵝湖出版社，1999 年 3 月。

12. 沈清松撰〈老子的形上思想〉，《哲學與文化》第 15 卷第 12 期，頁 815〜816，臺北：哲學與文化月刊社，1988 年 12 月。

13. 沈清松撰〈老子的批判哲學〉，《東吳哲學》復刊第 1 期，頁 13〜21，臺北：私立東吳大學，1992 年 3 月。

14. 沈清松撰〈老子的知識論〉，《哲學與文化》第 20 卷第 1 期，頁 98〜107，臺北：哲學與文化月刊社，1993 年 1 月。

15. 林美秀撰〈老子「信言不美，美言不信」的語言世界〉，《中國國學》21 期，頁 223〜234，臺南：臺灣省中國國學研究會，1993 年 11 月。

16. 俞志慧撰〈論語編纂年代考〉，《孔孟學報》第 82 期，頁 1〜27，臺北：中華民國孔孟學會，2004 年 9 月。

17. 張光甫撰〈老子哲學中「不尚賢」的教育義蘊〉，《教育與文化》第 422 期，頁 71〜72，臺北：教育部教育與文化社，1975 年 1 月。

18. 張光甫撰〈老子教育思想研究〉，《高雄師院學報》第 3 期，頁 187〜224，高雄市：高雄師範學院，1974 年 12 月。

19. 張松輝撰〈老莊文化應屬中原文化〉，《道家與道教：第二屆國際學術研討會論文集》，頁 203〜211，廣州：廣州人民出版社，2001 年 9 月出版。

20. 張金嶺撰〈道家的性善論〉，《中國文化月刊》第 240 期，頁 76〜92，臺

中市：中國文化月刊雜誌社，2000 年 3 月。

21. 莊萬壽撰〈道家流變史論〉，《師大學報》第 36 期，頁 159～189，臺北：國立臺灣師範大學，1991 年出版。

22. 莊耀郎撰〈語言類型與思考〉，《人文及社會學科教學通訊》第 12 卷第 4 期，頁 72～81，臺北：教育部人文及社會學科教育推導委員會，2001 年 12 月。

23. 許抗生撰〈再解《老子》第一章〉，《道家文化研究》第 15 期，頁 71～76，北京：三聯書店，1999 年 3 月。

24. 許抗生撰〈簡論道家的人學思想〉，《宗教哲學》第 4 卷第 3 期，頁 81～89，臺北：中華民國宗教哲學研究社，1998 年 7 月 1 日。

25. 陳文昌撰〈老子「正言若反」之語法疏解〉，《中國語文》第 99 卷第 2 期，頁 57～64 臺北：中國語文月刊社，2006 年 8 月。

26. 陳育民撰〈老子其人其書的定位──對司馬遷所作老子列傳的肯定與修正〉，《國立新竹教育大學語文學報》第 13 期，頁 109～128，新竹市：國立新竹教育大學，2006 年 12 月。

27. 陳桐生撰〈史記與論語〉，《孔孟月刊》第 40 卷第 10 期，頁 9～18，臺北：孔孟月刊社，91 年 6 月出版。

28. 陳榮波撰〈老子的人生哲學及其應用之道〉，《中國文化月刊》第 87 期，頁 4～8，臺中市：中國文化月刊雜誌社，1987 年 1 月。

29. 陳榮波撰〈老子的語言思想探討〉，《中國文化月刊》第 153 期，頁 25～36，臺中市：中國文化月刊雜誌社，1992 年 7 月。

30. 陳廣忠撰〈從簡、帛用韻比較論老子的作者──與郭沂商榷〉，《安徽大學學報〈哲學社會科學版〉》第 4 期，頁 1～8，安徽省：安徽大學，2000 年 4 月。

31. 傅佩榮撰〈孔子論人性與群我關係〉，《東吳哲學學報》第 1 期，頁 1～11，臺北：東吳大學，1996 年 3 月。

32. 傅佩榮撰〈老子論天與道〉，《哲學與文化》第 12 卷第 4 期，頁 49～56，臺北：哲學與文化月刊社，1985 年 4 月。

33. 傅佩榮撰〈從比較的角度反省老子『道』概念的形上性格〉，《哲學雜誌》第 7 期，頁 24～37，臺北：哲學雜誌社，1994 年 1 月出版。

34. 湯一介撰〈論老莊哲學中的超越性與內在性問題〉，《中國文化月刊》第 144 期，頁 4～13，臺中市：中國文化月刊雜誌社，1991 年 10 月。

35. 黃光書撰〈老子教育哲學初探〉，《哲學與文化》第 22 卷第 7 期，頁 638～644，臺北：哲學與文化月刊社，1995 年 7 月。

36. 葉海煙撰〈老子的人的哲學〉，《東吳哲學傳習錄》復刊第 1 期，頁 23～35，臺北：私立東吳大學，1992 年 3 月。

37. 路知奇〈簡論道家的逆向教育思想體系〉,《鵝湖月刊》第 295 期,頁 38
～49,臺北:鵝湖出版社,2000 年 1 月。

38. 鄒昌林撰〈從《老子》對待文明的態度看儒道異同及其現代意義〉,《宗教
哲學》第 1 卷第 2 期,頁 27～44,臺北:中華民國宗教哲學研究社,1995
年 4 月。

39. 鄔昆如撰〈否定詞在道德經中所扮演的角色〉,《哲學與文化》第 8 卷第
10 期,頁 2～9,臺北:哲學與文化月刊社,1981 年 10 月。

40. 鄔昆如撰〈道家哲學與歐洲哲學之比較〉,《哲學雜誌》第 7 期,頁 4～23,
臺北:哲學雜誌社,1994 年 1 月。

41. 劉立林撰:〈孔子——人類社會公德的奠基人〉,《孔孟月刊》第 32 卷第 2
期,頁 13～21,臺北:孔孟月刊社,1993 年 10 月出版。

42. 劉笑敢撰〈關於老子考證的歷史考查與分析〉,《中國文哲研究通訊》20
號第 5 卷第 4 期,頁 77～94,臺北:中央研究院中國文哲研究所,1995
年 12 月。

43. 劉福增撰〈老子的「知」與「智」以及「為學日益,為道日損」——兼論
老子是否反智〉,《國立編譯館館刊》第 25 卷第 2 期,頁 15～36,臺北:
國立編譯館,1997 年 12 月。

44. 劉福增撰〈老子的「對反」和「只推一步」的思想模式〉,《國立編譯館館
刊》第 21 卷第 2 期,頁 85～116,臺北:國立編譯館,1992 年 12 月。

45. 劉福增撰〈評唐君毅的「老子言道六義貫釋」〉,《國立臺灣大學文史哲學
報》第 52 期,頁 243～268,臺北:國立臺灣大學出版委員會,2000 年 6
月。

46. 蔡忠道撰〈先秦儒道之爭辯與互補析論〉,《中國文化月刊》第 205 期,頁
45～63,臺中市:中國文化月刊雜誌社,1997 年 4 月。

47. 鄭慶君撰〈老子的語言思想解析〉,《國文天地》第 18 卷第 7 期,頁 34～
40,臺北:國文天地雜誌社,2002 年 12 月。

48. 魏元珪撰〈老子知識論問題之探討〉,《中國文化月刊》第 184 期,頁 7～
38,臺中市:中國文化月刊雜誌社,1995 年 2 月。

49. 魏元珪撰〈空靈精神在人文教育中的意義〉,《中國文化月刊》第 64 期,
頁 31～40,臺中市:中國文化月刊雜誌社,1985 年 2 月。

50. 羅迺誠撰〈老子的人生觀〉,《國魂》第 392 期,頁 36～37,臺北:新中
國出版社,1978 年 7 月。

四、碩、博士論文

1. 王美蘭撰《老、孔道德思想之比較及其教育實踐》,國立東華大學教育研
究所碩士論文,2001 年 6 月。

2. 王經綸撰《論語的管理哲學》，東海大學哲學系碩士論文，2005 年。

3. 伍至學撰《老子語言哲學研究》，國立臺灣大學哲學研究所博士論文，1995 年 6 月。

4. 吳慧貞撰《老子正言若反的語言模式研究》，國立臺灣師範大學中國文學研究所碩士論文，2002 年。

5. 吳賢俊撰《老子的名言批判》，中央大學哲學研究所碩士論文，1996 年 1 月

6. 周惠鳳撰《從論語、孟子探討孔孟之孝道思想》，銘傳大學應用中國文學系碩士在職專班碩士論文，2004 年。

7. 林秀茂撰《老子哲學之方法論》，國立臺灣大學哲學研究所博士論文，1994 年 6 月。

8. 徐俊民撰《老子無爲教育思想之研究》，國立高雄師範大學教育研究所碩士論文，1994 年。

9. 徐春濱撰《老子中的科學與教育》，臺中師範學院自然科學教育研究所碩士論文，2003 年。

10. 袁長瑞撰，《老子道德經思想的研究》，私立輔仁大學哲學研究所碩士論文，1991 年 5 月。

11. 莊耀郎撰《王弼玄學》（臺灣師大國文研究所博士論文，1991 年 6 月）

12. 陳人孝撰《老子淑世主義之研究》，南華大學哲學研究所碩士論文，2002 年。

13. 陳貞秀撰《老子對名言的反省與對「道」的體會》，中央大學中國文學研究所碩士論文，2001 年 6 月

14. 彭文興撰《道德經的道論之研究》，輔仁大學哲學研究所碩士論文，1997 年 7 月。

15. 蔡朝益撰《道德經所涵蘊的教育思想》，國立臺灣師範大學中國文學研究所碩士論文，1990 年。